# 篮球规则与裁判法

LANQIU GUIZE YU CAIPANFA

## 实用图解
SHIYONG TUJIE

王洁群 主审

李芃松 由世梁 主编

宋鸽 王磊 陈晓丹 副主编

大连理工大学出版社
Dalian University of Technology Press

### 图书在版编目(CIP)数据

篮球规则与裁判法实用图解 / 李苁松,由世梁主编. -- 大连:大连理工大学出版社,2022.6
 ISBN 978-7-5685-3156-6

Ⅰ.①篮… Ⅱ.①李… ②由… Ⅲ.①篮球运动-竞赛规则-图解②篮球运动-裁判法-图解 Ⅳ.①G841.4-64

中国版本图书馆 CIP 数据核字(2021)第 168454 号

大连理工大学出版社出版

地址:大连市软件园路80号 邮政编码:116023
发行:0411-84708842 邮购:0411-84708943 传真:0411-84701466
E-mail:dutp@dutp.cn URL:http://dutp.dlut.edu.cn
辽宁星海彩色印刷有限公司印刷 大连理工大学出版社发行

| 幅面尺寸:185mm×260mm | 印张:13.75 | 字数:318千字 |
|---|---|---|
| 2022年6月第1版 | | 2022年6月第1次印刷 |

责任编辑:邵 婉 王 洋     责任校对:杨 洋
封面设计:奇景创意

ISBN 978-7-5685-3156-6    定 价:54.00元

本书如有印装质量问题,请与我社发行部联系更换。

# 前言 Preface

国际篮球联合会根据现代篮球发展的需要,定期修订和完善篮球规则和裁判法。为了更好地理解、执行新规则,高校篮球课程也必须尽快地实时更新,以适应新理念和新内容等方面的变化,达到高等教育"健康第一,体教融合"的教育要求。

本书由两篇四章构成:第一篇为篮球规则,分为五对五篮球规则和三对三篮球规则两章,详细讲解了最新篮球规则的全部内容。本篇对篮球规则的各项条款以大量的案例形式进行讲解,分析了比赛中可能出现的各类问题,它可以帮助我们培养如何把规则的理论应用于比赛实践当中的能力。理解规则可以为裁判员临场裁判工作打下理论基础,也可以帮助篮球技战术教学与训练适应当前篮球运动发展的要求。第二篇为裁判法,分为二人执裁和三人执裁两章,本篇使用大量图示使读者能更清晰更准确地理解篮球裁判员在篮球比赛当中的作用和临场执裁的技巧等,它会对做临场裁判工作给予很大帮助。

篮球运动的裁判工作具有复杂性。一方面,规则的复杂性要求裁判员具有较强的理解能力;另一方面,临场对抗的复杂性要求裁判员必须具有高水平的思维判断、灵敏的反应、迅速果断的判决能力。作为篮球裁判员,他不仅要精通规则和裁判法,而且在临场的表现上,其各个方面都应是场内外所有人的典范,他的举止行为应表现出落落大方,襟怀坦诚,不偏不倚,语言准确,动作规范,气质高雅,形态端庄。因此,做篮球裁判工作,对一个人在各方面的成长都是一种锻炼和帮助。

高校是培养篮球裁判员最好的地方之一,在这里可以接受系统的学习和锻炼。在篮球课程教学计划中,篮球裁判工作是重要的内容之一,是培养学生能力的一个重要方面,篮球裁判工作可培养学生的组织能力、语言表达能力、分析问题与解决问题的能力以及思维反应和判断能力。

## 篮球规则与裁判法实用图解

　　本书的编写旨在增进篮球爱好者在规则方面的理解，以及在培养方面为篮球裁判员提供有益的帮助。在编写过程中，本书参考和借鉴了一些国内外专家学者的观点，在此一并表示诚挚的谢意。由于撰写时间仓促，此书如在认识规则和裁判法中有些许差错，请以国际篮联对规则的解释和中国篮协的指令为准。敬请广大读者提出宝贵的意见。

编　者

2022 年 3 月

# 目录 Contents

## 第一篇 篮球规则

### 第一章 五对五篮球规则 ·············· 3
#### 一、比 赛 ·············· 3
第 1 条 定义 ·············· 3
#### 二、比赛场地和器材 ·············· 3
第 2 条 球场 ·············· 3
第 3 条 器材 ·············· 6
#### 三、球 队 ·············· 6
第 4 条 球队 ·············· 6
第 5 条 受伤和协助 ·············· 8
第 6 条 队长的职责与权利 ·············· 11
第 7 条 主教练员和第一助理教练员的职责和权利 ·············· 11
#### 四、比赛通则 ·············· 13
第 8 条 比赛时间、比分相等和决胜期 ·············· 13
第 9 条 一节、决胜期或比赛的开始和结束 ·············· 15
第 10 条 球的状态 ·············· 16
第 11 条 队员和裁判员的位置 ·············· 18
第 12 条 跳球和交替拥有 ·············· 18
第 13 条 如何打篮球 ·············· 24
第 14 条 控制球 ·············· 25
第 15 条 队员正在做投篮动作 ·············· 26
第 16 条 球中篮和它的得分值 ·············· 28
第 17 条 掷球入界 ·············· 30
第 18 条 暂停 ·············· 39
第 19 条 替换 ·············· 43
第 20 条 比赛因弃权告负 ·············· 48
第 21 条 比赛因缺少队员告负 ·············· 48
#### 五、违 例 ·············· 49
第 22 条 违例 ·············· 49
第 23 条 队员出界和球出界 ·············· 49

第 24 条　运球 ································································· 51
　　第 25 条　带球走 ······························································· 53
　　第 26 条　3 秒钟 ································································ 55
　　第 27 条　被严密防守的队员 ················································ 56
　　第 28 条　8 秒钟 ································································ 57
　　第 29 条　24 秒钟 ······························································ 59
　　第 30 条　球回后场 ···························································· 70
　　第 31 条　干涉得分和干扰得分 ············································· 73

六、犯　　规 ············································································ 77
　　第 32 条　犯规 ·································································· 77
　　第 33 条　身体接触：一般原则 ············································· 79
　　第 34 条　侵人犯规 ···························································· 88
　　第 35 条　双方犯规 ···························································· 88
　　第 36 条　技术犯规 ···························································· 90
　　第 37 条　违反体育运动精神的犯规 ······································ 100
　　第 38 条　取消比赛资格的犯规 ············································ 104
　　第 39 条　打架 ································································ 107

七、一般规定 ········································································· 109
　　第 40 条　队员 5 次犯规 ···················································· 109
　　第 41 条　全队犯规：处罚 ·················································· 109
　　第 42 条　特殊情况 ·························································· 110
　　第 43 条　罚球 ································································ 114
　　第 44 条　可纠正的失误 ····················································· 117

八、裁判员、记录台人员和技术代表：职责和权利 ························ 120
　　第 45 条　裁判员、记录台人员和技术代表 ···························· 120
　　第 46 条　主裁判员：职责和权利 ········································· 121
　　第 47 条　裁判员：职责和权利 ············································ 121
　　第 48 条　记录员和助理记录员：职责 ··································· 122
　　第 49 条　计时员：职责 ····················································· 123
　　第 50 条　进攻计时员：职责 ··············································· 124

第二章　三对三篮球规则 ··························································· 126
　　第 1 条　定义 ··································································· 126
　　第 2 条　比赛场地 ····························································· 126
　　第 3 条　球队 ··································································· 126
　　第 4 条　裁判团队 ····························································· 127

第 5 条　比赛开始 ·········································· 127
　　第 6 条　得分 ·············································· 128
　　第 7 条　比赛时间/比赛胜者 ································ 129
　　第 8 条　犯规/罚球 ········································· 130
　　第 9 条　如何打球 ········································· 137
　　第 10 条　拖延比赛 ········································ 140
　　第 11 条　替换 ············································· 141
　　第 12 条　暂停 ············································· 141
　　第 13 条　视频资料的使用 ·································· 142
　　第 14 条　申诉程序 ········································ 142
　　第 15 条　球队的名次排列 ·································· 142
　　第 16 条　种子队排位规定 ·································· 143
　　第 17 条　取消比赛资格 ···································· 143

## 第二篇　裁判法

### 第三章　二人执裁 ············································ 147
　　第 1 条　比赛前的准备 ····································· 147
　　第 2 条　每节开始 ········································· 149
　　第 3 条　裁判员的站位和责任 ······························ 151
　　第 4 条　球出界和掷球入界的情况 ·························· 157
　　第 5 条　投篮情况 ········································· 159
　　第 6 条　手势和程序 ······································· 161
　　第 7 条　罚球情况 ········································· 166
　　第 8 条　暂停和替换 ······································· 168
　　第 9 条　比赛时间结束 ····································· 169
　　第 10 条　回顾及结论 ······································ 169

### 第四章　三人执裁 ············································ 172
　　第 1 条　重要的术语 ······································· 172
　　第 2 条　比赛开始 ········································· 173
　　第 3 条　裁判员的站位和场地的区域分工 ···················· 176
　　第 4 条　个人执裁技巧 ····································· 176
　　第 5 条　轮转 ············································· 181
　　第 6 条　犯规换位 ········································· 183
　　第 7 条　掷球入界情况 ····································· 185
　　第 8 条　投篮情况 ········································· 187

第 9 条　罚球情况 …………………………………………………… 188

第 10 条　暂停和替换 ………………………………………………… 189

## 附　录

**附录 1　裁判员的手势** ……………………………………………… 193

　　一、比赛时钟信号 ………………………………………………… 193

　　二、得分 …………………………………………………………… 193

　　三、替换 …………………………………………………………… 194

　　四、暂停 …………………………………………………………… 194

　　五、提供信息 ……………………………………………………… 195

　　六、违例 …………………………………………………………… 196

　　七、队员的号码 …………………………………………………… 198

　　八、犯规的类型 …………………………………………………… 200

　　九、特殊犯规 ……………………………………………………… 202

　　十、向记录台报告罚则 …………………………………………… 204

　　十一、罚球管理—执行裁判（前导裁判） ……………………… 205

　　十二、罚球管理—非执行裁判（追踪裁判和中央裁判） ……… 205

**附录 2　记录表** ……………………………………………………… 206

**附录 3　球队的名次排列** …………………………………………… 209

# 第一篇

# 篮球规则

# 第一章　五对五篮球规则

## 一、比　赛

### 第 1 条　定　义

#### 1.1　篮球比赛

篮球比赛由两个队参加,每队上场 5 名队员。每队的目标是进攻对方球篮得分,并阻止对方队得分。

篮球比赛由 2~3 名裁判员、记录台人员和到场的技术代表管理。

#### 1.2　球篮:对方/本方

对方球篮:被某队进攻的球篮是对方球篮。
本方球篮:由某队防守的球篮是本方球篮。

#### 1.3　比赛的胜者

在比赛结束时,得分较多的队,将是比赛的胜者。

## 二、比赛场地和器材

### 第 2 条　球　场

#### 2.1　比赛场地

比赛场地应是一块平坦、坚实且无障碍物的表面(图 1-1);其尺寸(从界线的内沿丈量)是长 28 米、宽 15 米。

#### 2.2　后场

某队的后场由该队的本方球篮、篮板的界内部分,以及由该队本方球篮后面的端线、两条边线和中线所限定的比赛场地部分组成。

#### 2.3　前场

某队的前场由对方的球篮、篮板的界内部分,以及对方球篮后面的端线、两条边线和距对方球篮最近的中线内沿所限定的比赛场地部分组成。

#### 2.4　线

所有的线应该用相同的颜色画出,白色或其他能明显区分的颜色;线的宽度为 5 厘米并清晰可见。

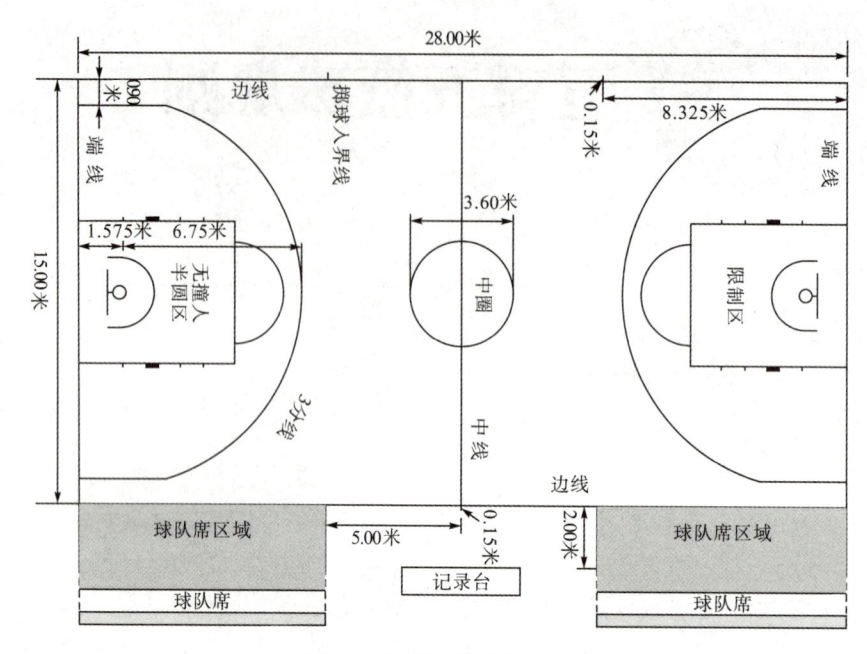

图 1-1　比赛场地的全部尺寸

### 2.4.1　界线

比赛场地由两条端线和两条边线组成的界线限定。这些线不是比赛场地的部分。比赛场地的界线是属于界外的。

任何障碍物,包括球队席就座的主教练员、第一助理教练员、替补队员、出局的队员和随队人员都应距离比赛场地至少 2 米。

规则解析:由于界线属于界外部分,因此,如果球打到界线上,球就出界了。

### 2.4.2　中线、中圈和罚球半圆

中线应从两边线的中点画出并平行于两端线。它向每条边线外延伸 0.15 米,如图 1-1 所示。中线是后场的一部分。

中圈应画在比赛场地的中央,半径为 1.80 米(从圆周的外沿丈量),如图 1-1 所示。

两个罚球半圆应画在比赛场地上,半径为 1.80 米(从圆周的外沿丈量)(图 1-2),它的圆心在两条罚球线的中点上。

### 2.4.3　罚球线、限制区和抢篮板球分位区

罚球线应与每条端线平行。从端线内沿到罚球线的最外沿应为 5.80 米,罚球线长度为 3.60 米。罚球线的中点应落在连接两条端线中点的假想线上。

两个限制区应该是分别画在比赛场地上的两个长方形区域;每个限制区由端线、延长的罚球线和两条始于端线终止于延长线的罚球线外沿的线限定。除了端线外,这些线都是限制区的一部分。

在罚球时,留给队员们用的沿限制区两侧的罚球抢篮板球分位区应按图 1-2 标出。

### 2.4.4　3 分投篮区域

某队的 3 分投篮区域(图 1-3)是除对方球篮附近被下述条件限制的区域之外的整个比赛场地的地面区域。从端线引出的两条垂直于端线的平行线,其外沿距离边线的内沿

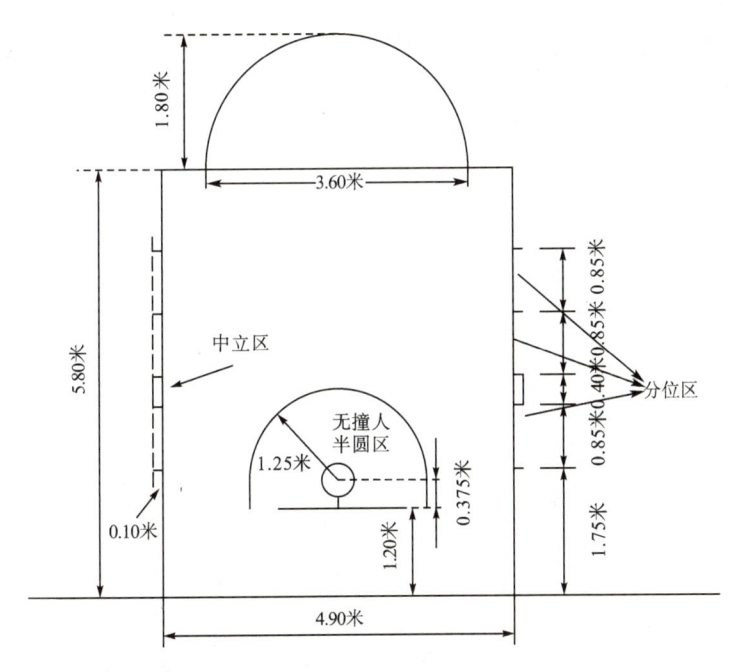

图 1-2 限制区

0.90 米；以对方球篮的正中心垂直落在地面上的交点为圆心，画一个半径（圆弧外沿）为 6.75 米的圆弧。此圆心点距离端线中点的内沿是 1.575 米，且该圆弧与两平行线相交。

3 分线不是 3 分投篮区域的一部分。

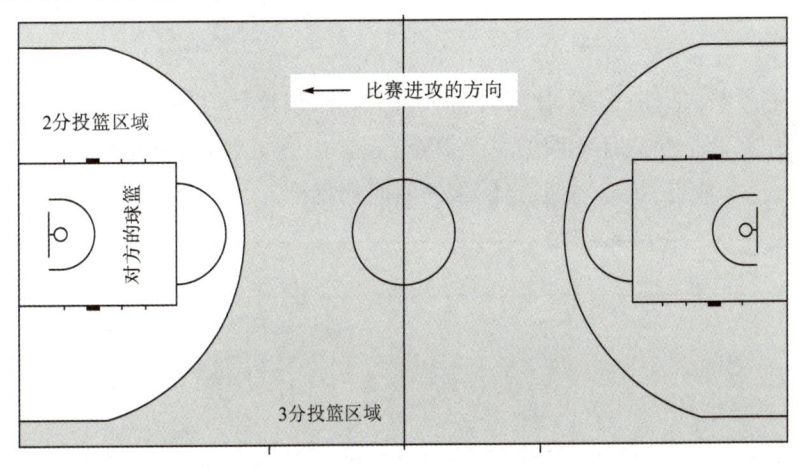

图 1-3 2 分和 3 分投篮区域

## 案例 1

A1 脚踩三分线投中篮算几分？

解释：由于 3 分线属于 2 分投篮区，因此，A1 脚踩 3 分线投篮命中应算 2 分。

### 2.4.5 球队席区域

球队席区域应用两条线在场外画出（图 1-4）。

球队席区域内必须有 16 个座位提供给球队席人员使用。球队席人员包括教练员、助理教练员、替补队员、出局的队员和随队人员。任何其他人员应在球队席后面至少 2 米处。

### 2.4.6 掷球入界线

两条 0.15 米长的掷球入界线应画在记录台对侧、比赛场地外的边线上,其外沿距离最近端线内沿为 8.325 米。

### 2.4.7 无撞人半圆区

无撞人半圆区是以球篮中心垂直落在正下方的场地上的点为圆点,半径(半圆内沿)为 1.25 米的半圆;与端线垂直的两条平行线,内沿距离球篮中心正下方的场地上的点是 1.25 米,两条平行线长度是 0.375 米并距离端线内沿 1.20 米。

由篮板前沿直接垂落在地面上的假想线连接两条平行线段末端,闭合了无撞人半圆区。

无撞人半圆区的界线是无撞人半圆区的一部分。

## 2.5 记录台和替换椅的位置

| 球队席区域 | X X 1 2 3 4 5 X X 记录台 | 球队席区域 |

1:进攻计时员;2:计时员;3:技术代表;4:记录员;5:助理记录员;X:替换椅

图 1-4　球队席区域、记录台和替换椅

## 第 3 条　器材

需要下列器材:挡件、篮球、比赛计时钟、记录屏、进攻计时钟、秒表或适宜的装置(供暂停计时使用)、两个独立且不同的声音信号、记录表、标志牌(队员犯规、全队犯规)、交替拥有指示器、比赛地板、比赛场地、足够多的照明器材。

# 三、球　队

## 第 4 条　球队

### 4.1　合格参赛队员

当一名球队成员符合竞赛组织部门的规程并被批准参赛时,他是合格的参赛队员。

### 4.2　有资格参赛队员

当一名队员的姓名在比赛开始前被登记在记录表上,并且没有被取消比赛资格,也没有发生 5 次犯规的情况下,他是有资格参赛的队员。

### 4.3　出局队员

在比赛时间内,当某队员已发生 5 次犯规,并且不再有资格参赛时,是一名出局的队员。

### 4.4　队员与替补队员

在比赛时间内,一名球员在比赛场地上有参赛资格时,是一名队员。在比赛休息期间,所有有资格参赛的球队成员,都被视为队员。

在比赛时间内,一名球员如有参赛资格,但未在场地上,被视为一名替补队员。

在比赛时间内,每队应有 5 名队员在场上进行比赛,并可以被替换。

当场上裁判员招呼替补队员进场比赛时,替补队员成为队员,被替换的队员成为替补队员;在暂停或比赛休息期间,一名替补队员向计时员请求替换时,替补队员成为队员,被替换的队员成为替补队员。

### 4.5　球队的组成

- 不超过 12 名有资格参赛的球员,其中包括一名队长;
- 一名主教练;
- 最多有 8 名球队随行人员(其中包括最多两名助理教练员)可以坐在球队席上。如果球队有多名助理教练员,则第一助理教练员应被登记在记录表上。

### 4.6　球员的服装与装备

#### 4.6.1　球员服装要求

背心同短裤一样,主要颜色相同,不允许穿长袖背心,短袖不能超过肘关节,短裤必须高于膝关节。

比赛时背心必须塞进短裤内。

> **案例 1**
>
> A1 正穿着(1)一件主要颜色不同于 A1 所在球队背心的圆领衫;(2)一件与其他球队成员不同颜色的背心,上场比赛。以上两种情况,裁判员允许吗?
>
> **解析**:不允许,他必须更换符合规则要求的背心。

#### 4.6.2　球员号码要求

每个球员所穿背心前后都应该有号码,号码颜色和背心颜色应有明显区别,可选 0,00 和 1～99 的号码,同队球员不允许选择相同的号码,任何广告或标识离号码应至少 5 厘米。

> **案例 1**
>
> 赛前,裁判员发现 A 队的一名队员所穿的背心胸前没有号码而背后有号码,应该如何处理?
>
> **解析**:规则规定每名队员背心前后必须有清晰的号码。根据上述情况,该队员不能被准予上场比赛,除非他换上号码符合规则要求的背心。

#### 4.6.3　球衣颜色要求

每支球队至少有两套颜色深浅不同的球衣,竞赛日程表中队名在前的主队应穿浅色(最好白色)球衣,队名在后的客队应穿深色球衣,如果两队同意可互换球衣颜色。

#### 4.6.4 其他装备要求

任何队员不允许佩戴任何饰品,护具除外。球队的队员,他们都必须佩戴上臂和腿部的弹力护套、头部饰物、护腕、束发带和绷带等,必须是相同的单一颜色。球鞋可以使用任何颜色组合,但是左右两只鞋必须一致。不允许佩戴具有闪烁光源、反光材料等装饰品。

**案例 1**

A1 左右脚的球鞋颜色不一致可以吗?

解析:不可以。球鞋可以是任何颜色,但是左右两只鞋的颜色必须一致。

**案例 2**

在赛场上,A1 佩戴白色的束发带,A2 佩戴红色的束发带。裁判员应允许吗?

解析:不允许。A1 和 A2 不能佩戴不同颜色的束发带。

**案例 3**

在赛场上,A1 佩戴白色的束发带,A2 佩戴红色的护腕。裁判员应允许吗?

解析:不允许。A1 佩戴的束发带和 A2 佩戴的护腕颜色必须相同。

**案例 4**

A1 佩戴了一款领巾式样的束发带,其单一的素色与其同队队友所佩戴的任何其他被允许的附加装备的颜色相同。裁判员应允许吗?

解析:不允许。队员不允许佩戴领巾式样的束发带。

### 第 5 条  受伤和协助

#### 5.1 在比赛期间队员受伤,裁判员停止比赛

如果球是活球时发生了队员受伤情况,裁判员应等到控制球队投篮了、失去对球的控制了、持球停止进攻或球成死球时才能鸣哨。如果有必要去保护受伤的队员,裁判员可以立即停止比赛。

**案例 1**

A1 运球组织进攻,B2 在防守 A3 的过程中,不慎滑倒导致脚踝扭伤,无法进行比赛,随后(1)A 队继续组织进攻,是否应停止比赛?(2)A 队继续组织进攻,但未对 B 队球篮构成威胁,是否应停止比赛?(3)在抢篮板球中,双方队员有激烈的身体接触,会造成 B2 的二次伤害,裁判员是否应停止比赛?

解析:(1)不应停止比赛,如果停止比赛会对 A 队造成不利。(2)可以停止比赛。(3)为避免对 B2 造成二次伤害,应立即停止比赛。

#### 5.2 队员受伤和受到协助情况下的替换

如果受伤队员不能立即(大约 15 秒钟内)继续比赛,或如果他接受了治疗,或如果他

获得来自他的主教练员、助理教练员、球队席上的球员和/或随队人员的任何协助,他必须被替换,除非该队不足 5 名上场队员。

在比赛期间,任何一名正在流血或有开放性创口的队员必须被替换。他只有在流血停止后并且受伤部位或开放性创口被全面安全地包扎后方可返回比赛场地。

如果场上队员受伤(大约 15 秒钟)不能立即比赛,必须被替换下场接受治疗。但如果依据医生的意见,将一名严重受伤的队员移出赛场对该队员来说是危险的,那么,将其移出比赛场地所需的时间是没有限制的。

如果一名队员受伤或是看起来受伤了,或是需要帮助,导致允许坐在该队球队席上的任何人(同队的主教练员、第一助理教练员、替补队员、出局的队员或随队人员)进入赛场,不管是否已经实施了实际的治疗或协助,那名队员就被认定已接受了治疗或协助。

### 案例 1

A1 看起来脚踝受伤了并且比赛被停止了,(1)A 队医生上场治疗;(2)A 队医生进入场地但队员恢复;(3)A 队教练进入场地了解受伤情况;(4)A 队助理教练、替补队员及随队队员进入场地,但未治疗 A1,这四种情况下裁判员应如何处理?

**解析**:由于 A 队的球队席人员已进入比赛场地,无论 A1 是否受伤,都被认定为已经接受了治疗或协助,必须被替换。

### 案例 2

A1 手中持球在前场执行掷球入界时,A 队的理疗师离开他位于后场的球队席区域,逗留在赛场外为 A1 恢复其脱落的胶布。

**解析**:A 队理疗师在其球队席区域外为 A1 提供了协助。A1 应被要求替换。

### 案例 3

A1 受伤严重,临场医生判断移动受伤队员可能造成危险,在这种情况下比赛耽误了大约 15 分钟,应如何处理?

**解析**:什么时间可以将受伤队员从场地上移走,应尊重临场医生意见。替补队员上场后,比赛重新开始,无须任何处罚。

#### 5.3 队员受伤或受到协助可以继续比赛的情况

一名受伤队员有流血或有伤口的情况,那么他必须被替换。他只有在流血停止后并且受伤部位或开放性创口被全面安全地包扎了才可返回比赛场地。除非该队上场队员已少于 5 人。如果在同一期间,任一队请求暂停被准许,并且在暂停期间该队员恢复,只要记录台发出暂停信号,裁判员招呼替补队员进场之前,他可以继续比赛。

因为队员受伤被替换,教练员指定替换受伤的队员进行可能有的罚球。在这种情况下,如果对方也要求替换,应被允许,但只允许替换相同数量的队员。

球队席人员位于他所在的球队席区域时,向他本队的队员提供协助,如果该协助没有延误比赛迅速开始,那就不认为那名队员已接受了协助,就不应要求其被替换。

## 案例 1

A1 受伤并且比赛已停止,由于 A1 不能立即比赛,裁判员做出换人手势,(1)但在此时 A 队或者 B 队请求暂停,是否允许?(2)如果允许,在暂停期间如 A1 已恢复,是否可以继续比赛?(3)如替换 A1 的队员已上场,这时 A1 恢复了,是否还可以继续比赛?

**解析:**(1)允许暂停。(2)暂停期间 A1 恢复,可继续比赛。(3)如替换 A1 的队员已上场,A1 必须等比赛重新开始之后寻找合适机会替换。

## 案例 2

A1 被 B 队犯规获得 2 次罚球,一次罚球结束后,裁判员发现 A1 出现伤口流血,他被 A6 替换,随后由 A6 执行第 2 次罚球。此时 B 队是否可以请求换人?

**解析:**B 队可以换人,但只允许替换 1 人。

## 案例 3

B1 在就近 A 队的球队席处对正在做投篮动作的 A1 犯规,球未进入球篮。在 A1 执行 2 次或 3 次罚球时,(1)A 队的球队管理或 A6 从他的球队席区域向场上的其他任何 A 队队员递送毛巾、饮用水或束发带。(2)A 队的理疗师在他的球队席区域给场上的其他任何 A 队队员恢复脱落的胶布,向队员腿部进行喷雾理疗或按摩队员的颈部,等等。

**解析:**在这两种情况中,这些 A 队队员没有延误比赛迅速开始,他们没有接受协助,不应要求这些 A 队队员被替换。A1 将继续执行对他的 2 次或 3 次罚球。

## 案例 4

B1 在就近 A 队的球队席处对正在做投篮动作的 A1 犯规,球未进入球篮。A1 跌倒在赛场上,并且是跌进了他的球队席区域内。A6 起身帮助 A1 站起来。A1 最迟大约在 15 秒钟内立即做好了比赛的准备。

**解析:**A1 没有延误比赛的迅速开始,他没有接受协助,不应要求 A1 被替换。A1 将执行 2 次或 3 次罚球。

## 案例 5

判给 A1 2 次罚球。在裁判员向记录台报告该犯规时,A1 跑向赛场的另一端他的球队席前,索要毛巾或饮用水。球队席上的任一人员从球队席区域将毛巾或饮用水递给 A1。A1 擦干了手或喝了水。A1 最迟大约在 15 秒钟内立即做好了比赛的准备。

**解析:**A1 没有延误比赛的迅速开始,他没有接受协助,不应要求 A1 被替换。A1 将执行 2 次罚球。

## 案例 6

A1 投篮得分。掷球入界队员 B1 向裁判员表示"球湿了"。该裁判员停止了比赛。B 队球队席上的任一人员进入赛场,并擦干了球或把毛巾递给 B1,让其擦干球。

**解析**:B1 没有延误比赛迅速开始,他没有接受协助。不应要求 B1 被替换。比赛应由 B 队在端线后的任何地点(直接位于篮板后面的地点除外)掷球入界重新开始。裁判员应将球递交给 B 队掷球入界队员执行该掷球入界。

## 案例 7

A1 手中持球在前场执行掷球入界时,A 队的理疗师离开他位于前场的球队席区域,逗留在赛场外为 A1 恢复其脱落的胶布。

**解析**:A 队理疗师在其球队席区域外为 A1 提供了协助。如果该协助在 15 秒钟内完成,则不应要求 A1 被替换。如果该协助持续的时间超过 15 秒钟,则 A1 应被要求替换。

### 第 6 条 队长的职责与权利

#### 6.1 队长的职责

队长是一名由他的主教练员指定的队员,在比赛场地上代表他的球队。

#### 6.2 队长的权利

在比赛期间,他只能在球成死球并且比赛计时钟停止时才可以有礼貌地与裁判员交流,以获取信息。

如果对比赛结果提出抗议,队长应在比赛结束后 15 分钟内,通知主裁判并在记录表上"球队申诉队长"处签名。

### 第 7 条 主教练员和第一助理教练员的职责和权利

#### 7.1 赛前主教练员职责

至少在比赛开始之前 40 分钟,双方主教练员或他的代表应提交一份包括本队在本场比赛中合格参赛的队员姓名及对应号码,以及本队队长、主教练员和助理教练员名单。

至少在比赛开始之前 10 分钟,主教练员在记录表上签字确认球队成员名单及对应号码,并指明首发上场的 5 名队员。

## 案例 1

A 队按时提交给记录员球队成员名单,但有 2 名队员登记的号码与球衣号码不一致,或某队员姓名忘登记在记录表上了,以上情况(1)在比赛开始前发现应如何处理?(2)在比赛开始后发现应如何处理?

**解析**:(1)没有任何处罚,纠正错误号码,将遗漏的队员登记在记录表上即可。(2)在不将任何球队置于不利的情况下,主裁判员停止比赛,纠正错误号码,但被遗漏的队员不能重新登记在记录表上。

### 案例 2

裁判员发现某队一名场上队员不是确认的首发 5 名队员之一,此情况发生在(1)比赛开始前;(2)比赛开始后,分别如何处理?

**解析:** 在比赛开始前,记录员应检查场上 10 名队员的信息是否正确。如果有错误,应立即通知最近的裁判员。如果错误发生在比赛开始前,应立即纠正错误,如果发生在比赛开始之后,错误应被忽略。

(1)如发生在比赛开始前,纠正错误,由原来确认过的首发 5 名队员上场比赛,无须任何处罚。(2)如发生在比赛开始后,比赛继续,无须任何处罚,错误被忽略。

## 7.2 赛中主教练员和第一助理教练员的职责和权利

当队长离开比赛场地时,主教练员须将场上担任队长的队员号码通知裁判员。

仅允许主教练员、助理教练员、替补队员、出局的队员和随队人员坐在球队席上,并允许这些人员逗留在他们的球队席区域内。在比赛时间内,所有的替补队员、出局的队员和随队人员须保持就座。

在比赛期间,主教练员或第一助理教练员只有在球成死球并且比赛计时钟停止时才可以到记录台去获得统计资料。

在比赛期间,主教练员只能在球成死球并且比赛计时钟停止时才可以有礼貌地与裁判员交流,以获取信息。

比赛期间,只允许主教练员或第一助理教练员其中一人,在比赛进行中的任何时间内保持站立。在比赛期间,第一助理教练员不得与裁判员进行交流。

如果有第一助理教练员,他的名字必须在比赛开始前被录入记录表(不需要他的签名)。如果由于任何原因,主教练员不能继续工作了,他应承担起主教练员所有的职责和权利。

### 案例 1

在比赛中,A 队主教练员和第一助理教练员同时保持站立指挥比赛,如何处理?

**解析:** 裁判员应在比赛计时钟停止或死球情况下,对 A 队主教练员进行提示警告,如再次违反规定,将判罚技术犯规。

### 案例 2

在比赛进行中,A 队正组织进攻,此时 B 队主教练员到记录台申请获取统计资料,是否允许?

**解析:** 因 B 队主教练员的行为已妨碍记录台人员工作,所以记录台人员有权拒绝 B 队主教练员申请,并通知就近裁判员对 B 队进行提示警告。

### 案例 3

在比赛进行中,A 队助理教练员频繁与裁判员讲话,如何处理?

**解析:** 裁判员应在比赛计时钟停止或死球情况下,对 B 队进行警告,如再次违反规定,将判罚 B 队技术犯规,登记在主教练员名下。

### 案例 4

B1 被判罚了一次技术犯规,A 队由谁来指定本队的罚球队员?

**解析:** 在规则没有限定罚球队员的所有情况中,由 A 队的主教练员来指定本队的罚球队员。

#### 7.3 队长担任教练员的情况

如果没有主教练员,或主教练员不能继续工作了并且又没有被录入记录表的第一助理教练员(或第一助理教练员也不能继续工作了),队长应担任队员兼教练员。如果队长必须离开比赛场地,他可以继续担任主教练员。如果他在一次取消比赛资格的犯规后必须离开,或由于受伤不能继续担任主教练员,替换他当队长的球员可同时替代他当主教练员。

### 案例 1

在比赛中,A 队主教练员无礼地与裁判员进行沟通,裁判员判罚 A 队主教练员取消比赛资格,赛前 A 队记录表已登记第一助理教练员,A1 是队长,A 队第一助理教练员在接下来的比赛中承担主教练员的所有职责和权利。(1)如果没有第一助理教练员,如何处理?(2)如果没有第一助理教练员,队长因 5 次犯规必须离开场地,如何处理?(3)如果没有第一助理教练员,队长因犯规被取消比赛资格必须离开比赛场地,或因受伤无法指挥比赛,如何处理?

**解析:** (1)队长将承担主教练员的所有职责和权利。(2)他可以继续承担主教练员的所有职责和权利。(3)替换他的队员承担主教练员的所有职责和权利。

## 四、比赛通则

### 第 8 条 比赛时间、比分相等和决胜期

#### 8.1 比赛时间

常规比赛分 4 节,每节 10 分钟。第 1 节和第 2 节统称为"上半时",第 3 节和第 4 节统称为"下半时"。

常规比赛时间内比分相等,将进行若干个 5 分钟决胜期比赛,直至分出胜负。

#### 8.2 比赛休息期间

在预定的比赛开始之前应有 20 分钟的比赛休息期间。在上半时的第 1 节和第 2 节之间、下半时的第 3 节和第 4 节之间,以及每个决胜期之前都应有 2 分钟的比赛休息期间。半场的比赛休息期间应是 15 分钟。

#### 8.3 比赛休息期间开始

比赛休息期间开始于:

- 预定的比赛开始前 20 分钟。
- 结束这一节或决胜期的比赛计时钟信号响时。
- 如果在一节或一个决胜期结束时使用即时回放系统回看,则只在裁判员(经过回看)宣布了最终的决定后。

### 案例 1

在结束该节的比赛计时钟信号响之前 0.1 秒,B1 对正在做投篮动作的 A1 犯规。A1 被判得 2 次罚球。

解析:如果没有即时回放系统,裁判员们应互相商量并做出"B1 的犯规发生在比赛计时钟信号响之前"的决定,应立即执行 A1 的罚球。比赛应在最后 1 次罚球后重新开始,比赛计时钟显示 0.1 秒。

#### 8.4 比赛休息期结束

在第一节开场跳球中,当球离开主裁判手时;或其他节比赛开始,当掷球入界队员可处理球时。

#### 8.5 结束节或决胜期的罚球规则

在结束节或决胜期的比赛计时钟响起之前恰好发生了犯规,那么应该立即执行最后的罚球,如果罚球后比分相等,需要进行决胜期。如果在比赛的休息期间发生了一起犯规,任何可能出现的罚球应在随后的一节或决胜期开始前执行。

### 案例 1

A1 正在做投篮动作时 B2 犯规,与此同时该节比赛结束的计时钟信号响起。A1 获得 2 次罚球机会。

解析:立即执行不站位的 2 次罚球,当 A1 的 2 次罚球结束后,比赛进入休息期。

### 案例 2

B1 对在投篮中的 A1 犯规的同时,结束第 1 节的比赛计时钟信号响起。随后,球进入球篮,裁判员应如何处理并开始比赛?

解析:裁判员必须使用可用的即时回放系统做出决定:B1 的犯规是否发生在结束第 1 节的比赛计时钟信号响之前。如果该犯规发生时,比赛计时钟显示 0.0,则 B1 的侵人犯规应忽略,并且 A1 的投篮不应计得分,第 1 节结束。在裁判员宣告回看的最终决定后,计时员应启动他的计秒表,开始计量比赛休息期。第 2 节将按照交替拥有的程序开始。

如果该犯规发生时,比赛计时钟的显示多于 0.0,则作为 A1 在此刻比赛计时钟停止时的投篮,应计得分。应登记 B1 一次侵人犯规。在罚球期间,队员们可以在罚球分位区占位。比赛计时钟应显示剩余的时间。比赛应在最后一次罚球后重新开始。

### 案例 3

在结束该节的比赛计时钟信号响之后,正在做投篮动作的 A1 犯规了,裁判员应如何处理?

**解析**:该犯规应被忽略。因为此犯规是在结束该节的比赛计时钟信号响之后发生的。除非该犯规是违反体育运动精神犯规或是取消比赛资格的犯规,并且随后还有另一节或是决胜期的比赛。

### 第9条 一节、决胜期或比赛的开始和结束

#### 9.1 比赛开始

在中圈跳球中,当(抛)球离开主裁判员的手时,第1节开始。

所有其他的各节或每个决胜期由掷球入界的队员可处理球时开始。

如果某一队在比赛开始时场上队员不足5名,比赛不能开始。

在规定比赛时间开始15分钟之内到达球场并做好比赛的准备,如果能有一个合理的解释,不应判罚技术犯规。但如果不能提供合理的解释,应登记主教练员一次技术犯规,记录为"$B_1$",有可能导致比赛因弃权告负。

**案例1**

规定比赛时间到时,B队在场地准备比赛的队员少于5人。此时B队(1)能够给出一个合理且可以接受的解释;(2)不能给出一个合理且可以接受的解释。应如何处理?

**解析**:(1)比赛开始,无须任何处罚。(2)判罚B队主教练员一次技术犯规。A队教练员指定任一首发队员执行一次不占位的罚球,然后比赛由中圈跳球开始。在以上两种情况中,如果比赛开始15分钟以内B队至少5名队员没有到达比赛场地并准备好比赛,那么应该判罚B队弃权告负,A队获胜且比分为20∶0。主裁判应在记录表背面写明原因,以便向组委会报告。

**案例2**

在下半场比赛开始时,A队队员因受伤、被取消比赛资格等原因,不足5人参赛。

**解析**:A队应以少于5名队员继续比赛。

**案例3**

临近比赛结束时,A1被判个人第5次犯规离场,A队没有替补队员,只能4名队员继续比赛。此时B队主教练员为了表示公平,希望也撤下一名队员以4名队员继续比赛。应如何处理?

**解析**:B队主教练员的请求应该被拒绝,只要某队有足够的队员比赛,场上比赛就应该继续进行。

**案例4**

比赛开始前的休息期间,A1被判罚技术犯规,在比赛开始前B队教练员指定B6进行一次罚球,但是B6不是B队首发队员。

**解析**:应由B队首发队员之一执行一次不占位的罚球,并且在比赛开始前,不可以申

请替换队员。随后比赛应在中圈跳球开始。

### 案例 5

比赛开始前的休息期间，A1 被判罚对 B2 违反体育运动精神的犯规。

**解析**：比赛开始前，由 B2 执行 2 次不占位的罚球。如果 B2 是首发队员之一，那么 B2 继续留在场地，比赛在中圈跳球开始。如果 B2 不是首发队员之一，那么在罚球结束后，由之前的 5 名首发队员上场，在中圈跳球开始比赛。

### 9.2 比赛球篮

在所有比赛中，秩序册上队名在前的"主队或 A 队"应坐在记录台（面对比赛场地）左侧的球队席进攻记录台右侧的球篮，如果两队同意，可互换球队席和球篮。在第 1 节和第 3 节比赛前，球队有权在对方的球篮场地进行赛前热身运动。球队在下半时应互换球篮。在所有决胜期中，球队应继续进攻与第 4 节比赛方向相同的球篮。

### 9.3 比赛结束

当结束该节或该决胜期的比赛计时钟信号响时，此节、此决胜期或比赛结束。当篮板的边缘四周配备了红色灯带时，灯带亮起会先于比赛计时钟信号响起。

## 第 10 条 球的状态

### 10.1 球成活球

- 跳球时，主裁判将球抛出，离开自己手时；
- 罚球中，裁判员将球交到罚球队员手中，罚球队员可以罚球时；
- 掷球入界时，裁判员将球交到队员手中，队员可处理球时。

### 案例 1

比赛开始跳球中，当主裁判将要抛球，但球并未离开自己的手时，A1 肘击 B2 被判罚违反体育运动精神犯规，如何处理？

**解析**：登记 A1 违反体育运动精神犯规，并由 B2 执行两罚一掷罚则，但因比赛尚未开始，因此掷球入界权取消，双方重新跳球开始比赛。

### 案例 2

A1 执行罚球或执行掷球入界时，(1)裁判员将球递交到 A1 手中之前，B 队请求暂停或替换，(2)裁判员将球递交到 A1 手中可处理球时，B 队请求暂停或替换。应如何处理？

**解析**：(1)因球处于死球状态，B 队请求应被准许。(2)因球处于活球状态，B 队请求不应被准许。

### 10.2 球成死球

#### 10.2.1 球成死球的情况

- 投篮命中或罚球命中时；
- 活球中，裁判员鸣哨时，包括之后任一队员触及球时；

- 在罚球时,球明显不会命中,(1)且接下来还有一次或多次罚球时;(2)接下来进一步罚球时;
  - 某队控制球,进攻计时钟信号响时,包括之后任一队员触及球时;
  - 当投篮的球还在空中飞行,比赛计时钟信号响时,包括之后任一队员触及球时。

### 案例 1

A1 罚球命中,B1 执行掷球入界,在球离开 B1 的手之前,双方请求替换或暂停,是否准予?

解析:在球未离开 B1 的手之前,球处于死球状态,因此双方请求应被准予。

### 案例 2

A 队进攻时间违例,裁判员鸣哨。随后双方请求换人或暂停,是否准予?

解析:裁判员鸣哨后,球成死球状态,因此双方请求应被准予。

### 案例 3

A1 三分线外投篮,当球飞到空中下落且有可能进入球篮的情况下,B1 干扰球违例,裁判员鸣哨,随后双方请求换人或暂停,是否准予?

解析:裁判员鸣哨后,球成死球状态,因此双方请求应被准予。

#### 10.2.2 球不成死球,如中篮算得分的情况

- 当投篮的球在飞行中,裁判员鸣哨时,比赛计时钟或进攻计时钟信号响时;
- 当罚球的球在飞行中,裁判员因除罚球队员以外的任何犯规鸣哨时;
- 当进攻队员做投篮动作并控制球时,判罚了防守队任何队员,包括球队席人员犯规时,该投篮队员连续完成投篮动作,这时球不成死球,如中篮有效。

### 案例 1

A1 投篮,球在空中,进攻计时钟响起,在球进入篮圈之前,A2 对 B3 犯规,这是 A 队本节第 4 次犯规,随后球进入篮圈。裁判员应如何处理?

解析:A1 中篮有效。登记 A2 一次犯规,由 B 队执行掷球入界重新开始。

### 案例 2

A1 已经开始做投篮动作,此时 B2 对 A2 犯规。这是该节 B 队的第 3 次犯规。A1 以连续动作完成投篮。裁判员应如何处理?

解析:球不成死球,投篮如果投中,应算得分。比赛应由 A 队在最靠近宣判该犯规的地点掷球入界重新开始。

### 案例 3

A1 已经开始做投篮动作,此时 B2 对 A2 犯规。这是该节 B 队的第 5 次犯规。A1 以连续动作完成投篮。裁判员应如何处理?

**解析**：球不成死球,投篮如果投中,应算得分。A2 执行两次罚球,比赛应如同执行任何一次罚球一样重新开始。

    10.2.3  裁判员鸣哨或计时钟响起,球成死球如中篮不计得分的情况
- 当裁判员鸣哨后,进攻队员做了一个全新的投篮动作,则中篮不得分;
- 一名队员做连续的投篮动作时,比赛计时钟或进攻计时钟响起,则中篮不得分。

### 案例 1

A5 低位持球进攻,进攻时间剩余 12 秒。B4 阻挡犯规导致 A5 身体失去平衡,随后 A5 做了一个全新的动作将球投进,进球是否有效?

**解析**：进球无效,由 A 队在其前场端线掷球入界开始比赛,进攻时间应为 14 秒。

#### 第 11 条　队员和裁判员的位置

11.1　队员的位置

一名队员的位置就是他所接触的地面,当队员跳起在空中时,最后离开的地面就是他的位置,包括地面上的所有线。

11.2　裁判员的位置

确定一名裁判员的位置和确定队员的位置相同,当球触及裁判员时,如同触及裁判员所在的地面一样。

### 案例 1

A9 在比赛中把球误传到位于界内的裁判员身上,然后球又反弹到界外,裁判员应如何处理?

**解析**：虽然球在出界前,最后触及的是裁判员,但也应判 A9 使球出界违规。因此,应将球判给 B 队在出界的地点掷球入界。

### 案例 2

A5 从界内起跳在空中将球救回场地内后,自己落到场地外。A5 合法吗?

**解析**：合法,因为他最后跳起之前所接触的地面是在场内。

#### 第 12 条　跳球和交替拥有

12.1　跳球

12.1.1　跳球定义

一名裁判员在任何两名互为对方的队员之间将球抛起,一次跳球发生。

12.1.2　争球

互为对方队中的一名或多名队员一手或双手紧紧地抓住球,以至于不通过粗野的动作任一队员都不能获得控制球时,一次争球出现。

### 案例 1

A、B 两队进行比赛,A1 持球跳起被 B1 合法封盖,两名队员随后落回球场且双方都有一手或双手紧紧握在球上,这种情况裁判员应如何宣判?

解析:应宣判争球。

### 案例 2

A1 与 B1 在空中紧紧握住球,落回球场后,A1 一脚落在界线上,这种情况裁判员应如何宣判?

解析:应宣判争球。

### 案例 3

A1 持球跳起被 B1 合法封盖,两名队员随后落回球场且双方都有一手或双手紧紧握在球上,A1 有一脚落在他的后场,这种情况裁判员应如何宣判?

解析:应宣判争球。

### 案例 4

A1 用手持球正在做向球篮移动尝试得分的连续动作,此时 B1 将他的手紧紧握在球上,以至于 A1 移动的步数超出了带球走规则允许的范围,裁判员该如何宣判?

解析:应宣判争球。

#### 12.1.3 跳球程序

每一名跳球队员的双脚应站在靠近其球队本方球篮一侧的中圈半圆内,并一脚靠近中线。

如果一名对方队的队员希望占据圆圈上的一个位置,同队队员不能围绕圆圈在相邻位置站立。

然后,裁判员应在两名互为对方队的队员之间将球垂直地向上抛起,其高度要超过任一名跳球队员跳起能达到的高度。

如果球没有被任何一名跳球队员拍击到,应重新跳球。

#### 12.1.4 跳球违例

如果队员违反以下条款是跳球违例:

- 每一名跳球队员的双脚应站在靠近其球队本方球篮一侧的中圈半圆内,并一脚靠近中线;
- 在球到达最高点后,必须被至少一名跳球队员的手拍击;
- 在球被合法拍击前,任何一名跳球队员都不得离开他的位置;
- 在球接触非跳球队员或地面前,任何一名跳球队员不得抓住球或拍击球超过两次;
- 在球被拍击前,非跳球队员的身体部分不能在中圈的线上或越过中圈的线(圆柱体)。

## 案例 1

主裁判在中圈抛球开始比赛,当球在上升中尚未到达最高点时,跳球队员 A1 触及球,是否发生跳球违例?

**解析**:A1 违例,B 队在其前场靠近中线位置掷球入界,进攻时间为 14 秒。

## 案例 2

主裁判在中圈抛球开始比赛,在球尚未被合法触及前,非跳球队员 A2 从他的后场进入到中圈,是否发生跳球违例?

**解析**:A2 违例,B 队在其前场靠近中线位置掷球入界,进攻时间为 14 秒。

## 案例 3

主裁判在中圈抛球开始比赛,在球尚未被合法触及前,非跳球队员 A2 从他的前场进入到中圈,是否发生跳球违例?

**解析**:A2 违例,B 队在其后场靠近中线位置掷球入界,进攻时间为 24 秒。

## 案例 4

跳球队员 A1 利用助跑起跳跳球,A1 是否发生违例?

**解析**:A1 违例,跳球队员的一脚要靠近中线。应判 B 队在该队前场靠近中线最接近发生违例的地点掷球入界,进攻时间为 14 秒。

## 案例 5

非跳球队员 A2 和 A3 围绕圆圈并排站立,B5 向裁判员提出想站在 A2 和 A3 之间的位置,该如何处理?

**解析**:裁判员应允许此要求。同队队员不能围绕圆圈占据相邻的位置。

## 案例 6

裁判员执行 A5 和 B5 之间的跳球,B5 合法拍球 2 次后,第 3 次将球传给同伴,B5 发生违例了吗?

**解析**:B5 违例。任何一名跳球队员不得拍击球超过 2 次。应判 A 队在该队前场靠近中线最接近发生违例的地点掷球入界,进攻时间为 14 秒。

## 案例 7

裁判员执行 A5 和 B5 之间的跳球,B5 合法挑拍击球后,A5 在空中将 B5 挑拍的球抓住。A5 发生违例了吗?

**解析**：A5 违例。在球接触非跳球队员或地面前，任何一名跳球队员不得抓住球。应判 B 队在该队前场靠近中线最接近发生违例的地点掷球入界，进攻时间为 14 秒。

#### 12.1.5 跳球情况

发生下述情况时，一次跳球出现：

- 宣判一次争球；
- 球出界，裁判员对是谁最后触球拿不准或有不同意见；
- 在最后一次罚球不成功时，发生了双方罚球违例；
- 活球停留在篮圈和篮板之间；

下述情况除外：①罚球之间；②在最后一次罚球后还要在该队前场的掷球入界线掷球入界。

- 球成死球时既无哪个队已控制球，又无哪个队拥有了球权；
- 对双方球队的相等罚则被抵消后，如果没有其他犯规罚则要执行，以及在第一起犯规或违例之前既无哪个队已控制球，又无哪个队拥有了球权；
- 除了第 1 节之外的所有其他各节和所有各决胜期开始。

### 12.2 交替拥有

#### 12.2.1 交替拥有定义

交替拥有是用掷球入界而不是用跳球来使球成为活球的一种方法。

#### 12.2.2 交替拥有掷球入界

- 开始于：球被执行掷球入界的队员可处理时；
- 结束于：①球接触赛场上的任一队员或被赛场上的任一队员合法触及时；②执行掷球入界的队员发生违例时；③在掷球入界中，活球停留在篮圈和篮板之间时。

#### 12.2.3 交替拥有程序

(1) 跳球后，在赛场上未获得控制活球的队应拥有第一次交替拥有的球权。

(2) 在所有的跳球情况中，双方球队应交替拥有从距离发生争球地点最近的界外掷球入界的球权；直接位于篮板后面的地点除外。

(3) 在任一节或任一决胜期结束时享有下次交替拥有球权的队，将在下一节或下一决胜期开始时，在记录台对侧、中线的延长部分掷球入界，除非有进一步的罚球和球权罚则要执行。

(4) 应由指向对方球篮的交替拥有箭头来表明下次享有交替拥有球权的球队。当交替拥有掷球入界结束时，交替拥有的箭头须立即反转。

### 案例 1

主裁判在中圈抛球开始比赛，球立即被跳球队员 A1 合法拍击，随后 A2 在场上控制球。此时交替拥有的箭头应如何处理？

**解析**：交替拥有的箭头应立即指向 B 队的进攻方向。

## 案例 2

比赛中,交替拥有的箭头指向了 B 队的进攻方向,A1 与 B1 发生了争球的情况。裁判员应如何恢复比赛?

**解析**:交替拥有的箭头指向 B 队的进攻方向,因此,裁判员应判由 B 队在距争球就近的地点执行掷球入界,当球接触到场上队员时,交替拥有的箭头应立即指向 A 队的进攻方向。

## 案例 3

主裁判在中圈抛球开始比赛,球立即被跳球队员 A1 合法拍击,(1)A1 使球直接出界;(2)在球触及非跳球队员或地面之前,A1 直接把球抓住,以上两种情况应如何判罚?

**解析**:以上两种情况应判 A1 违例,B 队掷球入界开始比赛,如果在后场掷球入界,B 队进攻时间为 24 秒,如果在前场掷球入界,B 队进攻时间为 14 秒。在掷球入界之后,场上没有获得控制球权的球队拥有第一次交替拥有的球权。

## 案例 4

当上半时结束时,交替拥有的箭头应如何处理?

**解析**:当上半时比赛结束时,由于下半时开始(第三节比赛开始)时,双方要互换球篮,所以交替拥有的箭头方向也应在半时休息期间由记录员进行反转。

## 案例 5

A、B 两队进行比赛,比赛开始时裁判员进行跳球,球被 A1 合法拍击后,(1)A2 和 B2 被宣判争球;(2)A2 和 B2 发生双方犯规,球权应如何宣判?

**解析**:因为球权尚未建立,裁判员不能用交替拥有的箭头来判球权。主裁判应在中圈进行另一次跳球,跳球队员应是 A2 和 B2,在合法拍击球之后,以及在争球或双方犯规发生之前,不论比赛计时钟消耗多少时间,均保留。

## 案例 6

根据交替拥有的规则,B 队拥有球权,而裁判员或记录员错误地将球判给了 A 队,这种情况应如何处理?

**解析**:一旦球触及场上队员,此错误就不能纠正,但是 B 队拥有下一次交替拥有的球权。

## 案例 7

在第 1 节比赛计时钟信号响起时,B1 被宣判对 A1 的违反体育运动精神的犯规,A

队拥有第 2 节开始的交替拥有球权,裁判员应如何处理?

**解析**:A1 执行 2 次不站位的罚球,随后第 1 节比赛结束,在 2 分钟比赛休息之后,由 A 队在其前场掷球入界线处掷球入界重新比赛,进攻时间为 14 秒。并且下一次交替拥有的球权仍然是 A 队。

## 案例 8

在第 3 节比赛计时钟信号响后,B1 被宣判对 A1 的违反体育运动精神的犯规,A 队拥有第 4 节开始的交替拥有球权,裁判员应如何处理?

**解析**:在第 4 节比赛开始前 A1 执行 2 次无需占位的罚球。随后 A 队在其前场掷球入界线处掷球入界开始第 4 节比赛,进攻时间为 14 秒。并且下一次交替拥有球权仍然是 A 队。

## 案例 9

A1 投篮,球夹在篮圈和篮板之间。按照交替拥有程序,(1)A 队拥有球权;(2)B 队拥有球权。

**解析**:(1)A 队从端线掷球入界,进攻时间为 14 秒。(2)B 队从端线掷球入界,进攻时间为 24 秒。

## 案例 10

A1 做 2 分投篮被 B2 犯规,裁判员判 B2 违反体育运动精神犯规,在执行最后一次罚球期间出现以下三种情况,裁判员应如何处理?(1)球夹在篮圈和篮板之间;(2)A1 出手投篮时踩到罚球线;(3)球未触及篮圈。

**解析**:上述三种情况中,罚球被视作不成功,随后应由 A 队在其前场重新掷球入界,进攻时间为 14 秒。

## 案例 11

主裁判员抛球执行开场跳球。随即,在球被跳球队员 B1 合法拍击后,该球直接出界。在 A 队掷球入界后:

(1)发生了一起 A2 和 B2 之间的争球。

(2)发生了一起 A2 和 B2 之间的双方犯规。

**解析**:在这两种情况中,因为尚未确立球队在赛场上对活球的控制,裁判员不能运用交替拥有的程序。主裁判员应在中圈执行另一次 A2 和 B2 之间的跳球。跳球后,没有在赛场上获得控制活球的队,将拥有在下一次跳球情况出现的就近地点执行第一次交替拥有掷球入界的球权。

### 12.2.4 交替拥有掷球入界中发生掷球入界违例的情况

某队在交替拥有掷球入界中违例,致使该队交替拥有掷球入界结束。交替拥有的箭头须立即反转,指明违规队的对方球队将拥有下一次交替拥有的球权。然后,将球判给违规队的对方球队在原掷球入界地点掷球入界重新开始比赛。

### 案例 1

A1 在中线掷球入界开始第 2 节比赛后,球夹在 A 队前场的篮圈和篮板之间,这时裁判员宣判一起跳球情况,交替拥有的箭头应如何处理?

解析:在 A1 掷球入界后,交替拥有的箭头应立即转向 B 队。

### 案例 2

第 3 节比赛计时钟显示 4:17,在一次交替拥有掷球入界中,(1)掷球入界队员 A1 拿球走进场内;(2)A2 在球传入界线内之前,伸手到界外去接球;(3)掷球入界队员超过 5 秒后将球传出。以上情况,交替拥有的箭头应如何处理?

解析:以上三种情况均为 A 队违例。由 B 队在违例处掷球入界开始比赛,并且交替拥有箭头立即反转。

#### 12.2.5 交替拥有掷球入界中发生犯规的情况

任一队在下列情况时发生了犯规:

除去第 1 节之外的其他各节或各决胜期开始前,或交替拥有掷球入界中,不是享有掷球入界权的队失去该交替拥有的球权。

### 案例 1

判给 A 队一次交替拥有掷球入界。A5 在掷球入界可处理球时,A6 对 B6 推人犯规。A 队还将拥有下次交替拥有掷球入界的权利吗?

解析:拥有。犯规的发生不使球队失去交替拥有的球权。应判给 B 队掷球入界,A 队还将拥有下次交替拥有掷球入界的球权。

### 案例 2

在第 1 节比赛结束的休息期,交替拥有箭头指向 A 队,B1 被判和 A1 一起违反体育运动精神的犯规,A1 执行 2 次不占位的罚球,随后由 A 队在其前场掷球入界,交替拥有箭头依旧指向 A 队。掷球入界后,球夹在 A 队前场的篮圈和篮板之间,裁判员宣判这是一起跳球情况。

解析:A 队在其前场端线处掷球入界,进攻时间为 14 秒,在 A 队掷球入界结束后,交替拥有箭头立即转向 B 队。

## 第 13 条  如何打篮球

### 13.1  脚踢球和拳击球违例

在比赛中,球只能用手打,并且球可向任何方向传、投、拍、滚或运。队员不能抱球跑,不能故意用脚踢或用腿的任何部位阻挡球或用拳击球。

如果球意外地接触到腿的任何部位,或腿的任何部位意外地触及球,不是违例。

### 案例 1

A4 掷球入界中,B5 用闭合的拳故意猛击球,这是一次违例吗?

**解析**:是的。这是一次用闭合的拳接触球的违例。

### 案例 2

在 A2 给 A3 的一次传球中,B3 用大腿拦截球,B3 是违例吗?

**解析**:是违例。故意踢或用腿的任何部位阻挡球都是违例。

### 案例 3

A3 运球时,意外地运到自己的脚上,是脚踢球违例吗?

**解析**:不是,脚不是故意触球就不是脚踢球违例。

#### 13.2 将球置于两腿之间假装传球是违例

### 案例 1

A1 结束运球,传球前,他将球置于两腿之间并假装传球。

**解析**:A1 违例。

#### 13.3 (比赛中)队员为了增加身高或扩展其能力,举起队友去打篮球是违例

### 案例 1

在对方的球篮下,A1 抱着队友 A2 并将其举起,A3 将球传给 A2 让其扣篮。

**解析**:这是 A 队违例。A2 将球入篮不计得分。比赛应由 B 队在其后场的罚球线延长部分的边线掷球入界重新开始。

### 第 14 条 控制球

#### 14.1 控制球开始

在掷球入界或罚球中,一名队员拿球或运球或队员之间传递球时,即为控制球开始。

当某队的一名队员通过持着或运着一个活球来控制球,或在掷球入界或罚球中可处理一个活球时,该球队控制球开始。

### 案例 1

A1 已经控制球 15 秒,此时试图将球传给 A2 时,球飞出了界线,B1 从比赛场地跳起试图从界外接住球,当 B1 仍在空中时,球被 B1 用手拍击,此后球回到场上又被 A2 接住,这种情况进攻计时钟应如何计算?

**解析**:A 队仍然控制球,进攻计时钟应连续计算。

### 案例 2

A1 已经控制球 15 秒,此时试图将球传给 A2 时,球飞出了界线,B1 从比赛场地跳起

试图从界外接住球,当 B1 仍在空中时,球被 B1 用双手抓住,此后球回到场上又被 A2 接住,这种情况进攻计时钟应如何计算?

**解析**:B 队已经获得控制球,进攻计时钟应为 A 队复位到 24 秒。

### 案例 3

根据裁判员的判定,A1 在掷球入界时有意延误拿球,裁判员应如何处理?

**解析**:当裁判员将球置于邻近掷球入界地点的地面上时,该球即成活球,并且球队控制球开始。

### 14.2 控制球结束

一名对方队员控制球,球成死球时,投篮或罚球中,球离开该队员手时,球队控制球结束。

### 案例 1

A7 投篮球离手时,场上的 A8 推 B5 犯规,这是 A 队本节的第 5 次犯规,裁判员应判给 B5 两次罚球吗?

**解析**:是的。A7 投篮球离手,这是一起非控制球队的犯规,所以应由 B5 进行两次罚球。

### 案例 2

A1 投篮,球已离手,此时裁判员判 A5 三秒违例,裁判员的判罚正确吗?

**解析**:不正确。在一次投篮中,球离开该队员的手时,该队已不控制球,裁判员判三秒违例是不正确的。

### 案例 3

A 队已控制球达 15 秒,A1 要将球传给 A2,但球运行在空中越过了界线,B1 从场地上跳起越过界线,试图要抓住球。当 B1 仍在空中时:

(1)球被 B1 用一手或双手拍击。

(2)球被 B1 用双手抓住或在一手中停留。随即,球回到比赛场地,被 A2 获得。

裁判员应如何确定进攻计时钟?

**解析**:

(1)A 队保持控制球。A 队应享有进攻计时钟上显示的剩余时间。

(2)B1 获得了 B 队控制球。随后,A2 又重新获得 A 队控制球。A 队应享有进攻计时钟上一个新的 24 秒进攻周期。

## 第 15 条 队员正在做投篮动作

### 15.1 投篮定义

队员持球向对方球篮投、掷入空中、拍或扣认为是投篮。

投(对于投篮或罚球中的"投"):就是队员手中持球,然后朝向对方的球篮掷入空中。

拍(对于投篮中的"拍"):就是用手将球击向对方球篮。

扣(对于投篮中的"扣"):就是用一手或双手用力使球向下置入对方球篮。

持球突破上篮或其他移动投篮中的连续动作,是指队员在行进过程中或运球结束后抓住球,然后继续做投篮动作,通常是向上的。

### 15.2 原地投篮动作的判定

原地投篮动作开始:

队员通常做投篮连续动作,根据裁判员的判断,他已经向对方球篮做投、拍或扣篮尝试得分时。

原地投篮动作结束:

球已离开手,如果投篮队员跳起,他必须双脚落回地面,即为投篮动作结束。

如果一名队员在做投篮动作,但是在犯规后将球传出,那就不视为对投篮动作的犯规。

### 15.3 在突破投篮或其他移动投篮中,对完成投篮动作的连续运动的判定

投篮动作开始于:队员运球结束后或在空中抓住球,球已在该队员手中停留,并且据裁判员的判断,该队员在球离手前开始做投篮动作时。

投篮动作结束于:球已离开该队员的手,或如果做了一个全新的投篮动作时;然而,如果是腾起在空中的投篮队员,则是双脚落回到地面时。

上篮的合法步数和投篮动作之间没有联系。

队员在做投篮动作期间,可能会被对方队员抓住手臂,以此来阻止他得分,在这种情况下,球并非必须离开该队员的手。

当一名正在做投篮动作的队员在犯规后将球传出,他就不再被认为是在做投篮动作的队员了。

#### 案例 1

A1 持球跳起投篮,当球离手后,(1)身体还在空中;(2)双脚已落回地面。随后 B3 推人犯规,B 队本节累计犯规已达 3 次,该如何处理?

**解析**:(1)A1 投篮动作未结束,应判给 A1 两次罚球;(2)A1 投篮已结束,因全队犯规未达到 4 次,不予罚球,判给 A 队在距离犯规最近地点掷球入界开始比赛,进攻时间为 14 秒。

#### 案例 2

A5 篮下投篮未中,抢到篮板球,此时(1)面对球篮做投篮假动作;(2)身体已跳起冲向篮圈并尝试得分。随后 B3 打手犯规,B 队本节累计犯规已达 3 次,该如何处理?

**解析**:(1)B 队因犯规未达到 4 次,不予罚球,判给 A 队在距离犯规最近地点掷球入界开始比赛,进攻时间为 14 秒;(2)应判给 A5 两次罚球。

### 案例 3

A1 双手持球并正在做投篮动作时被 B1 犯规,之后 A1 传球给 A2。这是一起对投篮队员的犯规吗?

解析:不是。一名正在做投篮动作的队员被犯规后将球传出,他就不再被认为正在做投篮动作。

### 案例 4

A1 运球突破,双手持球跨出第一步准备上篮的时候,B2 对 A1 犯规。这是对投篮队员的犯规吗?

解析:是。运球突破的投篮队员双手持球就意味着投篮动作的开始。

### 案例 5

A1 持球背对球篮,他在转身朝向球篮并连续向上的投篮中,防守队员 B5 对 A1 拉人犯规。这是对投篮队员的犯规吗?

解析:A1 转身朝向对方球篮投篮是连续运动,这是对投篮队员的犯规。

### 案例 6

A1 跳起投篮,球已离手,在 A1 双脚落地之前,防守队员 B2 对 A1 犯规。这是对投篮队员的犯规吗?

解析:是。腾起在空中的投篮队员,双脚落回到地面时投篮动作才结束,双脚落地之前都是在做投篮动作。

### 案例 7

A1 在慌乱中将球投向本方球篮,A1 的动作能被认定是投篮动作吗?如果他投中了一个 3 分,该如何处理?

解析:A1 投向本方球篮不认定是投篮动作,如果他不是故意地投向本方球篮,即使投中了一个 3 分,也只给对方计 2 分。

### 案例 8

A1 做投篮假动作时,B1 对 A1 犯规,然后 A1 又做了一个全新的投篮动作,A1 的这个动作能被认为是在做投篮动作吗?

解析:不能。队员如果做了一个全新的投篮动作时,投篮动作结束。

## 第 16 条  球中篮和它的得分值

### 16.1  球中篮

当一个活球从上方进入球篮并停留其中或完整地穿过球篮时是球中篮。

### 16.2 球中篮的分值

球已进入对方队的球篮,中篮得分应按下述原则计入进攻队的名下:

- 一次罚球中篮计 1 分;
- 从 2 分投篮区域球离手中篮计 2 分;
- 从 3 分投篮区域球离手中篮计 3 分;在最后一次罚球中,球触及篮圈后,在球进入篮圈前被任一队员合法地触及,中篮计 2 分。

球进入对方的球篮,该球中篮的得分值取决于该球离手的地点。该球可能直接进入球篮或间接进入球篮,即在传球过程中,球触及了任一队员或接触了赛场地面后进入球篮。

#### 案例 1

A1 在 3 分区域投篮出手,球在向上飞行时被一名进攻队员或防守队员在 A 队的 2 分区域跳起合法触及,随后球继续飞行进入球篮,这种情况应如何计算得分?

**解析**:A1 的投篮是从 3 分区域出手的,A 队应得 3 分。

#### 案例 2

A1 在 2 分区域投篮出手,球在向上飞行时被 B1 从 A 队的 3 分区域跳起合法触及,随后球继续飞行进入球篮,这种情况应如何计算得分?

**解析**:A1 的投篮是从 2 分区域出手的,A 队应得 2 分。

#### 案例 3

A1 从 3 分投篮区域传出球,球直接进入球篮。

**解析**:应判给 A 队得 3 分,因为 A1 的传球是从 3 分投篮区域出手的。

#### 案例 4

A1 从 3 分投篮区域传出球,在球进入球篮前,触及了任一队员或触及了赛场,如 A 队的 2 分投篮区域或 A 队的 3 分投篮区域,该如何计分?

**解析**:在这两种情况中,应判给 A1 得 3 分。

#### 案例 5

A1 在 3 分投篮区域进行投篮。球离开了 A1 的手后,接触了 A 队 2 分投篮区域的赛场地面,球进入球篮,该如何计分?

**解析**:A1 的投篮应计 3 分,因为球是从 3 分投篮区域离手。比赛应在任一成功的投篮后重新开始。

### 16.3 临近比赛计时钟或进攻计时钟结束时有效的投篮方式

对于队员从掷球入界中或最后一次罚球后的篮板球中去获得控制球来尝试投篮的话,比赛计时钟或进攻计时钟必须显示 0.3 秒或更多。如果比赛计时钟或进攻计时钟显示 0.2 秒或 0.1 秒,那么,只有通过拍击球或直接扣球入篮才是有效的投篮得分方式,如果比赛计时钟或进攻计时钟显示 0.0 秒,球必须离开该队员的手。比赛计时钟或进攻计时钟显示 0.3 秒或者更多,尝试投篮有效,如果计时钟显示 0.2 秒或者 0.1 秒,唯一有效的投篮方式就是把球拍进或者直接扣篮得分。

### 案例 1

A 队掷球入界,比赛计时钟显示(1)0.3 秒;(2)0.1 秒,A 队投篮方式有何限定吗?

**解析**:(1)A 队可以尝试投篮,但是裁判员需要注意结束比赛信号响时,球是否离开队员的手。(2)唯一有效的投篮方式就是将被掷入界的球在空中直接拍进或扣篮尝试得分。

#### 16.4 球中篮出现违例的情况

当活球从上方进入并停留在球篮内或完全穿过球篮,即为一次球中篮(图 1-5)。如果队员投篮,将球从篮圈下方整体穿过,视为违例。如果队员意外地将球投进本方球篮,中篮计 2 分,得分登记在对方场上队长名下,如果故意将球投进本方球篮,是违例,中篮不计分。

### 案例 1

A1 在 3 分投篮区域投篮,当球在球篮中尚未完全穿过球篮时,B1 触及球,应如何处理?

**解析**:判罚 B1 干扰球违例,A1 中篮有效,计 3 分。

### 案例 2

A 队正防守本方球篮,此时 B1 错误地将球运到本方球篮,随后将球投中,应如何处理?

**解析**:中篮有效,记在 A 队场上队长名下 2 分。

图 1-5 一次有效中篮

#### 第 17 条 掷球入界

##### 17.1 掷球入界的定义

当球被执行掷球入界的界外队员传入比赛场地时,掷球入界发生。

##### 17.2 掷球入界的程序

- 裁判员必须将球递交给执行掷球入界的队员或将球置于他自己处理。他也可将球抛给或击地传给执行掷球入界的队员。
- 裁判员距离执行掷球入界的队员不超过 4 米。
- 执行掷球入界的队员是在裁判员指定的正确地点。

##### 17.3 掷球入界的地点

###### 17.3.1 发生违犯(违例、犯规)掷球入界的地点

队员应在最靠近发生违犯或比赛被停止的地点执行掷球入界,直接位于篮板后面的

地点除外。

在控制活球球队的队员或拥有球权球队的队员发生了侵人犯规后，应在最靠近发生违规的地点掷球入界重新开始比赛。

### 17.3.2　除第1节之外的所有各节和各决胜期开始时掷球入界的地点

除第1节之外的所有各节和各决胜期开始时，掷球入界必须在记录台对侧、中线的延长部分执行。

执行掷球入界的队员应面向记录台，双脚分别跨立在中线延长部分的两侧，并有权将球传给赛场上任何地点的同队队员。

### 17.3.3　界线掷球入界的情况

在第4节或某决胜期中比赛计时钟显示 2:00 或更少时，在其后场拥有球权的队获得一次暂停后，该队的主教练员有权决定：重新开始比赛的掷球入界是在该队前场的掷球入界线执行，或是在其后场、最靠近比赛停止的地点掷球入界。

### 17.3.4　宣判技术犯规后掷球入界的地点

宣判了一起技术犯规后，应在最靠近宣判犯规时球所在位置的地点掷球入界重新开始比赛，除非在本规则中另有规定。

### 17.3.5　宣判了一起违反体育运动精神的犯规或一起取消比赛资格的犯规后掷球入界的地点

宣判了一起违反体育运动精神的犯规或一起取消比赛资格的犯规后，应在该队前场的掷球入界线掷球入界重新开始比赛。除非在本规则中另有规定。

### 17.3.6　在一起打架情况后掷球入界的地点

在一起打架情况后，应按第39条的规定掷球入界重新开始比赛。

### 17.3.7　中篮无效后掷球入界的地点

无论何时，球进入球篮但该投篮或罚球无效，应在罚球线的延长部分掷球入界重新开始比赛。

#### 案例1

正在做投篮动作的A1发生了带球走违例，随后球中篮。裁判员应如何开始比赛？

**解析**：A1的中篮应不计得分。应判给B队在其后场罚球线的延长部分掷球入界。B队应享有进攻计时钟上显示的24秒。

#### 案例2

A1投篮。球在下落飞行时被A2触及，随后球中篮。

**解析**：应判A2干涉得分违例，A1的中篮应不计得分。应判给B队在其后场罚球线的延长部分掷球入界。B队应享有进攻计时钟上显示的24秒。

### 17.3.8　在一次投篮成功后，或最后一次罚球成功后掷球入界的情况

在一次投篮成功后，或最后一次罚球成功后：

非得分队的任一队员应在该队端线后的任何地点执行掷球入界。这也适用于在一次投篮成功后，或最后一次罚球成功后的暂停以及任何比赛中断以后，裁判员将球递交或将

球置于执行掷球入界的队员处理后；执行掷球入界的队员可以横向/或向后移动，并且可以将球与在端线后的同队队员之间传递；但是，当球可被首位位于界外的队员处理时，裁判员开始计算5秒钟。

### 案例 1

第4节比赛计时钟显示0:35，A1在后场运球被B1将球拍出界。随后A队请求暂停，暂停后如何恢复比赛？

**解析**：暂停一结束，主裁判应询问A队教练员选择的掷球入界地点。A队主教练应大声告知裁判员"前场"或是"后场"，并且用手指指向掷球入界地点。随后主裁判应将A队主教练的决定告知B队主教练。

### 案例 2

第4节比赛计时钟显示0:44，进攻计时钟显示17秒，A1正在他的后场向前场运球，这时B1将A1的球拍出界外。随后(1)准许B队暂停；(2)准许A队暂停；(3)先准许B队暂停，紧接着准许A队暂停；(4)先准许A队暂停，紧接着准许B队暂停。

**解析**：(1)暂停结束后，由A队在其后场出界地点重新掷球入界开始比赛，进攻计时钟为17秒。(2)(3)(4)中，如果A队教练员决定掷球入界在其前场，则A队拥有14秒进攻时间，如果A队教练员决定掷球入界在其后场，则A队拥有17秒进攻时间。

### 案例 3

第4节比赛计时钟显示0:57时，A1执行两次罚球。A1在第二次罚球时因踩线被宣判违例。这时B队请求暂停，暂停后如何恢复比赛？

**解析**：如果B队教练员决定在其后场掷球入界，则进攻时间为24秒；如果B队教练员选择前场掷球入界，则进攻时间为14秒。

### 案例 4

第4节比赛计时钟显示0:26时，A1在其后场运球6秒，此时(1)B1将球拍出界；(2)B1犯规，此时B队全队累计第3次犯规，随后A队请求暂停，暂停后如何恢复比赛？

**解析**：(1)暂停结束后，A队教练员如果决定在前场掷球入界，则进攻时间为14秒，如果决定在后场掷球入界，则进攻时间为18秒。(2)暂停结束后，A队教练员如果决定在前场掷球入界，则进攻时间为14秒，如果决定在后场掷球入界，则进攻时间为24秒。

### 案例 5

第4节比赛计时钟显示1:24，A1在其前场运球，B1将球拍到A队的后场，A队的任意队员在那里开始再次运球。此时B2在A队的后场将球拍出界外，进攻计时钟显示(1)6秒；(2)17秒。随后A队请求暂停，暂停后如何恢复比赛？

**解析**：(1)暂停结束后，如果A队教练员选择前场掷球入界，则进攻时间为6秒，如果选择在后场掷球入界，进攻时间为6秒。(2)暂停结束后，如果A队教练员选择前场掷球入界,则进攻时间为14秒,如果选择在后场掷球入界,进攻时间为17秒。

## 案例6

第4节比赛计时钟显示0:48,A1在其前场运球,B1将球拍到了A队的后场,A队任意队员从那里重新开始运球,此时B2在A队的后场犯规,这是B队该节第3次累计犯规,此时进攻计时钟显示(1)6秒;(2)17秒。随后A队请求暂停,暂停后如何恢复比赛?

解析:(1)暂停结束后,如果A队教练员选择前场掷球入界,则进攻时间为14秒,如果选择后场掷球入界,则进攻时间为24秒。(2)暂停结束后,如果A队教练员选择前场掷球入界,则进攻时间为14秒,如果选择后场掷球入界,则进攻时间为24秒。

## 案例7

第4节比赛计时钟显示1:32时,A队在其后场控制球已经到5秒钟,A1和B1打架被取消比赛资格。在执行掷球入界之前,A队请求暂停,暂停后如何恢复比赛?

解析:A1和B1因打架取消比赛资格的罚则相抵消,由A队在其后场掷球入界开始比赛。在暂停结束后,如果A队教练员决定在其前场掷球入界,则进攻时间为14秒,如果选择在其后场罚球,则进攻时间为19秒。

## 案例8

第4节比赛计时钟显示1:29,进攻计时钟显示19秒,A队在其前场控制球,这时A6和B6因一起打架情况冲进比赛场地而被取消比赛资格,随后A队请求暂停,暂停后如何恢复比赛?

解析:A6和B6被取消比赛资格的罚则相抵消。暂停结束后,由A队在其前场掷球入界开始比赛,并且进攻计时钟应显示19秒。

## 案例9

第4节比赛计时钟显示1:18时,A队拥有在后场掷球入界的球权,此时A队请求暂停。暂停结束后,A队教练员决定在其前场掷球入界,在执行掷球入界之前,B队教练员请求了暂停,暂停后如何恢复比赛?

解析:A队教练员选择在其前场执行掷球入界,在比赛计时钟再次停止之前,不可以更改。即使A队教练员在第一次暂停后又请求了一次暂停,也不可以改变最初的决定。

## 案例10

在第2节比赛开始,掷球入界队员在中线延长线上发生了一次违例。比赛应如何开始并恢复比赛?

解析:应由B队在原位置重新掷球入界,进攻计时钟应显示24秒,执行掷球入界队员可以将球传到场地内的任何地点。

## 案例 11

在第 3 节比赛开始时,掷球入界队员 A1 在中线的延长线将球传给 A2,球触及 A2 后,(1)从 A 队的前场出界;(2)从 A 队的后场出界。应如何开始并恢复比赛?

**解析**:(1)由 B 队在最靠近出界的地方重新掷球入界,进攻计时钟显示 24 秒。(2)由 B 队在最靠近出界的地方重新掷球入界,进攻计时钟显示 14 秒。

## 案例 12

A1 在开始第 2 节比赛的掷球入界期间步入了场地内。应如何开始并恢复比赛?

**解析**:应由 B 队在原位置重新掷球入界,比赛计时钟显示 10:00,并且交替拥有箭头应立即转向 B 队。

## 案例 13

可能在中线发生的违犯:(1)A1 使球在中线出界;(2)A1 被判一起进攻犯规;(3)A1 被判一起带球走违例。应如何开始并恢复比赛?

**解析**:以上三种情况,应由 B 队在其前场最靠近中线的地方掷球入界重新开始比赛,进攻计时钟显示 14 秒。

## 案例 14

在第 1 节和第 2 节比赛的休息期,A1 被判对 B1 一次违反体育运动精神的犯规。应如何开始并恢复比赛?

**解析**:在第 2 节比赛开始前,由 B1 执行两次不占位的罚球,随后在 B 队的前场掷球入界线处掷球入界开始比赛,进攻计时钟为 14 秒。交替拥有箭头保持不变。

### 17.4 掷球入界违例

#### 17.4.1 执行掷球入界的队员违例

执行掷球入界的队员不得:

- 超过 5 秒钟球才离手。
- 球在他手中时步入比赛场地内。
- 掷球入界的球离手后,使球触及界外。
- 球接触到另一队员前,触及在比赛场地上的球。
- 使球直接进入球篮。
- 在球离手前,从界线后面指定的掷球入界地点向一个方向或双向横移的全程超过 1 米。然而,只要环境允许,他从界线向后移动多远都可以。

#### 17.4.2 其他队员在掷球入界中的违例

- 其他队员不得在球被掷过界线前,将他们身体的任何部位越过界线。

• 当掷球入界地点在界线和任何界外障碍物之间少于 2 米时,其他队员距离执行掷球入界的队员不得少于 1 米。

• 在掷球入界的球离开掷球入界队员的手之前,防守队员不可以越过界线阻碍掷球入界队员的球,即使掷球队员因为传球动作造成手臂超越界线,也由防守队员负责。

### 案例 1

掷球入界队员 A1 将球递交给比赛场地内的 A2。应如何处理?

解析:A1 掷球入界违例。由 B 队在原掷球入界处重新掷球入界开始比赛。

### 案例 2

一起球出界违例之后,A1 从裁判员手中接过球准备掷球入界,(1)A1 将球放在地板上,随后被 A2 拿走;(2)A1 传给位于界外区域的 A2,以上两种情况应如何处理?

解析:在这两种情况中,都是违例,应由 B 队在原掷球入界处重新掷球入界开始比赛。

### 案例 3

掷球入界队员 A1 将球反弹后,使球触及(1)界内区域;(2)界外区域,随后他又抓住了球。应如何处理?

解析:(1)A1 违例,由 B 队在原掷球入界处重新掷球入界开始比赛。(2)A1 在反弹球后与再次抓球之间,他可以移动的总距离如果不超过 1 米,即为合法动作,唯一限制 A1 的是 5 秒之内将球传进场内。

### 案例 4

掷球入界队员 A1 从他的(1)前场;(2)后场,传球给 A2,但是球尚未触及场上任何队员后出界。应如何处理?

解析:(1)A1 违例,由 B 队在原掷球入界处重新掷球入界开始比赛,进攻计时钟为 24 秒。(2)A1 违例,由 B 队在原掷球入界处重新掷球入界开始比赛,进攻计时钟为 14 秒。

### 案例 5

掷球入界队员 A1 将球传给 A2,当 A2 接到球时,一脚触及界线。应如何处理?

解析:A2 违例,由 B 队在 A2 触及界线最近的地方重新掷球入界开始比赛。

### 案例 6

掷球入界队员 A1 在中线附近的边线,(1)A1 在后场靠近中线位置掷球入界,他有权将球传至球场的任何位置；(2)A1 在前场靠近中线位置掷球入界，他只能将球传至他的前场；(3)在第 2 节开始时，在记录台对侧中线延长线掷球入界，A1 有权将球传至球场的任何位置。当球在 A1 手中时，他侧移了正常的一步，因此改变了他的位置，移动到了前场或后场。应如何处理？

**解析：**在以上三种情况中，A1 只能在最初的位置上掷球入界，不可以改变位置。

### 案例 7

第 3 节比赛计时钟显示 4:37，判给 A 队掷界外球。(1)A1 在掷球入界时，手超越了界限，以至于球处于界内区域，此时，B1 在与 A1 没有任何身体接触的时候，抓过 A1 手中的球，或将 A1 手中的球拍掉。(2)B1 伸手越过界限去抢断 A1 的传球。以上情况裁判员应如何处理？

**解析：**以上两种情况，均为 B1 违例，裁判员应立即宣判。应给予 B1 一次口头警告，并适用于 B 队全体队员，以及通知 B 队主教练。任何 B 队队员再次发生同样的行为，将会被判罚一次技术犯规。

**17.4.3** 在第 4 节或每一决胜期中比赛计时钟显示 2:00 或更少时，非法越过界线防守掷球入界的违例

在第 4 节或每一决胜期中比赛计时钟显示 2:00 或更少时，执行管理掷球入界的裁判员应使用非法越过界线的手势来作为管理掷球入界的一个警告。

如果一名防守队员用身体的任何部分越过界线去干扰掷球入界，或当掷球入界的地方少于 2 米时，(他)靠近掷球入界的队员不足 1 米距离，这是违例，并将导致一次技术犯规。

### 案例 1

第 4 节比赛计时钟显示 0:54，A 队拥有掷球入界权。裁判员在递交球时已经给予 B 队一次非法越界的警告，在 A1 掷球入界时，B1 越过界线对 A1 挥手。应如何处理？

**解析：**应宣判 B1 一次技术犯规。

**17.5 中篮后掷球入界**

在一次成功的投篮或最后一次罚球成功后，掷球入界的队员可以在端线后向后或横向移动，可以与同样在端线后的同队队员相互传球，但是不能超过 5 秒。如果防守队发生违例，对方在掷球入界时同样适用前述规则。

### 案例 1

A 队投篮成功或最后一次罚球成功后，B 队请求暂停。暂停结束后，B1 在端线接过裁判员递交球后，(1)B1 将球放在地板上，随后被 B2 拿走；(2)B1 将球递给同样站在端线后的 B2。应如何处理？

**解析：**以上两种情况均是合法比赛。在此情况下，唯一限制 B 队掷球入界的是 5 秒内将球传入界内。

### 案例 2

A1 最后一次罚球成功后，B1 持球在其后场端线掷球入界。球被掷球入界穿过界线之前，A2 伸手越过界线。应如何处理？

解析：A2 发生违例，由 B 队重新掷球入界。球出手或传给队友之前，B1 仍然可以沿着端线移动。

### 案例 3

在对方队员成功投篮后，A1 持球在其端线处执行掷球入界。A2 从其端线后的界外跳起，并在空中抓住了 A1 掷球入界离手的球。之后：

(1) A2 将球传回给仍在其端线后界外的 A1。
(2) A2 将球传给在赛场上的 A3。
(3) A2 落回其端线后的界外。
(4) A2 落到赛场上。
(5) A2 落到赛场上，并将球传回给仍在其端线后界外的 A1。

解析：
(1)、(2) 和 (3) 中 A 队的这个掷球入界过程是合法的。(4) 是 A2 的出界违例。(5) 是 A 队的出界违例。

#### 17.6 技术犯规后的掷球入界

在执行技术犯规引起的罚球后，比赛应在最靠近技术犯规发生时球所在位置的地点执行掷球入界重新开始，除非有一起跳球情况或是在第 1 节比赛开始之前。

宣判防守队技术犯规：进攻队随后在其后场掷球入界，进攻计时钟应显示 24 秒。如果在其前场掷球入界，进攻时间显示 14 秒或更多，进攻计时钟应连续计算；如果进攻时间显示 13 秒或更少，进攻计时钟应显示 14 秒。

宣判进攻队技术犯规：无论执行前场还是后场掷球入界，均拥有剩余进攻时间。

同一个比赛计时钟停止的时间段，准许了一次暂停，又宣判了一次技术犯规，应先暂停，暂停结束再执行技术犯规的罚则。

违反体育运动精神犯规和取消比赛资格犯规导致的罚球之后，应在该队的前场掷球入界线处掷球入界，并且进攻计时钟应显示 14 秒。

### 案例 1

第 2 节，当 A2(1) 在他的前场运球；(2) 在他的后场运球，A1 被判一次技术犯规。裁判员应如何处理并开始比赛？

解析：(1) B 队任一队员执行技术犯规一次不占位的罚球后，由 A 队在其前场最靠近技术犯规发生处重新掷球入界开始比赛，进攻时间累计。(2) B 队任一队员执行技术犯规一次不占位的罚球后，由 A 队在其后场最靠近技术犯规发生处重新掷球入界开始比赛，进攻时间累计。

## 案例 2

第 2 节,当 A2(1)在他的后场运球;(2)在他的前场运球,B1 被判一次技术犯规。裁判员应如何处理并开始比赛?

**解析**:(1)A 队任一队员执行技术犯规一次不占位的罚球后,由 A 队在其后场最靠近技术犯规发生处重新掷球入界开始比赛,进攻时间为 24 秒。(2)A 队任一队员执行技术犯规一次不占位的罚球后,由 A 队在其前场最靠近技术犯规发生处重新掷球入界开始比赛,进攻时间显示 14 秒或更多,进攻计时钟累计。进攻时间剩余 13 秒或更多,进攻计时钟复位 14 秒。

## 案例 3

比赛计时钟显示 1:47,A1 在其前场运球并被判一起技术犯规,这时 A 队请求暂停。裁判员应如何处理并开始比赛?

**解析**:暂停结束后,B 队任一队员执行一次不占位的罚球。比赛由 A 队在最靠近技术犯规发生的地方重新掷球入界开始比赛,进攻计时钟累计。

## 案例 4

在第 4 节比赛计时钟显示 1:47 时,A1 在其后场运球时被判一次技术犯规。此时,A 队请求暂停。暂停后比赛应如何重新开始?

**解析**:在第 4 节或每一决胜期比赛计时钟显示 2:00 或是更少时,如果宣判进攻队技术犯规,且该队被准许暂停,掷球入界在该队后场执行时,进攻计时钟显示剩余时间。掷球入界在其前场执行时,如果进攻计时钟显示 14 秒或更多,进攻计时钟应显示 14 秒,如果进攻计时钟显示 13 秒或更少,进攻计时钟应连续计算。

在暂停结束前,A 队教练员应告知裁判员决定的掷球入界点。在暂停结束后,由 B 队任一队员执行一次不占位的罚球,随后比赛由 A 队教练员决定的掷球入界点掷球入界,重新开始比赛。

当 A 队教练员选择前场掷球入界时,如果进攻计时钟显示 14 秒或更多,则 A 队拥有 14 秒进攻时间。如果进攻计时钟显示 13 秒或更少,则 A 队拥有 14 秒进攻时间。

当 A 队教练员选择后场掷球入界时,进攻计时钟显示剩余时间。

### 17.7 在执行掷球入界时,球成活球时,一些特殊情况的处理

## 案例 1

掷球入界队员 A1 传球到球篮的上方,被任意一名队员伸手从下面穿过球篮触及,比赛应如何开始?

**解析**:这是一起违例,由对方队在罚球线延长线处重新掷球入界开始比赛。如果发生违例的是防守队员,进攻队不得分,因为比赛计时钟没有启动,也就是说因为球是来自场地界外区域。

### 案例 2

掷球入界队员 A1 将球传向 B 队的球篮,随后球夹在篮圈和篮板之间,比赛应如何开始?

**解析**:这是一起跳球情况,应由交替拥有箭头指示重新掷球入界。如果 A 队拥有球权,由 A 队在其前场端线篮板旁掷球入界开始比赛,且进攻计时钟为 14 秒;如果 B 队拥有球权,由 B 队在其后场端线篮板旁掷球入界开始比赛,且进攻计时钟为 24 秒。

### 案例 3

在掷球入界时,进攻计时钟显示 5 秒,这时掷球入界队员 A1 将球传向 B 队的球篮,球触及篮圈,比赛应如何开始?

**解析**:进攻计时钟不应复位,因为比赛计时钟尚未开启。进攻计时钟和比赛计时钟应同时开启。如果 A 队获得控制球权,进攻计时钟应复位到 14 秒;如果 B 队获得控制球权,进攻计时钟应复位到 24 秒。

#### 17.8 掷球入界对裁判员的要求

裁判员距离掷球入界队员不能超过 4 米,而且必须指定掷球入界地点,然后将球交到掷球入界队员手中,可抛球也可反弹球;队员应在靠近犯规或裁判员鸣哨停止比赛的地方掷球入界,正好在篮板后面的地点除外;如果球中篮,则判为无效,应从罚球线延长线掷球入界开始比赛。

### 第 18 条 暂停

#### 18.1 暂停的定义

暂停是由主教练员或第一助理教练员提出请求的一个中断比赛的时段。

#### 18.2 暂停的时间

每次暂停应持续 1 分钟。

#### 18.3 暂停的机会

一个暂停机会开始于:
- (对于双方球队):球成死球,比赛计时钟停止并且裁判员已结束了他和记录台的联系时。
- (对于双方球队):在成功的最后一次罚球后球成死球时。
- (对于非得分球队):投篮得分时。

一个暂停机会结束于:
- 掷球入界的队员或执行第一次罚球的队员可处理球时。

### 案例 1

在一节比赛时间开始之前,或一节比赛时间已经结束之后,可以要求暂停吗?

**解析**:在一节比赛时间开始之前或一节比赛时间已经结束之后,不能准予暂停。

## 案例 2

A7 在掷界外球可处理球时,A 队教练员要求暂停,裁判员能准予吗?

解析:不能。当掷球入界队员可处理球时,球已成为活球,暂停不能被立即准许。

## 案例 3

B5 投篮成功,B 队教练员请求暂停,裁判员能准予吗?

解析:不能。投篮成功,只有非得分队可以被准予暂停。

## 案例 4

A4 是场上队员,他向裁判员请求暂停,裁判员能准予吗?

解析:不能。只有教练员或助理教练员才有权请求暂停。

## 案例 5

A2 正在做投篮动作时被犯规,球在空中时,结束一节的信号响起。A2 投篮成功并且判给 A2 一次罚球。这时 A 队教练员请求暂停,裁判员能准予吗?

解析:不能。该节比赛时间已终了,A2 被判给罚球之后该节已结束。

## 案例 6

A 队教练员请求了一次暂停,B4 犯规,球成死球,这是 B4 的第 5 次犯规。当裁判员与记录台联系时,队员们立刻走向他们各自的球队席而不是等待裁判员暂停开始的哨声。裁判员允许吗?

解析:允许。当比赛计时钟一停止,如果队员们意识到已请求了暂停,就应允许他们走向他们的球队席,即使暂停尚未正式开始。

## 案例 7

A4 带球走违例,A 队教练员请求暂停,裁判员允许吗?

解析:允许。根据要登记的暂停规定,裁判员应允许暂停。

## 案例 8

B4 推人犯规,B 队教练员要求暂停,裁判员能准予吗?

解析:能。根据要登记的暂停规定,裁判员应准予暂停。

## 案例 9

在掷球入界中,裁判员将球递交给掷球入界队员 A1,A1 可处理球时,替补队员 A6 跑到记录台大声请求替换。计时员做出了反应并错误地发出了信号声响,裁判员鸣了哨。这种情况裁判员能准予替换吗?

解析:通常,球成死球并且比赛计时钟停止,应是一次替换机会。然而,由于 A6 的请求提出得太晚了,不应准予替换,比赛应立即重新开始。

### 案例 10

在比赛期间发生了一起干涉得分或干扰得分违例。任一队的教练员请求了暂停,或任一队已请求了替换。裁判员能准予吗?

**解析**:违例将导致比赛计时钟停止,且球成死球。应准予暂停或替换。

#### 18.4 暂停次数

每队上半时 2 次暂停;每队下半时 3 次暂停,第 4 节最后 2 分钟最多 2 次暂停;每一决胜期 1 次暂停。

如果某队在第 4 节比赛计时钟显示 2:00 时,仍然未被准许过下半时暂停,记录员应在记录表中登记该队下半时暂停的第一格内画 2 条平行线,表示该队下半时第 1 次暂停已被使用。

### 案例 1

第 4 节比赛计时钟显示 2:00,比赛双方下半时均未获得暂停。记录员应如何记录?

**解析**:记录员应在记录表中登记两队下半时暂停的第 1 格内画 2 条平行线,表示两队下半时第 1 次暂停均已被使用。

### 案例 2

比赛计时钟显示 2:09,比赛进行中,A 队教练员请求暂停。当比赛计时钟显示 1:58 时,球出界成为死球,比赛计时钟停止,此时准许 A 队暂停。记录员应如何记录?

**解析**:由于暂停时比赛计时钟显示 1:58,因此记录员应在记录表中登记 A 队暂停第 1 格内画 2 条平行线,表示 A 队下半时第 1 次暂停已被使用,此次暂停应登记在下半时第 2 格内,A 队只剩下一次暂停。

#### 18.5 暂停程序

(1)只有主教练员或第一助理教练员有权请求暂停。请求人应与记录台建立目光接触,或者应到记录台并用手做出正确的常规手势清楚地请求暂停。暂停的请求可以被撤销,但只能在计时员将该暂停的信号发出之前。

(2)暂停时段
开始于:裁判员鸣哨并给出暂停手势时。
结束于:裁判员鸣哨并招呼双方球队回到比赛场地上时。

(3)暂停机会一出现,计时员就要发出信号通知裁判员某队已请求了暂停。

如果球队已请求了暂停,在对方队投篮得分时,计时员就应立即停止比赛计时钟并发出信号。

(4)在暂停期间和第 2 节、第 4 节和每一决胜期开始前的比赛休息期间,队员们可以离开比赛场地并坐到球队席上,任何被允许坐在球队席上的人员可以进入比赛场地,只要他们是逗留在他们的球队席区域附近。

(5)如果球被置于执行第一次罚球的队员可处理后,任一球队请求了暂停,如果出现了下列情况,该暂停应被准予:

- 最后一次罚球成功。
- 如果最后一次罚球不成功,但之后还要执行掷球入界。
- 罚球之间宣判了犯规。这种情况下,必须在该罚球单元完成后,在执行新的犯规罚则前准许该暂停,除非在本规则中另有规定。
- 在最后一次罚球后并且在球成活球前宣判了犯规。这种情况下,应在执行新的犯规罚则前准许该暂停。
- 在最后一次罚球后并在球成活球前宣判了违例。这种情况下,应在执行掷球入界前准许该暂停。

如果因为有一个以上的犯规罚则而有连续的罚球单元和/或球权,则每个单元分别处理。

请求暂停后,如果任一方发生犯规,在裁判员向记录台联系之后,暂停才应开始。当队员第 5 次犯规时,应该先完成必要的替换程序之后,裁判员才能鸣哨并给出暂停手势。

### 18.6 暂停的要求

每次暂停时间为 1 分钟。当裁判员示意球员上场时,球员必须迅速回到比赛场地。如果某队通过拖延暂停时间而延误比赛,裁判员应给予该队主教练员一次警告。如果主教练员没有回应裁判员的警告,应登记一次主教练员技术犯规,记录为"B1"。如果球队在比赛中场休息期没有回到场地,应登记违规队一次暂停,但是比赛应立即重新开始,而不是持续一分钟暂停时间。

#### 案例 1

暂停结束时,裁判员示意 A 队上场,但是 A 队教练员仍然在球队席指导球员。裁判员再次示意 A 队,然后(1)A 队回到场上;(2)A 队仍然留在球队席区域。裁判员应如何处理?

**解析**:(1)A 队回到场地之后,裁判员应警告 A 队教练员,如果有类似行为再次发生,将登记一次额外的暂停。(2)无须警告,登记 A 队一次暂停,如果没有剩余暂停,应登记 A 队教练员一次技术犯规,记录为"$B_1$"。

#### 案例 2

比赛正常休息期结束后,A 队仍然在休息室并因此延误了第 3 节比赛的开始。裁判员应如何处理?

**解析**:在 A 队进入比赛场地后,登记 A 队一次暂停,无须警告。

### 18.7 暂停期间的判罚

无论何时请求暂停,当宣判了技术犯规、违反体育运动精神犯规或取消比赛资格的犯规,应先暂停再进行相应罚则。如果在暂停期间发生技术犯规、违反体育运动精神犯规或取消比赛资格犯规,应在暂停结束后进行相应罚则。

## 案例 1

B 队教练员请求一次暂停,A1 对 B1 违反体育运动精神犯规,随后 A2 被判一次技术犯规。比赛应如何开始?

**解析**:准许 B 队一次暂停。暂停结束后,由 B 队任一队员执行一次不占位的罚球,随后由 B1 执行 2 次不占位的罚球。然后应由 B 队在其前场掷球入界线处掷球入界重新开始比赛,进攻计时钟应显示 14 秒。

## 案例 2

B 队教练员请求一次暂停,A1 对 B1 违反体育运动精神犯规,此时准许 B 队暂停。在暂停期间,A2 被判一次技术犯规。比赛应如何开始?

**解析**:暂停结束后,由 B 队任一队员执行一次不占位的罚球。随后 B1 执行 2 次不占位的罚球。然后由 B 队在其前场掷球入界线处掷球入界重新开始比赛,进攻计时钟应显示 14 秒。

## 案例 3

A 队教练员在比赛期间请求了一次暂停,随后 B1 被判个人第 5 次犯规。比赛应如何开始?

**解析**:当裁判员与记录台联系之后,并且 B1 的替补队员进入比赛场地之后,暂停时间开始。

## 案例 4

A 队教练员在比赛期间请求了一次暂停,随后任一队员被判犯规,暂停还未开始,允许队员走向自己球队席吗?

**解析**:允许队员走向自己球队席,即使暂停尚未正式开始。

### 第 19 条　替换

#### 19.1　替换的定义

替换是替补队员请求中断比赛,成为队员的一次替换。

#### 19.2　替换的规定

在一个替换机会期间,一个队可以替换一名或多名队员。

一个替换机会开始于:

- 对于双方球队:球成死球,比赛计时钟停止并且裁判员已结束了他和记录台的联系时。
- 对于双方球队:在成功的最后一次罚球后球成死球时。
- 对于非得分球队:当比赛计时钟在第 4 节和每个决胜期中显示 2:00 或更少时投篮得分。

一个替换机会结束于：
　　• 掷球入界的队员或执行第一次罚球的队员可处理球时。
　　• 队员已成为替补队员和替补队员已成为队员后分别不能重新进入比赛和离开比赛，直到比赛的一个计时钟运行片段之后球再次成死球时。除非该队的场上队员已不足5名。
　　• 因为要纠正失误，拥有罚球资格的队员已被合法替换后坐在该队的球队席上时。
　　• 在第4节和每一个决胜期中比赛计时钟显示2:00或更少时，一次成功的投篮后比赛计时钟停止，此时不允许得分队替换，除非裁判员已中断比赛。
　　• 对于接受任何治疗或获得任何协助的队员，他必须被替换，除非该队不足5名上场队员。

### 案例 1

比赛的第二节中，A8投篮成功，B7请求替换B5，裁判员能准予吗？
**解析**：不能。比赛计时钟并没有停止，替换不能被准予。

### 案例 2

比赛的第四节最后2分钟时，A7投篮成功，B7请求替换B5，裁判员能准予吗？
**解析**：能。比赛的最后2分钟或决胜期最后2分钟，投篮得分时，非得分队可被准予替换。

### 案例 3

A8进入比赛场地替换A3。在球成活球之前，A5第5次犯规必须离开比赛，在A队还有其他替补队员的情况下，在同一死球期间，A3可以替换A5进入比赛吗？
**解析**：不可以。队员已成为替补队员和替补队员已成为队员，分别不能重新进入比赛和离开比赛，直到一个比赛的计时钟运行片段之后，球再次成死球为止。

### 案例 4

由于A5受伤，A10作为替补队员进入比赛执行判给A5的罚球。在第一次罚球，球成活球之前，A11请求替换A10，如果A10的最后罚球是成功的，裁判员应允许替换吗？
**解析**：不能。A10必须留在比赛中，直到比赛计时钟再次运行。

## 19.3　替换程序

(1) 只有替补队员有权请求替换，必须向记录台明确提出并做出正确替换手势，然后坐在替换椅子上，做好立即上场比赛的准备。
(2) 替换的请求可以被撤销，但只有在计时员对该替换的信号发出之前。
(3) 替换机会一开始，计时员就要发出信号通知裁判员已请求了替换。
(4) 替补队员应逗留在界线外，直到裁判员鸣哨，给出替换手势并示意他进入比赛场地。
(5) 许可被替换的队员直接去他的球队席，无须向计时员或裁判员报告。

(6)替换应尽可能快地完成。已发生了 5 次犯规或被取消比赛资格的队员必须立即（不超过 30 秒）被替换。据裁判员判断，如果有对比赛的延误，应登记违规队一次暂停。如果该队没有剩余的暂停，可登记该队主教练员一次技术犯规，记作"$B_1$"。

### 19.4　在暂停期间或在比赛休息期间请求替换

如在暂停期间或在比赛休息期间请求替换（两个半时之间的比赛休息期间除外），替补队员在进入比赛前必须向计时员报告。

### 19.5　罚球队员被替换

如果罚球队员必须被替换，因为：他受伤了；或已发生了 5 次犯规；或已被取消比赛资格。罚球必须由替换他的替补队员来执行，并且该替补队员在比赛的下一个计时钟运行时段前不能再次被替换。

### 19.6　球被置于执行第一次罚球的队员可处理后的替换

(1)如果球被置于执行第一次罚球的队员可处理后，任一队请求了替换，该替换应被允许，只要：

- 最后一次罚球成功。
- 如果最后一次罚球不成功，但之后还要执行掷球入界。

(2)罚球之间宣判了犯规。这种情况下，必须在该罚球单元完成后，在执行新的犯规罚则前准许该替换，除非在本规则中另有规定。

(3)在最后一次罚球后并在球成活球前宣判了犯规。这种情况下，应在执行新的犯规罚则前准许该替换。

(4)在最后一次罚球后并在球成活球前宣判了违例。这种情况下，应在执行掷球入界前准许该替换。

(5)如果因为有一个以上的犯规罚则而有连续的罚球单元，则每个单元分别处理。

### 19.7　每节开始前或每节结束后的暂停和替换时机

在每节或每决胜期比赛开始之前或比赛时间结束之后，不能准许暂停或替换。但是在每节和每决胜期之间的休息期，可以准许任何替换。

## 案例 1

在开始比赛的跳球中，球离开主裁判的手后，尚未被合法拍击之前，跳球队员 A2 发生违例，随后判给 B 队掷球入界。这时任一队请求暂停或替换可以吗？

**解析**：暂停和替换不被允许，因为比赛计时钟尚未启动。

## 案例 2

在一节比赛或决胜期的比赛计时钟信号响起时，B1 对 A1 犯规，随后 A1 获得 2 次罚球。此时任一队请求暂停或替换可以吗？

**解析**：由于一节比赛或决胜期比赛时间已经结束，因此暂停不被允许。在 A1 的 2 次罚球结束，下一节比赛开始前，可以允许替换。

### 19.8 投篮时请求暂停或替换

投篮的球在空中时,如果进攻计时钟响起,比赛计时钟不停止,此时不是违例。如果球中篮,在特定条件下,可以准许双方暂停或替换。

#### 案例 3

A1投篮球在空中时,进攻计时钟响起,随后球进入篮圈。此时任一队请求暂停或替换,裁判员应准予吗?

**解析:**(1)仅准许B队暂停。如果暂停被准许,随后A队又请求暂停,这时也准许A队暂停,在此期间,两队都可以替换。(2)只有在第4节或每一决胜期比赛计时钟显示2:00或更少时,准许B队替换。如果准许B队替换,那么A队也可以替换相同的人数,并且两队都可以被准许一次暂停。

### 19.9 罚球后的暂停或替换

以下三种情况中,双方队都可以准许暂停或替换:(1)最后一次罚球成功;(2)最后一次罚球后还有掷球入界;(3)最后一次罚球后有正当理由球成死球。

#### 案例 1

A1被判2次罚球,(1)在A1可处理球之前;(2)在第1次罚球之后;(3)在第2次成功罚球之后,但在B队掷球入界可处理球之前;(4)在第2次成功罚球之后,但在B队掷球入界可处理球之后。任一队请求暂停,裁判员应准予吗?

**解析:**(1)第1次罚球尝试之前,可以立即准许暂停或替换;(2)第1次罚球尝试之后,即使罚球成功,也不能准许暂停或替换;(3)在掷球入界之前,可以立即准许暂停或替换;(4)可处理球之后,不能被准许暂停或替换。

#### 案例 2

A1被判2次罚球。在第1次罚球后,任一队请求暂停或替换,在最后一次罚球尝试中(1)球从篮圈弹起后没有进入篮圈并继续比赛;(2)最后一次罚球成功;(3)球没有触及篮圈;(4)A1罚球踩线,被宣判违例;(5)B1在球离开A1手之前提前进入限制区,A1球未中。以上情况能否准予暂停或替换?

**解析:**(1)球成为活球,不能准许暂停或替换;(2)准许暂停;(3)和(4)宣判A1违例,随后准许暂停或替换;(5)A1重新罚球1次,如果球中,准许暂停或替换。

### 19.10 罚球单元中的暂停或替换

罚球队员在执行同一个罚则中的第1次或第2次或第3次的罚球可处理球后,直至最后1次罚球后球成死球之前的时段中,不准予暂停和替换。当在这样的罚球之间发生了一起技术犯规时,应立即执行该技术犯规罚则的罚球,不站位。在该罚球之前和/或之后,不准予任一队的暂停和替换,除非是,由一名替补队员成为队员去执行技术犯规罚则的罚球。在这种情况下,如果对方队需要,他们有权替换1名队员。

## 案例 1

一个替换机会刚刚结束,替补队员 A6 跑向记录台请求替换。这时记录员错误地发出信号,裁判员鸣哨中断了比赛。替换应被准予吗?

**解析**:由于裁判员鸣哨,球成死球,比赛计时钟保持停止状态,但是因为提出替换或暂停的时间太晚,因此暂停或替换不应被准予,比赛应立即重新开始。

## 案例 2

一次干涉得分或干扰得分违例出现在比赛的任何时间,任一队请求暂停或替补队员在记录台等候换人。暂停或替换应被准予吗?

**解析**:违例导致比赛计时钟停止,并且球成死球,因此暂停或替换都应被准予。

## 案例 3

B1 对正在做 2 分试投的 A1 犯规,当 A1 完成第 1 次罚球后,A2 被判技术犯规。此时任一队请求暂停,裁判员应准予吗?

**解析**:B 队任一队员执行 1 次不占位的罚球后,由 A1 继续完成第 2 次罚球。如果 A2 第 2 次罚球成功,则允许暂停或替换。

## 案例 4

B1 对正在做 2 分试投的 A1 犯规,当 A1 完成第 1 次罚球后,A2 被判技术犯规。B 队任一队员执行 1 次不占位的罚球后,此时任一队请求暂停。裁判员应准予吗?

**解析**:由 A1 继续完成第 2 次罚球。如果 A2 第 2 次罚球成功,则允许暂停或替换。

## 案例 5

B1 对正在做 2 分试投的 A1 犯规,当 A1 完成第 1 次罚球后,A2 被判技术犯规,这是 A2 个人第 5 次犯规,此时任一队请求暂停或替换。裁判员应准予暂停或替换吗?

**解析**:A2 应立即被替换下场,由 B 队任一队员执行 1 次不占位的罚球后,A1 继续完成第 2 次罚球。如果 A2 第 2 次罚球成功,则允许暂停或替换。

## 案例 6

运球队员 A1 被判技术犯规,B6 请求替换以执行罚球。裁判员应准予吗?

**解析**:此时双方都可以进行替换。B6 成为 1 名场上队员后,可以执行 1 次不占位的罚球。但是在比赛计时钟进行 1 个片段后,B6 才可以再被替换下场。

## 案例 7

A1 在 2 分投篮中被 B1 犯规,投篮未成功。在 A1 2 次罚球中的第 1 次罚球后,A2 被判 1 次技术犯规。此时,任一队请求暂停或替换,裁判员应准予暂停或替换吗?

**解析**:可由 B 队任一队员执行罚球 1 次,不站位。如果 B 队由 1 名替补队员成为队员去执行这次罚球,那么,如果 A 队需要的话,它也可以替换 1 名队员。如果 B 队是由 1 名替补队员成为队员去执行这次罚球的,或 A 队也替换了 1 名队员,那么他们在接下来的比赛计时钟运行时段结束前,不得被替换。在 B 队队员执行 A2 技术犯规罚则的 1 次罚球后,A1 应执行他的第 2 次罚球;比赛应按任何最后的罚球后重新开始。应在下一次暂停或替换机会时,准予两队的暂停或进一步的替换。

### 案例 8

A1 在 2 分投篮中被 B1 犯规,投篮未成功。在 A1 2 次罚球中的第 1 次罚球后,A2 被判 1 次技术犯规。应由 B 队任一队员执行 1 次罚球,不站位。此时,任一队请求暂停或替换。裁判员应准予暂停或替换吗?

**解析:** A1 应执行他的第 2 次罚球;比赛应按任何最后的罚球后重新开始。应在下一次暂停或替换机会时,准予两队的暂停或替换。

#### 第 20 条 比赛因弃权告负

20.1 比赛因弃权告负规定

比赛开始 15 分钟后,球队不到场或少于 5 名队员上场比赛;球队或队员的行为阻碍比赛继续进行;主裁判通知比赛后球队拒绝比赛,那么该队因弃权告负。

20.2 比赛因弃权告负罚则

宣判对方球队获胜,比分为 20∶0,弃权球队在名次排列中得 0 分。

对于两队之间系列比赛(主客场制)的两场比赛的总成绩(累积分)和三场定胜负的季后赛,在第一场、第二场或第三场比赛中弃权的队应在系列赛和季后赛中因弃权告负。这不适用于 5 场定胜负和 7 场定胜负的季后赛。

如果球队在联赛中第二次弃权,该队应被取消参加联赛资格,并且该队参加过的所有比赛场次的成绩均无效。

### 案例 1

规定的比赛时间过了 15 分钟,B 队仍然没有到达场地并准备比赛,应如何判罚?

**解析:** 应判 B 队因弃权告负,A 队获胜且比分记录为 20∶0。

#### 第 21 条 比赛因缺少队员告负

21.1 比赛因缺少队员告负规定

比赛中,某队在场地上比赛的队员少于 2 人时,该队因缺少队员告负。

21.2 比赛因缺少队员告负罚则

比赛停止时,如果判领先队获胜,保留比分;如果判落后队获胜,比分记录为 2∶0。此外,缺少队员的队在名次排列中应得 1 分。

在以两场(主客场制)比赛(累积)总分定胜负的赛制中,在第一场或第二场比赛中因缺少队员的球队应该"因缺少队员"告负系列赛。

### 案例 1

距离全场比赛结束还有 5 分钟,A 队 52∶51 领先 B 队,此时 A 队由于犯规过多,导致(1)只有 2 名有资格上场比赛的队员;(2)有资格上场比赛的队员不足 2 名,该如何处理?

**解析**:(1)只要 A 队有资格的队员不少于 2 人,就可以继续比赛;(2)应判 A 队因比赛缺少队员而告负,因 B 队此时落后,应记录 B 队以 2∶0 的比分获胜。

### 案例 2

在进行主客场总分定胜负的一组比赛中,B 队在第一场比赛中或第二场比赛中,因犯规过多,最后只有 1 名球员可以参加比赛。如何处理?

**解析**:应判 B 队因缺少队员而告负。对于一组主客场总分定胜负的比赛,无论 B 队哪一场比赛因缺少队员而告负,都将失去最后总分。

## 五、违 例

### 第 22 条 违例

#### 22.1 违例的定义

违例是对规则的违犯。

#### 22.2 违例的罚则

将球判给对方队在最靠近(发生)该违例的地点掷球入界,直接位于篮板后面的地点除外,除非在本规则中另有规定。

### 第 23 条 队员出界和球出界

#### 23.1 队员出界

当队员身体的任何部分接触界线上方、界线上、界线外的地面或任何物体时,即为队员出界。

#### 23.2 球出界

球出界指当球接触了:

- 界外的队员或界外的任何其他人员时。
- 界线上或界线外的地面,或在界线上方、界线上或界线外的任何物体时。
- 篮板支撑、篮板背面或比赛场地上方的任何物体时。

#### 23.3 如何判定谁使球出界

- 在球出界甚至球触及除队员以外的其他物体而出界之前,最后触球或被球触及的队员是使球出界的队员。

- 如果球接触界线上或界线外的队员或被这名队员触及而出界,则是该队员使球出界。
- 在争球期间,如果队员移动到界外或他的后场,一次跳球情况发生。

### 案例 1

A1 后场传球被 B2 触及,随后球触及位于前场界外的队员 A3 身上出界。应如何处理?

**解析**:因 A3 最后使球出界,所以 B 队在 A3 出界地点执行掷球入界。

### 案例 2

A1 运球时,球被一脚踩在界线外的防守队员 B2 触及。应如何处理?

**解析**:因 B2 在触及球之前已经出界,所以 A 队在 B2 出界地点执行掷球入界。

### 案例 3

在抢篮板球中,A5 和 B4 在空中跳起双手抓球同时落地,A5 一只脚踩在界线上。应如何处理?

**解析**:应判争球。

### 案例 4

A1 位于前场中圈附近运球,B2 积极防守迫使 A1 停球,随后两人同时抓球,A1 由于重心不稳,一脚踩到中线。应如何处理?

**解析**:应判争球。

### 案例 5

篮板除了背面是场外部分,篮板的正面和其他四个沿都是场内部分吗?

**解析**:是。

### 案例 6

篮板上方的 24 秒计时装置、篮板支撑架以及场地上方的场馆支架等属于界外物体吗?

**解析**:属于。

### 案例 7

A6 掷球入界,球触及场内防守队员 B5 的手后,在球未触及任何其他物体前又触及界外的 A6,裁判判 A6 使球出界,应由 B 队掷球入界。裁判的判罚是否正确?

**解析**:正确。因为 A6 是最后被球触及的队员。

### 案例 8

A1 持球靠近边线,被 B1 紧逼防守。A1 用身体接触一脚踏在界外的 B1,A1 动作合法吗?

解析:A1 的动作是合法的。当一名队员身体的任何部分接触在(界线上或)界外的、除队员外的(任何)其他物体,是(该)队员出界。比赛应继续。

#### 第 24 条　运球

##### 24.1　运球定义

队员掷、拍、滚、运球或弹球在地面上为运球。如果队员故意将球砸向篮板,而不是尝试投篮时,这不是在运球。

##### 24.2　运球的开始与结束

一次运球开始于:一名在比赛场地上控制活球的队员将球掷、拍、滚、运或反弹在地面上,并在球触及另一名队员前再次触及球时。

一次运球结束于:运球队员双手同时触球或允许球在一手或双手中停留时。

一次运球期间,球可以被掷入空中,只要掷球的队员用手再次触及球前,球接触了地面或接触了另一名队员。

当球不与队员的手接触时,队员可以行进的步数没有限制。

##### 24.3　漏接球

队员偶然地失掉球并接着在比赛场地上又重新获得控制活球,这被认为是漏接球。

##### 24.4　不属于运球的情况

下述情况不是运球:
- 连续投篮。
- 在一次运球开始或结束时的漏接球。
- 通过从其他队员附近拍击球的方式来尝试获得控球权。
- 拍击另一名队员控制的球。
- 拦截传球并获得控制球。
- 只要不发生带球走违例,将球在两手之间抛接,并且在球接触地面前允许球在一手或两手中停留。
- 将球掷到篮板上并又重新获得控制球。

##### 24.5　非法运球的规定

队员在他的第一次运球结束后不得再次运球;除非在两次运球之间,他在比赛场地上由于下述原因已失去了对活球的控制:
- 投篮。
- 对方队员触及球。

- 一次传球或漏接,球接触另一名队员或被另一名队员触及。

### 案例 1

A1将球掷向篮板时,A1没有运过球并且一直站立不动,随后在球触及另一队员之前他再次拿到了球。A1的动作合法吗?

**解析**:A1的动作是合法的,他可以继续选择传球、运球或投篮。

### 案例 2

A1在做连续动作时或结束运球保持站立不动时,持球掷向篮板,并且在球触及其他队员之前再次抓住球。A1的动作合法吗?

**解析**:A1的动作是合法的,他可以选择投篮或传球,但是不允许再次运球。

### 案例 3

A1投篮未触圈,A1抓住球并掷向篮板,随后在球触及其他队员之前,A1拿到球。A1的动作合法吗?

**解析**:A1的动作是合法的,他可以选择投篮、传球或运球。

### 案例 4

A1运球结束后合法停步,随后(1)A1失去平衡,在手持球的情况下,他使球接触比赛场地一到两次,其间他的中枢脚未移动;(2)A1将球从一只手抛向另一只手,期间中枢脚未移动。A1的动作合法吗?

**解析**:以上两种情况均为合法动作,因为A1并没有移动中枢脚。

### 案例 5

A1(1)将球扔过他的对手;(2)将球扔到距离自己几米以外,开始运球,在球触及比赛场地后,A1继续运球。A1的动作合法吗?

**解析**:以上两种情况,A1均为合法动作。因为A1在触及球之前,球已经接触地面。

### 案例 6

A1接球时,球从手中滑落并接触地面,在其他队员触及球之前,A1移动几步之后首先触及球获控制球,随后开始运球。A1的动作合法吗?

**解析**:上述情况符合篮球规则,属于漏接球,因此应继续比赛。

### 案例 7

A1结束运球,故意将球掷向B1的腿,随后A1拿住球再次开始运球。A1的动作合法吗?

**解析**:A1两次运球违例。在球触及B1之前A1运球已经结束,是球触及B1。

### 第 25 条　带球走

**25.1　带球走的定义**

带球走是指当队员在比赛场地上持着一个活球时,他的一脚或双脚超出本条款所述的限制,向任一方向非法的运动。

**25.2　旋转的定义**

旋转是指在比赛场地上正持着一个活球的队员,他用一脚(中枢脚)始终接触着该脚与地面接触的那个点,而另一只脚向任一方向踏出一次或多次的合法运动。

**25.3　如何确定中枢脚**

**25.3.1　队员正双脚站在地面上抓住球时对中枢脚的规定**

当一队员正双脚站在地面上抓住球时:

一脚抬起的瞬间,另一脚就成为中枢脚;

开始运球时,在球离手前中枢脚不可抬起;

该队员中枢脚可以跳起传球或投篮,但在球离手前,任何一只脚都不可落回地面。

**25.3.2　队员正在行进中或结束运球时抓住球时对中枢脚的规定**

当一队员正在行进中或结束运球时抓住球,他可以采用两步完成停步,采用在两步后传球或投篮球离手:

如果队员接到球后要开始他的运球,他应在确立第 2 步之前将球离手;

当队员获得控制球,随后他的一脚触及地面或双脚同时接触地面时,就视为是第 1 步。

在队员确立了第 1 步后,当他的另一脚接触地面或双脚同时接触地面时,就视为是第 2 步。

如果队员在第 1 步就完成了停步,且是双脚站在地面上时,或是两脚同时接触地面时就停步的,他可以用他的任一脚作为中枢脚进行旋转。如果随后他双脚跳起,那么在他的球离手之前,任一脚都不得落回地面。

如果队员是脚分先后落地完成(合法)停步时,他仅可以用那只先着地的脚作为中枢脚进行旋转。

如果队员第 1 步是一脚落地,随即又跳起该脚,他可以双脚同时落地完成他的第 2 步。在这种情况中,该队员不可以再用任一脚为轴进行旋转。如果随后他的一脚或双脚离开地面,那么,在球离手前哪一只脚都不得落回地面。

如果队员双脚离开地面后又双脚同时落地完成第 1 步时,那么,在一脚抬离地面的瞬间,另一脚就成为中枢脚。

队员结束运球或获得控制球后,他不得用同一只脚或双脚连续地接触地面行进。

### 案例 1

A1 运球结束后持球在手时右脚着地,在 A1 的连续停步的动作中,他跳起右脚,接着左脚再次着地,然后,跨右脚蹬地做投篮尝试。A1 的动作合法吗?

**解析**:这是合法的动作,符合 0-1-2 规则。

### 案例 2

A1 空中接球后落地时右脚着地,在 A1 连续停步的动作中,他跳起右脚,接着左脚再次着地,然后,跨右脚蹬地做投篮尝试。A1 的动作合法吗?

**解析**:这是带球走违例。A1 空中接球后落地时右脚着地是第 1 步,然后左脚着地是第 2 步,随后他又跨了 1 步,应是带球走违例。

### 案例 3

A1 运球结束后持球在手。在 A1 连续停步的动作中,他跳起左脚,接着左脚再次着地,然后,跨右脚蹬地做投篮尝试。A1 的动作合法吗?

**解析**:这是 A1 带球走违例。队员不能在运球结束后,用同一只脚连续地接触赛场地面。

#### 25.3.3 队员跌倒、躺在或坐在地面上如何确立中枢脚

当一名队员持着球跌倒并在地面上滑行,或躺在地面上或坐在地面上时获得了控制球,这是合法的;如果随后该队员持球滚动或持球尝试站起来,这是违例。

### 案例 1

A1 正持着球,随后失去平衡摔倒在地面上。A1 的动作合法吗?

**解析**:A1 的动作是合法的。

### 案例 2

A1 失去平衡摔倒在地板上,正躺在地板上时获得控制球,A1 随后:(1)将球传给 A2;(2)还躺在地板上时开始运球;(3)正运着球时试图站起来;(4)还在持球时试图站起来。A1 的动作合法吗?

**解析**:A1 的(1)(2)(3)动作是合法的,A1 的(4)动作中,带球走是违例。

### 案例 3

A1 正持着球时失去重心摔倒在地面上,他的冲量使他滑行。A1 的动作合法吗?

**解析**:A1 的动作是合法的。但是如果他为了避免防守而滚动或试图站起来,就是一起违例。

#### 25.4 犯规后带球走违例

如果一名做投篮动作的队员被犯规,随后他带球走违例并得分,则中篮应无效,判给应得次数的罚球。

### 案例 1

A1 已双手持球向篮下突破并做投篮动作,在他的连续动作中,B1 对他犯规,随后 A1 发生带球走违例后球中篮。裁判员应如何处理?

解析：中篮无效，A1 获得 2 次罚球。

### 25.5 举起队友打球是违例

#### 案例 1

A1 抱起他的队员 A2 在对方篮下将他举起，这时 A3 将球传给 A2 后，A2 扣篮得分。裁判员应如何处理？

解析：这是一起违例。中篮无效，由 B 队在其后场罚球线延长线的边线处重新掷球入界，开始比赛。

## 第 26 条  3 秒钟

### 26.1  3 秒钟违例的规定

某队在前场控制球并且比赛计时钟正在运行，该队队员不得在对方限制区内连续停留超过 3 秒钟。

### 26.2  规则默许不构成 3 秒钟违例的情况

以下情况是规则默许的，不判罚 3 秒钟违例：

- 队员尝试离开限制区；
- 队员在限制区内的时候，他或他的同队队员正在做投篮动作，并且球正离开或恰已离开投篮队员的手；
- 队员在限制区内已接近持续的 3 秒钟时，他运球去投篮。

#### 案例 1

A1 后场运球，位于前场的 A5 一只脚踩在限制区线上长达 3 秒钟，如何处理？

解析：3 秒钟限制应从控制球队在前场开始计算，所以 A5 3 秒钟违例应被忽略。

#### 案例 2

A5 试图准备接 A2 的传球，一脚已踩在 3 秒限制线长达 2 秒钟，在接近 3 秒时，由于没有接到球，A5 转身通过 3 秒限制区离开了。如何处理？

解析：虽然 A5 通过 3 秒限制区时已达 3 秒，但 A5 的意图是要离开 3 秒限制区，因此不应被判 3 秒钟违例。

#### 案例 3

B5 在对方限制区内，连续抢到篮板球后投篮，均未得分，总时长超过 3 秒钟，此时 B4 也在 3 秒钟限制区内。如何处理？

解析：不应判任何队员 3 秒钟违例。因为投篮出手后将失去对球的控制，3 秒钟应重新计算。

## 案例 4

A5 持球进攻,一只脚踩在限制区线上,3 秒钟后,仍然没有投篮。如何处理?

**解析:** 限制区线属于 3 秒区的一部分,双脚必须都处在限制区外,因此应判 A5 为 3 秒钟违例。

## 案例 5

当 A4 接到球时他已在限制区内停了 2 秒钟,A4 向球篮旋转并投篮。在投篮的球离手之前,整个行动用了另外的 2 秒钟。应宣判 A4 发生 3 秒钟违例吗?

**解析:** 否。如果在限制区内不到 3 秒钟的队员接到球并开始投篮或直接地移动到篮下投篮,那么 3 秒钟的计算应中止,以便完成投篮。可是,如果 A4 在球离手之前停下来并开始另一次投篮尝试,或者 A4 不投篮而选择传球或运球,那么应立即宣判 3 秒钟违例。

## 案例 6

A7 在前场边线掷界外球可处理一个活球时,A8 在对方限制区内站立,在 4 秒时,A7 将球传给 A8,裁判员是否应判罚 3 秒钟违例?

**解析:** 否。因为比赛计时钟尚未运行。球只有接触到场上,队员才开始计时。

### 26.3 队员离开场地避免 3 秒钟违例的情况

当队员在端线处离开比赛场地来避免"3 秒钟违例",然后又重新进入限制区,这是违例。

## 案例 1

A1 在限制区内停留尚不足 3 秒钟,为不发生"3 秒钟违例",他从端线处移动到界外。然后,A1 再次进入限制区。裁判员是否应判罚 3 秒钟违例?

**解析:** 这是一起 A1 的 3 秒钟违例。

### 第 27 条 被严密防守的队员

#### 27.1 被严密防守的队员的定义

一名队员在比赛场地上正持着一个活球,对方队的一名队员距离他不超过 1 米处,并处于积极的、合法防守的姿态时,该持球队员是在被严密防守。

#### 27.2 关于被严密防守的队员的规定

一名被严密防守的队员必须在 5 秒钟内传球、投篮或运球。

## 案例 1

A1 在场地内持球准备进攻,B1 在距离 A1 大约 2 米的距离积极防守。随后 A1 持球超过 5 秒。如何处理?

**解析**：B1虽然积极防守，但与A1的距离超过了1米，A1未形成被B2积极防守，所以A1持球超过5秒合法。

### 案例 2

A1在场地内持球准备进攻，B1在距离A1大约1米以内的距离，但没有防守动作。随后A1持球超过5秒。如何处理？

**解析**：虽然B1与A1的距离在1米之内，但B1没有积极防守，所以A1持球超过5秒合法。

## 第28条　8秒钟

### 28.1　8秒钟违例的规定

每当出现下列情况时，该队必须在8秒钟内使球进入其前场：
- 一名在其后场的队员获得控制活球时；
- 在掷球入界中，球接触在后场的任何队员或被在后场的任何队员合法触及，并且那名掷球入界队员的球队仍然在它的后场控制球时。

### 案例 1

A1在后场运球时，计时钟显示只走过7秒钟，但是裁判员判罚了8秒违例。裁判员的判罚正确吗？

**解析**：正确。裁判员唯一有权判断8秒计时周期开始和结束。

### 28.2　球进入前场的情况

每当出现下列情况时，该队就已使球进入了前场：
- 任何队员都不控制的球接触前场时；
- 球接触到双脚完全地接触该队前场的进攻队员或被他合法触及时；
- 球接触部分身体接触该队后场的防守队员或被该防守队员合法触及时；
- 球接触部分身体在控制球队前场的裁判员时；
- 在从后场向前场运球中，球和运球队员的双脚完全与前场接触时。

### 案例 1

A1正骑跨中线，他接到位于后场A2的传球。A1随后将球传回给后场的A2。A队合法吗？8秒钟应如何计算？

**解析**：合法比赛，因为A1没有双脚完全接触前场。因此，A1可以选择将球传回后场，8秒应累计计算。

### 案例 2

A1从他的后场运球到中线，并且骑跨中线时停止运球。随后，A1将球传给同样骑跨中线的A2。A队合法吗？8秒钟应如何计算？

**解析**：合法比赛，因为 A1 没有双脚完全接触前场。因此，A1 可以选择传给 A2,8 秒应连续计算。

### 案例 3

A1 从后场运球并且一只脚（不是双脚）已经位于前场，随后 A1 将球传给正在骑跨中线的 A2，A2 接到球后，在其后场开始运球。A 队合法吗？8 秒钟应如何计算？

**解析**：合法比赛，因为 A1 没有双脚完全接触前场。因此，A1 有权选择传球给 A2，A2 有权选择在其后场运球，8 秒应连续计算。

### 案例 4

A1 在其后场运球向前场推进，A1 停止前进，开始原地运球，这时：(1)A1 正骑跨中线；(2)A1 双脚位于其前场，但是在其后场运球；(3)A1 双脚位于其前场的同时，在其后场，运球，随后 A1 双脚退回到其后场；(4)双脚位于其后场但是在其前场运球。A 队合法吗？8 秒钟应如何计算？

**解析**：以上 4 种情况均为合法比赛。运球队员 A1 双脚和球完全接触前场才属于位于前场，在这 4 种情况中，8 秒钟都应该连续计算。

#### 28.3　8 秒钟连续计算的情况

每当出现下列情况后，将球判给原先已控制球的那个队在后场掷球入界时，8 秒钟周期须从剩余的时间处连续计时：

- 球出界了；
- 一名控制球队的队员受伤了；
- 原先的控制球队发生一起技术犯规；
- 一次跳球情况；
- 一起双方犯规；
- 判给双方球队的相等罚则相互抵消了。

### 案例 1

A1 在其后场运球已经 5 秒钟，这时裁判员宣判一次争球。A 队拥有下一次交替拥有球权。8 秒钟应如何计算？

**解析**：A 队仅剩 3 秒钟使球进入前场。

### 案例 2

A1 在他的后场运球已经到 6 秒，这时裁判员宣判一起双方犯规，其发生地点在：(1)后场；(2)前场。8 秒钟应如何计算？

**解析**：(1)由 A 队在其后场最靠近双方犯规的位置重新掷球入界开始比赛，并且 A 队只有 2 秒钟使球进入前场；(2)A 队在其前场最靠近双方犯规的地方重新掷球入界，开始比赛。

## 案例 3

A1 在后场运球 4 秒时,B1 将球从 A 队的后场拍出界外。8 秒钟应如何计算?

**解析:** 由 A 队在其后场球出界位置重新掷球入界,并且 A 队仅有 4 秒钟使球进入前场。

## 案例 4

A1 在后场运球到 4 秒时发生了打架事件。替补队员 A2 和 B2 因进入场地被取消比赛资格。罚则相抵后,比赛由 A1 在记录台对侧中线延长线重新掷球入界开始。A1 将球传给位于后场的 A3。A 队合法吗?8 秒钟应如何计算?

**解析:** 合法,A 队只有 4 秒钟使球进入前场。

### 28.4 比赛中断 8 秒钟的计算

如果比赛被裁判员因为与任一队都无关的理由中断,根据裁判员的经验判断,将对方队不利,则 8 秒周期应从中断处连续计算。

## 案例 1

第 4 节比赛计时钟显示 0:25,比分 72:72,A 队获得控制球。此时,A 队已经在其后场运球 4 秒,由于:(1)比赛计时钟或进攻计时钟未能运行或开启;(2)瓶子被扔进场地内;(3)进攻计时钟被错误地复位,裁判员中断比赛。针对以上情况,比赛应如何开始?

**解析:** 在以上 3 种情况中,均由 A 队在其后场掷球入界重新开始比赛,8 秒计时钟应累计,A 队仅有 4 秒钟时间使球进入前场。

### 28.5 8 秒钟违例掷球入界的地点

发生 8 秒钟违例后的掷球入界地点,由发生违例时球的位置所决定。

## 案例 1

A 队 8 秒周期结束,此时:(1)A 队在后场控制球;(2)A1 由后场向前场传球,球仍在空中。针对以上情况,比赛应如何开始?

**解析:** (1)由 B 队在其前场最靠近发生违例的地点重新掷球入界,在篮板后方除外,进攻时间为 14 秒;(2)由 B 队在其前场最靠近中线的位置重新掷球入界,进攻计时钟为 14 秒。

### 第 29 条　24 秒钟

#### 29.1　24 秒钟规则的规定

每当:

一个队员在比赛场地上获得控制活球时,在掷球入界中,球接触了比赛场地上的任何队员或被在比赛场地上的任何队员合法触及,并且那名掷球入界队员的球队仍然控制球时,该队必须在 24 秒钟内尝试投篮。

所谓在 24 秒钟内构成一次投篮：
- 球必须在进攻计时钟信号响前离开该(投篮)队员的手,并且
- 在球已离开该(投篮)队员的手后,球必须触及篮圈或进入球篮。

29.2　在临近 24 秒钟周期结束时尝试了一次投篮的情况

在临近 24 秒钟周期结束时尝试了一次投篮,并且球在空中时进攻计时钟信号响。
- 如果球进入球篮,不发生违例；该信号不予理会并且中篮应计得分。
- 如果球触及篮圈但没有进入球篮,不发生违例；该信号不予理会并且应继续比赛。
- 如果球没有触及篮圈,一次违例发生。然而,如果对方队员已直接并清楚地获得了控制球,则该信号不予理会并且应继续比赛。
- 当篮板的顶部边缘配备了黄色灯带时,灯带亮起会先于进攻计时钟信号响。

涉及干涉得分和干扰得分的所有限制应适用。

### 案例 1

A1 投篮球在空中时,进攻计时钟响起。球触及篮板后滚落在比赛场地上,B1 触及了球,随后 A2 也触及了球,最后由 B2 控制了球。裁判员应判 A 队进攻时间违例吗？

**解析**：应宣判 A 队进攻时间违例,因为 A1 投篮的球并没有触及篮圈,并且球没有立即被 B 队清晰地控制。

### 案例 2

A1 投篮的球触及篮板,但是没有接触篮圈,在抢篮板球时,B1 触及球,但是未被控制,随后 A2 控制球,这时进攻计时钟响起。A 队进攻时间违例吗？

**解析**：A 队进攻时间违例。

### 案例 3

在进攻时间周期即将结束时,A1 做投篮动作,被 B1 合法封盖,随后进攻计时钟响起,在计时钟响后,B1 对 A1 犯规。A 队进攻时间违例吗？

**解析**：A 队进攻时间违例,B1 对 A1 的犯规应忽略,除非 B1 是技术犯规、违反体育运动精神犯规或取消比赛资格犯规。

### 案例 4

A1 投篮球在空中时,进攻计时钟响起,球没有触及篮圈,随后宣判 A2 和 B2 一次争球。A 队进攻时间违例吗？

**解析**：A 队进攻计时钟违例,因为 B 队没有立即清晰地获得球权。

### 案例 5

A1 投篮球在空中时,进攻计时钟响起,球没有触及篮圈,随后被 B1 触及,并使球出界。A 队进攻时间违例吗？

**解析**：A 队进攻计时钟违例,因为 B 队没有立即清晰地获得球权。

29.3 每当比赛被裁判员停止时,由于非控制球队的原因比赛被停止,进攻计时钟如何复位

每当比赛被裁判员停止时,进攻计时钟应按下列出现的情况被复位:
- 是因为非控制球队的一次犯规或违例(不是使球出界);
- 是因为非控制球队的任何正当的理由;
- 是因为与任何一个球队都无关的任何正当的理由。

在这些情况中,球权应判给先前已控制球的那个队。

如果,执行随后的掷球入界是在该队时:后场,进攻计时钟应被复位至 24 秒;前场,进攻计时钟应按下述原则被复位:

——如果在比赛停止时,进攻计时钟上显示 14 秒或更多,进攻计时钟不应被复位,而是从被停止的时间处连续计时;

——如果在比赛停止时,进攻计时钟上显示 13 秒或更少,进攻计时钟应被复位至 14 秒。

然而,如果裁判员是因为任何不涉及两队的正当原因停止了比赛,并根据裁判员的判断,进攻计时钟的复位将置对方球队于不利时,进攻计时钟应从被停止的时间处连续计时。

### 案例 1

B1 在 A 队前场使球出界违例,进攻计时钟显示 8 秒。进攻计时钟如何设置?

**解析**:A 队拥有 8 秒进攻时间。

### 案例 2

A1 在他的前场运球,进攻计时钟显示 3 秒,这时:B1 对 A1 犯规,这是 B 队该节第 2 次犯规。进攻计时钟如何设置?

**解析**:A 队拥有 14 秒进攻时间。

### 案例 3

A 队在前场控制球,进攻计时钟显示 4 秒,这时:(1)A1 受伤;(2)B1 受伤,随后裁判员中断比赛。进攻计时钟如何设置?

**解析**:(1)A 队拥有 4 秒进攻时间;(2)A 队拥有 14 秒进攻时间。

### 案例 4

A1 投篮出手。此时球在空中,A2 和 B2 被宣判一起罚则相同的双方犯规,进攻计时钟还剩 6 秒。球没有触及篮圈。交替拥有箭头指示下一次球权属于 A 队。进攻计时钟如何设置?

**解析**:A 队应只有进攻计时钟上显示的 6 秒。

## 案例 5

A1 正在运球,进攻计时钟还剩 5 秒,此时宣判 B1 一次技术犯规,接着宣判 A 队教练员一次技术犯规。进攻计时钟如何设置?

**解析**:在罚则相互抵消之后,比赛应由 A 队掷球入界重新开始,进攻计时钟还剩 5 秒。

## 案例 6

A1 传球给位于 A 队前场的 A2,此时 B1 在他的后场故意用脚踢球或者用拳击球。进攻计时钟还剩:(1)16 秒;(2)12 秒。进攻计时钟如何设置?

**解析**:

两种情况下,B1 均违例。应由 A 队在前场掷球入界重新开始比赛,进攻计时钟显示:

(1)16 秒;(2)14 秒。

## 案例 7

在第 3 节 A1 的掷球入界中,B1 在他的后场伸出胳膊,越过界线,拦截 A1 的传球,此时进攻计时钟还剩:(1)19 秒;(2)11 秒。进攻计时钟如何设置?

**解析**:两种情况下,B1 均违例。应由 A 队在前场掷球入界重新开始比赛,进攻计时钟显示:

(1)19 秒;(2)14 秒。

## 案例 8

A1 在他的前场运球,此时 B2 对 A2 发生了违反体育运动精神的犯规,进攻计时钟还剩 6 秒。进攻计时钟如何设置?

**解析**:不管罚球命中与否,A 队都应在其前场的掷球入界线处掷球入界。A 队应拥有 14 秒的进攻时间。这个相同的解释对于取消比赛资格的犯规也适用。

### 29.4 每当裁判员因为控制球队发生犯规或违例进攻计时钟应如何处置

每当裁判员因为控制球队发生犯规或违例(包括使球出界)而停止了比赛后,判给对方队掷球入界时,进攻计时钟应被复位。如果按照交替拥有程序判给新的进攻队掷球入界时,进攻计时钟也应被复位。

如果随后执行掷球入界是在该队的:

- 后场,进攻计时钟应被复位至一个新的 24 秒;
- 前场,进攻计时钟应被复位至 14 秒。

## 案例 1

A 队进攻,在 A 队后场,A4 使球出界。B 队在自己的前场掷球入界,24 秒应如何复位?

解析：B队有一个14秒钟进攻周期。

### 案例 2

A队进攻，在A队前场，A4使球出界。B队在自己的后场掷球入界，24秒应如何复位？

解析：B队有一个24秒钟进攻周期。

### 案例 3

A队进攻，在A队后场，A4带球撞人犯规。B队在自己的前场掷球入界，24秒应如何复位？

解析：B队有一个14秒钟进攻周期。

### 案例 4

A队进攻，在A队前场，A4带球撞人犯规。B队在自己的后场掷球入界，24秒应如何复位？

解析：B队有一个24秒钟进攻周期。

#### 29.5 进攻计时钟信号可以被忽略的情况

当根据裁判员的个人判断，在进攻计时钟信号响起时，对方队立即清晰地获得控制球，信号应被忽略并继续比赛。

### 案例 1

进攻计时周期临近结束时，A1传球给同样位于前场的A2，但是A2没有接到球，随后球滚到A队的后场，这时B1获得控制球并且面向球篮自由路径之前，进攻计时钟信号响起。

解析：因为B1已经立即清晰地获得控制球，因此，进攻计时钟信号应忽略，比赛继续。

#### 29.6 交替拥有掷球入界，进攻计时钟的设置

原控制球队被判交替拥有掷球入界，则该队只剩下在跳球情况发生时进攻计时钟显示的时间。

### 案例 1

进攻计时钟显示10秒时，A队仍在他的前场控制球，此时发生一起争球，交替拥有球权判给：(1)A队；(2)B队。针对以上情况，进攻计时钟如何设置？

解析：(1)A队拥有10秒进攻时间；(2)B队拥有24秒进攻时间。

### 案例 2

进攻计时钟显示10秒，A队在其前场控制球，此时球出界。临场裁判员对于A1还

是 B1 使球出界意见不统一,最终宣判一起争球,这时交替拥有球权判给:(1)A 队;(2)B 队。针对以上情况,进攻计时钟如何设置?

**解析:**(1)A 队拥有 10 秒进攻时间;(2)B 队拥有 24 秒进攻时间。

29.7 如果比赛因为与任一队都无关的合理的原因被裁判员中断,进攻计时钟的处理

如果比赛因为与任一队都无关的合理的原因被裁判员中断,根据裁判员的判断,如果置对方不利,进攻计时钟应从被中断处连续计算。

### 案例 1

第 4 节比赛计时钟还剩 0:25,比分 A72:B72,A 队在他的前场获得控制球并且运球达 20 秒,此时比赛被裁判员中断,因为:(1)比赛计时钟或者进攻计时钟未能运行或开启;(2)一个瓶子被扔到了比赛场上;(3)进攻计时钟被错误地复位。针对以上情况,进攻计时钟如何设置?

**解析:**在所有情况中,应由 A 队掷球入界重新开始比赛,进攻计时钟还剩 4 秒。如果进攻计时钟复位至 14 秒重新开始比赛,则 B 队将会被置于不利。

### 案例 2

在 A1 投篮之后,球从篮圈弹起并被 A2 控制住。9 秒之后,进攻计时钟误响。裁判员中断比赛。针对以上情况,进攻计时钟如何设置?

**解析:**如果这是一起进攻时间违例,A 队将会被置于不利。在与技术代表(如到场)和进攻计时员磋商之后,裁判员判由 A 队掷球入界继续比赛,进攻计时钟还剩 5 秒。

### 案例 3

当进攻计时钟还剩下 4 秒钟时,A1 试图投篮。球没有触及篮圈,但是进攻计时员错误地复位了进攻计时钟。A2 获得篮板球,在一段时间后,A3 投篮得分。在此时,裁判员发现了这一情况如何处理?

**解析:**裁判员与到场的技术代表商议后应确认:A1 投篮的球没有触及篮圈,之后他们应决定:如果进攻计时钟没有被复位,在进攻计时钟响起前,A3 投篮的球是否已出手。如果是,中篮应有效;如果不是,进攻时间违例发生,A3 的投篮得分无效。

29.8 违反体育运动精神的犯规或取消比赛资格的犯规进攻计时钟的设置

在一次违反体育运动精神的犯规或取消比赛资格犯规后的掷球入界,总是在球队前场掷球入界线处执行,并且进攻计时钟应复位至 14 秒。

### 案例 1

第 4 节比赛计时钟上还剩 1:12,A1 运球进入前场,B1 对 A1 发生了违反体育运动精神的犯规,进攻计时钟上显示 6 秒。在 A1 第 1 次罚球后,A 队或 B 队教练员请求一次暂停。比赛应如何开始?

解析：应由 A1 执行第 2 次不占位罚球。暂停后，应由 A 队在其前场掷球入界线处掷球入界，重新开始比赛。进攻计时钟应复位至 14 秒。

**29.9 当投篮的球已出手，随即宣判了一起防守队员在其后场的犯规，进攻计时钟的设置**

当投篮的球已离手，随即宣判了一起防守队员在他后场的犯规，如果比赛是掷球入界重新开始，则进攻计时钟应按下列原则重置：

(1)比赛停止时，进攻计时钟上显示 14 秒或更多时，进攻计时钟不应复位，应从停止时显示的时间处连续计时。

(2)比赛停止时，进攻计时钟上显示 13 秒或更少时，进攻计时钟应复位至 14 秒。

**案例 1**

A1 投篮，球在空中时，B2 在其后场被判了对 A2 的犯规；进攻计时钟上显示 17 秒。这是 B 队在该节中的第 2 次全队犯规。该球：

(a)进入球篮。

(b)从篮圈上弹起，但未进入球篮。

(c)未触及篮圈。

以上情况裁判员应如何处理并开始比赛？

解析：(a)A1 的中篮应计得分。

在所有情况中，比赛应由 A 队在最靠近 B2 犯规发生的地点掷球入界，重新开始。A 队应享有进攻计时钟上显示的 17 秒。

**案例 2**

进攻计时钟还剩 10 秒时，A1 出手投篮，球在空中时，B2 对 A2 犯规。这是 B 队该节的第 2 次全队犯规。球：(1)进入球篮；(2)从篮圈反弹但是没有进入球篮；(3)没有触及篮圈。以上情况裁判员应如何处理并开始比赛？

解析：(1)A1 投篮计得分；所有情况中，应由 A 队在最靠近犯规发生的地点掷球入界，重新开始比赛，进攻计时钟显示 14 秒。

**案例 3**

A1 出手投篮，球在空中时进攻计时钟响起，B2 对 A2 犯规。这是 B 队该节的第 2 次全队犯规。球：(1)进入球篮；(2)从篮圈反弹但是没有进入球篮；(3)没有触及篮圈。以上情况裁判员应如何处理并开始比赛？

解析：(1)A1 投篮计得分，由 A 队在最靠近违犯发生的地点掷球入界，重新开始比赛，进攻计时钟显示 14 秒。(2)和(3)没有发生进攻时间违例。应由 A 队在最靠近违犯发生的地点掷球入界，重新开始比赛，进攻计时钟显示 14 秒。

**案例 4**

进攻计时钟还剩 10 秒时，A1 出手投篮，球在空中时，B2 对 A2 犯规。这是 B 队该节的第5次全队犯规。球:(1)进入球篮;(2)从篮圈反弹但是没有进入球篮;(3)没有触及篮圈。以上情况裁判员应如何处理并开始比赛?

**解析**:(1)A1投篮计得分,A2应执行2次罚球。(2)和(3)中,A2应执行2次罚球。

29.10 在球因任何原因触及对方的篮圈后,原进攻队再次获得控制球进攻计时钟应复位的情况

在球因任何原因触及对方的篮圈后,如果再次获得控制球的球队是球触及篮圈前控制球的球队,那么进攻计时钟应复位至14秒。

### 案例 1

A1传给A2的球被B2触及后接触了篮圈,随后A3获得控制球。进攻计时钟应如何设置?

**解析**:A3在场上任意地点控制球的瞬间,进攻计时钟应立即复位至14秒。

### 案例 2

A1尝试一次投篮,进攻计时钟还剩:(1)4秒;(2)20秒。球触及了篮圈,反弹后被A2控制。进攻计时钟应如何设置?

**解析**:两种情况中,当A2在场上任意地点获得控制球的瞬间,进攻计时钟都应立即被复位至14秒。

### 案例 3

A1尝试一次投篮,球触及了篮圈,B1触及球,随后A2获得控制球。进攻计时钟应如何设置?

**解析**:当A1在场上任意地点获得控制球的瞬间,进攻计时钟立即复位至14秒。

### 案例 4

A1尝试一次投篮,球触及了篮圈,B1触及球,随后球出界。进攻计时钟应如何设置?

**解析**:由A队在离球出界的最近地点掷球入界,重新开始比赛。无论在哪里执行掷球入界,进攻计时钟应复位至14秒。

### 案例 5

在进攻计时钟还剩4秒时,A1试图通过将球掷向篮圈来复位进攻计时钟。球触及了篮圈后,B1触及球,随后球在A队后场出界。进攻计时钟应如何设置?

**解析**:由A队在其后场离球出界的最近地点掷球入界,重新开始比赛。进攻计时钟应复位至14秒。

### 案例 6

A1尝试投篮,球触及了篮圈。A2拍击球后A3获得控制球。进攻计时钟应如何设置?

解析：无论 A3 在球场的任何地方控制球的瞬间，进攻计时钟应被复位至 14 秒。

## 案例 7

A1 尝试投篮，球触及篮圈。在争抢篮板球时，B2 对 A2 犯规。这是 B 队本节第 3 次全队犯规。进攻计时钟应如何设置？

解析：由 A 队在离宣判犯规的最近地点掷球入界，重新开始比赛。进攻计时钟应复位至 14 秒。

## 案例 8

A1 尝试投篮。球进入篮圈时，B2 对 A2 犯规，这是 B 队该节第 3 次全队犯规。进攻计时钟应如何设置？

解析：中篮有效，由 A 队在离宣判犯规最近的地点掷球入界，重新开始比赛。进攻计时钟复位至 14 秒。

## 案例 9

A1 尝试投篮。球触及了篮圈，争抢篮板时，宣判了 A2 和 B2 的一次争球。交替拥有箭头指向 A 队。进攻计时钟应如何设置？

解析：由 A 队在离发生争球最近的地点掷球入界，重新开始比赛。进攻计时钟应被复位至 14 秒。

## 案例 10

A1 尝试投篮。球夹在篮圈和篮板之间。交替拥有箭头指向 A 队的进攻方向。进攻计时钟此时还剩 8 秒。进攻计时钟应如何设置？

解析：由 A 队在端线的篮板旁掷球入界，重新开始比赛。进攻计时钟应复位至 14 秒。

## 案例 11

A1 在他的前场给 A2 传球进行空中接力扣篮。A2 未接住球，球触及篮圈，随后 A3 控制了球。进攻计时钟应如何设置？

解析：A3 控制球的瞬间，进攻计时钟应复位至 14 秒。如果 A3 在后场触及球，这是一起球回后场违例。

## 案例 12

A1 在获得防守篮板球后，B1 将球从 A1 的手上拍走，球随后触及了篮圈并被 B2 抓住。进攻计时钟应如何设置？

解析：因为获得控制球队不是球触及篮圈前控制球的同一队，所以 B 队应拥有一个新的 24 秒进攻时间周期。

### 案例 13

A1 在进攻计时钟还剩 6 秒时尝试投篮。球触及篮圈后反弹并被位于后场的 A2 控制球。A2 被 B1 犯规。这是 B 队该节的第 3 次全队犯规。进攻计时钟应如何设置？

**解析**：由 A 队在后场掷球入界，重新开始比赛，并拥有一次新的 24 秒进攻时间周期。

### 29.11　当比赛计时钟正在运行时，某队获得新的球权，进攻计时钟的设置

当比赛计时钟正在运行时，无论球队在前场或后场获得一个新的球权，该队应拥有 24 秒进攻时间。

### 案例 1

当比赛计时钟正在运行时，A1 获得新的球权，在该队的：(1)后场；(2)前场。进攻计时钟应如何设置？

**解析**：无论是在前场还是在后场，球队应拥有 24 秒的进攻时间。

### 29.12　关闭进攻计时钟的情况

无论何时，当某队在前场或后场获得对一个活球的控制时，比赛计时钟显示的时间是 14 秒或更少，进攻计时钟应该关闭。

### 案例 1

A 队获得一个新的球权，此时比赛计时钟还剩 12 秒。进攻计时钟应如何设置？

**解析**：进攻计时钟应关闭。

### 案例 2

比赛计时钟还剩 18 秒且进攻计时钟还剩 3 秒时，B1 在他的后场故意踢球。进攻计时钟应如何设置？

**解析**：应由 A 队在其前场掷球入界，重新开始比赛，比赛计时钟还剩 18 秒，进攻计时钟还剩 14 秒。

### 案例 3

比赛计时钟还剩 7 秒且进攻计时钟还剩 3 秒时，B1 在他的后场故意踢球。进攻计时钟应如何设置？

**解析**：应由 A 队在其前场掷球入界，重新开始比赛，比赛计时钟还剩 7 秒，进攻计时钟应关闭。

### 案例 4

比赛计时钟还剩 23 秒时，A 队获得一个新的控制球。比赛计时钟还有 19 秒时，A1 尝试投篮，球触及篮圈，随后 A2 获得篮板球。进攻计时钟应如何设置？

**解析**：在 A 队最初获得控制球时，进攻计时钟不应开启。但是，当 A2 重新获得控制

球的瞬间,因为比赛计时钟上显示多于14秒,进攻计时钟应复位至14秒。

### 案例5

第4节比赛计时钟还剩58秒时,B1在A队后场故意脚踢球或对A1犯规,A队进攻计时钟上还有19秒。这是B队第4节的第3次全队犯规。A队被准予暂停。进攻计时钟应如何设置?

**解析:** A队教练员可以决定在A队前场掷球入界线处或该队后场执行掷球入界。如果A队教练员决定在前场掷球入界线处执行掷球入界,A队应拥有14秒的进攻时间。如果A队教练员决定在后场执行掷球入界,A队应拥有24秒的进攻时间。

### 案例6

第4节比赛计时钟还剩30秒时,A1在前场运球,B1将球拍到A队的后场,此时A2在后场控制球。B2故意脚踢球或A2被B2犯规。这是B队本节的第4次全队犯规。A队有8秒的进攻时间。A队被准予暂停。进攻计时钟应如何设置?

**解析:** A队教练员应决定在A队前场掷球入界线处或该队后场执行掷球入界。如果A队教练员决定在前场掷球入界线处执行掷球入界,A队应拥有14秒的进攻时间。如果A队教练员决定在后场执行掷球入界,A队应拥有24秒的进攻时间。

### 案例7

第4节比赛计时钟还剩58秒时,A1在他的后场被B1犯规,A队进攻计时钟上还有19秒。这是B队本节的第3次全队犯规。B队被准予暂停。进攻计时钟应如何设置?

**解析:** 应以A队在后场掷球入界重新开始比赛,并且A队拥有一个新的24秒进攻时间周期。

### 案例8

第4节比赛计时钟还剩30秒时,A1在他的后场运球,B1将球从A队的后场拍出界,此时进攻计时钟还剩19秒。A队请求暂停。进攻计时钟应如何设置?

**解析:** A队教练员应决定在A队前场掷球入界线处或该队后场执行掷球入界。如果A队教练员决定在前场掷球入界线处执行掷球入界,A队应拥有14秒的进攻时间。如果A队教练员决定在后场执行掷球入界,A队应拥有19秒的进攻时间。

### 案例9

第4节比赛计时钟还剩30秒时,A1在他的前场运球,B1将球拍到A队的后场,A2随即在后场控制球,B2将球从A队后场拍出界,进攻计时钟还剩8秒。A队请求暂停。进攻计时钟应如何设置?

**解析:** A队教练员应决定在A队前场掷球入界线处或该队后场执行掷球入界。所有情况下,A队应拥有8秒的进攻时间。

## 案例 10

第2节比赛中,比赛计时钟还剩25.2秒时,A队获得控制球。当进攻计时钟还剩1秒时,A1投篮出手。球在空中,进攻计时钟信号响。球未触及球篮,比赛计时钟随后走完了剩余的1.2秒并发出了结束该节的信号。进攻计时钟应如何设置?

解析:不是进攻时间违例。在等待B队可能获得清晰的控制球时,裁判员不宣判违例。该节结束。

## 案例 11

第2节比赛中,比赛计时钟还剩25.2秒时,A队获得控制球。当进攻计时钟还剩1秒时,A1投篮出手。球在空中,进攻计时钟信号响。球未触及球篮,裁判员宣判进攻时间违例,比赛计时钟显示剩余0.8秒。进攻计时钟应如何设置?

解析:进攻时间违例。B队应获得掷球入界权,比赛计时钟显示0.8秒。

## 案例 12

第2节比赛中,比赛计时钟还剩25.2秒时,A队拥有控制球。比赛计时钟显示剩余1.2秒,A1持球在手时进攻计时钟信号响。裁判员宣判违例,比赛计时钟显示0.8秒。进攻计时钟应如何设置?

解析:进攻时间违例。应由B队在最靠近比赛停止的地点掷球入界,重新开始比赛,比赛计时钟显示1.2秒。

## 案例 13

第3节,A1在他的后场拥有掷球入界权。A1持球过程中,B1的手臂超过界限平面。进攻计时钟应如何设置?

解析:B1违例。A1再次掷球入界。A队应拥有24秒的进攻时间。

## 案例 14

第3节,A1在他的前场拥有掷球入界权。A1持球过程中,B1的手臂超过界限平面,此时进攻计时钟显示:(1)7秒;(2)17秒。进攻计时钟应如何设置?

解释:B1违例。A1再次掷球入界,A队应拥有:(1)14秒进攻时间;(2)17秒进攻时间。

### 第30条  球回后场

#### 30.1  球回后场的定义

当下列情况时,某队在它的前场控制一个活球:

该队的队员双脚都在他的前场时正持着或接住球,或在他的前场运球,或球在位于它前场的该队队员之间传递。

如果在前场控制活球的球队,其队员在他的前场最后触球,然后:

- 球被该队有部分身体接触后场的队员首先触及,或
- 球已触及该队后场后,被该队队员首先触及时。

该队已使球非法回到它的后场。

这个限制适用于在该队前场的所有情况,包括掷球入界。

然而,它不适用于一名从他前场跳起的队员仍在空中时建立了新的球队控制球,并随后落在自己球队后场的情况。

### 30.2 球回后场的规定

一个在它前场控制活球的队,不可使球非法回到它(该队)的后场。

#### 案例 1

A1 双脚完全位于靠近中线的前场区域内,A1 试图将球反弹传给双脚位于靠近中线的前场区域内的 A2。在传球过程中,球先触及后场,然后触及 A2。A 队是否发生球回后场违例?

**解析**:球已非法回到后场,A 队违例。

#### 案例 2

A1 和 A2 都位于他们的前场并且双脚靠近中线,此时 A1 试图反弹球给 A2。传球过程中,球触及了后场,然后又触及了前场,最后触及 A2。A 队是否发生球回后场违例?

**解析**:A 队因非法使球回后场违例。

#### 案例 3

A1 双脚位于靠近中线的后场区域内,A1 试图将球反弹传给双脚位于靠近中线的后场区域内的 A2。在传球过程中,球先触及前场,然后触及 A2。A 队是否发生球回后场违例?

**解析**:合法。没有球回后场违例,因为 A 队没有持球队员位于前场。然而,当球触及前场地面时,球进入了前场,8 秒周期应停止计算。当 A2 在后场触及球时,8 秒周期应重新开始计算。

#### 案例 4

A1 在他的后场向前场传球,球被骑跨中线的裁判员触及,随后球在其后场的 A2 触及。A 队是否发生球回后场违例?

**解析**:合法。这不是球回后场违例,因为 A 队没有持球队员位于前场。然而,当球触及裁判员时,球进入前场,8 秒周期应停止计算。当 A2 在后场触及球时的瞬间,8 秒周期应重新开始计算。

#### 案例 5

A 队在前场控制球时,球被 A1 和 B1 同时触及后回到 A 队的后场,后被 A2 首先触及。A 队是否发生球回后场违例?

解析：A 队使球非法地回到后场。

### 案例 6

A1 从他的后场运球至前场。他的双脚位于前场，但依然在后场运球。球触及他的腿之后反弹至他的后场，在后场的 A2 开始一次运球。A 队是否发生球回后场违例？

解析：合法。因为 A1 还没有在他的前场建立控制球。

### 案例 7

A1 在他的后场传球给位于前场的 A2。A2 触及球后，球反弹回后场并被 A1 拿到。A 队是否发生球回后场违例？

解析：合法。因为 A2 没有在他的前场建立控制球。

### 案例 8

A1 在执行一次前场掷球入界时，传球给 A2，A2 从中线跳起，接球后落地，左脚落入该队前场，右脚还在空中。然后他的右脚落入该队后场。A 队是否发生球回后场违例？

解析：A2 使球非法进入该队后场，因为掷球入界队员 A1 已经在 A 队的前场建立球队控制球。

### 案例 9

A1 在靠近中线的前场运球时，被 B1 将球拍至 A 队的后场。双脚依然位于前场的 A1 继续运着从他后场弹起的球。A 队是否发生球回后场违例？

解析：合法。A 队没有在前场最后触及球。A1 甚至可以完全回到后场运球并获得一次新的 8 秒周期。

### 案例 10

A1 在他的后场传球给 A2。A2 从他的前场跳起，在空中抓住球并落地：(1) 双脚都落在他的后场；(2) 触及中线；(3) 骑跨中线。A 队是否发生球回后场违例？

解析：所有情况下，A 队使球非法回后场违例。当 A2 在空中抓住球时，A 队已在前场建立控制球。

### 30.3 球回后场的罚则

将球判给对方球队在它前场最靠近发生该违犯的地点掷球入界，直接位于篮板后面的地点除外。

### 30.4 建立新的球队控制球回后场的情况

队员在空中，保持他在跳起到空中之前最后触及地面的相同位置，然后，当一名空中队员从他的前场跳起并在空中控制住球时，他是他的球队第一个建立新的球队控制球的队员。如果他的冲量使他无法控制和球一起回到后场，如果空中队员建立了一个新的球队控制，要等到他双脚落回地面，才能确立其位置属于前场还是后场。

### 案例 1

A1 在 A 队的后场试图快攻传球给位于 A 队前场的 A2。B1 在 B 队的前场跳起,在空中抓住球,随后落回地面:(1)双脚位于他的后场;(2)骑跨中线;(3)骑跨中线,随后运球或者传球到他的后场。B 队是否发生球回后场违例?

**解析**:没有违例发生。当 B1 在空中建立第 1 次球队控制球时,直到 B1 双脚落回地面,才能确定其前场/后场的位置。在所有情况中,B1 都是合法地在他的后场。

### 案例 2

在开始第 1 节比赛的 A1 和 B1 的跳球中,球被合法拍击。此时,A2 从 A 队的前场跳起,在空中抓住球并且落回地面:(1)双脚位于他的后场;(2)骑跨中线;(3)骑跨中线,随后运球或者传球到他的后场。A 队是否发生球回后场违例?

**解析**:没有违例发生。A2 在空中建立第 1 次 A 队控制球。在所有情况中,A2 都是合法地在他的后场。

### 案例 3

掷球入界队员 A1 在他的前场掷球入界,试图传球给 A2。A2 从他的后场跳起,在空中抓住球并落回地面:(1)双脚位于他的后场;(2)骑跨中线;(3)骑跨中线,随后运球或者传球到他的后场。A 队是否发生球回后场违例?

**解析**:A 队违例。在 A2 跳起在空中抓住球并落回他的后场之前,A1 掷球入界,A 队在前场已经建立了球队控制球。在所有情况中,A2 都非法使球回到后场。

### 案例 4

掷球入界队员 A1 在第 2 节开始时骑跨中线将球传给 A2,A2 从他的前场跳起,在空中抓住球并落回地面:(1)双脚位于他的后场;(2)骑跨中线;(3)骑跨中线,随后传球到他的后场。A 队是否发生球回后场违例?

**解析**:A 队违例。A1 建立了 A 队的控制球。A2 从前场跳起,在空中抓住球,A 队继续在前场控制球。在所有情况中,A2 落回后场都是非法使球回到后场。

### 案例 5

掷球入界队员 A1 在他的后场掷球入界,试图传球给在他的前场的 A2。B1 从他的前场跳起,在空中抓住球,并在他落回他的后场之前将球传给位于后场的 B2。B 队是否发生球回后场违例?

**解析**:B 队违例,因为非法使球回到后场。

## 第 31 条　干涉得分和干扰得分

### 31.1　投篮的定义

一次投篮或一次罚球:

- 开始于:球离开正在做投球动作的队员的手时;
- 结束于:

——球直接从上方进入球篮,并停留在球篮中,或穿过球篮时;

——球不再有进入球篮的可能性时;

——球接触篮圈时;

——球接触地面时;

——球成为死球时。

### 31.2 干涉得分

干涉得分发生在一次罚球的投篮中:当一名队员触及飞向球篮但还未接触篮圈的球时。

干涉得分的限制适用例:

- 球不再有进入球篮的可能性时;
- 已接触篮圈时。

#### 案例 1

A1 的一次投篮后,球在空中向上飞行时被 A2(或 B2)触及。在球下落飞向球篮时,球被下列队员触及:(1)A3;(2)B3。裁判员应如何处理?

解析:A2(或 B2)在球向上飞行中接触球是合法的,并且并不改变投篮的状态。然而,随后在球下落飞行中,A3 或 B3 的接触球是一次违例。(1)将球判给 B 队在罚球线的延长线掷球入界。(2)判给 A1 得 2 分或 3 分。

#### 案例 2

A6 行进间投篮,球碰篮板并完全在篮圈水平面之上时,被位于两分投篮区的 B7 封盖并触及球,是干涉得分违例吗?

解析:是。应判 B7 干涉得分违例,A6 得 2 分。

### 31.3 干扰得分

#### 31.3.1 投篮后,或是最后一次罚球后,球接触着篮圈时队员触及球篮或篮板

在一次投篮中,当球与篮圈接触并且仍有机会进入球篮时(图 1-6),一名队员触及球篮或篮板,这是由防守队员或进攻队员造成的干扰得分。

#### 案例 1

在 A1 的一次投篮之后,球从篮圈上弹起,然后又落向篮圈。当球在篮圈上时,B1 触及球篮或者篮板。裁判员应如何处理?

解析:B1 违例。在球有可能进入球篮的时候,干扰得分的限制就适用。

#### 案例 2

A1 投篮的球在篮圈平面之上向下飞行时,同时被 A2 和 B2 触及。球随后:(1)进入

球篮;(2)没有进入球篮。裁判员应如何处理?

解析:A2 和 B2 均干扰得分违例,两种情况中都不判给得分。这是一起跳球情况。

### 31.3.2 一次罚球后(并随后还有进一步的罚球),球仍有进入球篮的可能性时,队员触及球、球篮或篮板

一次罚球后(并随后还有进一步的罚球),球仍有进入球篮的可能性时,队员触及球、球篮或篮板,是干涉得分。

### 31.3.3 队员从下方伸手穿过球篮并触及球

在投篮或罚球中,当球在篮圈上方时,如果队员从下方伸手穿过球篮并接触球,是干扰得分。

在一次传球或球接触篮圈后,当球在篮圈上方时,如果一名队员从下方伸手穿过球篮并接触球,是干扰得分。

图 1-6 球与篮圈接触

#### 案例 1

在 A1 最后一次罚球中:(1)在球触及了篮圈之前,或(2)在球触及篮圈后并仍然有进入球篮的可能性,B1 从下方伸手穿过球篮并接触球。裁判员应如何处理?

解析:一次因为 B1 非法接触球的违例发生。(1)判给 A 队得 1 分,并且判 B1 一次技术犯规;(2)判给 A 队得 1 分,但不判 B1 技术犯规。

#### 案例 2

A1 的传球在篮圈上方时,B1 从下方伸手穿过球篮并接触球。裁判员应如何处理?

解析:B1 干扰得分违例。A 队应判得 2 分或者 3 分。

### 31.3.4 球在球篮中,防守队员触及球或球篮,并以这样的方式阻止球穿过球篮

如果一名防守队员触及了在球篮中的球(图 1-7),这是一起干扰得分违例。

图 1-7 球在篮圈里

#### 案例 1

A1 出手投篮。当球在篮圈上滚动并有极少部分的球体在篮圈中或在篮圈水平面以下时,B1 触及球。裁判员应如何处理?

**解析:** B1干扰得分违例,当有极少部分的球体在篮圈中并在篮圈水平面以下时,就是球在球篮中。

### 31.3.5 队员使球篮晃动的情况

如果一名队员使得篮板或篮圈颤动,根据裁判员的判断,此举已妨碍球进入球篮或者使球进入球篮,这是干扰得分违例。

#### 案例1

在临近比赛结束时,A1进行了一次3分试投。球在空中时,结束比赛的计时钟信号响起。在信号响起之后,B1使篮圈或篮板颤动,裁判员认为此举已妨碍球进入球篮。裁判员应如何处理?

**解析:** 即使在结束比赛的计时钟信号响起之后,球仍然是活球。因此,一次干扰得分违例已发生。A1应得3分。

### 31.3.6 队员抓住球篮并去击球

如果一名队员抓住篮圈打球,这是一次干扰得分违例。

#### 案例1

A1尝试一次3分投篮。球触及篮圈后反弹,此时:(1)A2抓住篮圈并将球拍入篮圈;(2)B1抓住篮圈并将球拍离篮圈。裁判员应如何处理?

**解析:** A2和B1都发生了干扰得分违例。(1)得分无效。由B队在罚球线延长线掷球入界,重新开始比赛;(2)判给A1得3分。

### 31.3.7 裁判员在鸣哨时发生干扰得分的情况

——球在正做投篮动作的队员手中,或

——投篮的球或最后一次罚球的球在飞行中。

### 31.3.8 结束该节或该决胜期的比赛计时钟信号响时干扰的情况

结束该节或该决胜期的比赛计时钟信号响时,在球触及篮圈后,并仍有进入球篮的可能性时,队员不得接触球。应适用干涉得分和干扰得分的所有限制。

在一次投篮或最后一次罚球后,或者结束一节或一个决胜期的比赛计时钟信号响起之后,在球触及篮圈之后仍然有机会中篮时,宣判一起犯规。如果随后任一队员触及球,这是一起违例。

#### 案例1

A1最后一次罚球后,球触及篮圈弹起。抢篮板球时,A2被B2犯规(B队第3次全队犯规)。球仍然有机会中篮时,被下列队员触及:(1)A3;(2)B3。裁判员应如何处理?

**解析:** 这是一起干扰违例。(1)不判给得分。两个罚则相互抵消。按照交替拥有箭头的方向,在犯规发生的最近的端线外掷球入界,重新开始比赛,篮板正后方除外。(2)应判A1得1分。由A队在犯规发生的最近的端线外掷球入界,重新开始比赛,篮板正后方除外。

#### 案例2

A1最后一次罚球后,球触及篮圈弹起。抢篮板球时,A2被B2犯规(B队第5次全队犯规）。球仍然有机会中篮时，被下列队员触及：(1)A3；(2)B3。裁判员应如何处理？

**解析**：这是一起干扰违例。(1)不判给得分。A2应执行2次罚球，不占位。比赛应由B队在罚球线的延长线掷球入界重新开始。(2)应判A1得1分。A2应执行2次罚球。应如同任一正常的最后一次罚球一样重新开始比赛。

### 案例 3

A1尝试投篮，球触及篮圈正弹起且仍然有机会中篮时，比赛计时钟信号响起，球被下列队员触及：(1)A2；(2)B2。裁判员应如何处理？

**解析**：这是一起干扰违例。(1)不应判给得分；(2)A1应得2分或3分。

31.4　如果防守队员在最后一次罚球中发生干涉得分违例，则判给进攻队得1分，随后执行防守队员的技术犯规罚则

### 案例 1

A8执行最后一次或仅有的一次罚球，当球在篮圈水平面上下落时，B8触及球，这是干涉得分违例吗？

**解析**：是。应判给A8得1分，并且要宣判B8技术犯规，随后按技术规则的罚则进行处理。

31.5　干涉得分和干扰违例的罚则

31.5.1　进攻队员违例罚则

如果进攻队员发生了违例，不可判给得分。将球判给对方队员在罚球线的延长部分掷球入界，除非在本规则中另有说明。

31.5.2　防守队员违例罚则

如果防守队员对下述情况的球发生了违例，应该判给进攻队：

- 罚球出手的球：得1分；
- 从2分投篮区域出手的球：得2分；
- 从3分投篮区域出手的球：得3分。

判给的得分就如同球已进入球篮一样。

## 六、犯　规

### 第32条　犯规

32.1　犯规的定义

犯规是对规则的违犯，含有与对方队员的非法身体接触和/或违反体育运动精神的举止。

### 案例 1

所有的身体接触都应被认定是非法的吗？

**解析**：不是。身体接触包括非法的身体接触，也包括正常的、合法的身体接触。

### 32.2 犯规的记录

可宣判一个队任何数量的犯规,不管罚则是什么,每一次犯规都要登记在记录表并且根据这些规则进行处罚。(具体内容详见B—记录表)

### 32.3 侵人犯规

#### 32.3.1 侵人犯规的定义

侵人犯规是指无论在活球或死球的情况下,一名队员与对方一名队员非法接触的犯规。

队员不得通过伸展他的手、臂、肘、肩、髋、腿、膝、脚或将他的身体弯曲成"不正常的姿势"(超出他的圆柱体),也不得放纵任何粗野或猛烈的动作去拉、阻挡、推、撞、绊对方队员,或阻止对方队员的行进。

#### 32.3.2 侵人犯规的罚则

应登记犯规队员一次侵人犯规。

如果对没有做投篮动作的队员犯规,球权判给对方,在最靠近发生该犯规的地点掷球入界,重新开始比赛;如果该犯规的球队处于全队犯规处罚状态,应运用第41条(全队犯规:处罚)的规定。

如果对正做投篮动作的队员发生犯规,应按下列顺序判罚:

如果中篮,计得分追加1次罚球;

如果不中篮,在2分区域投篮,罚球2次,在3分区域投篮,罚球3次;

比赛或进攻计时钟信号响时或恰好响之前,投篮队员被犯规,如果球仍在该队员手中,并且随后投篮成功,则中篮无效,判给2次或3次罚球。

**案例1**

A1运球,B1用手臂阻挡了A1的行进,这是B队本节的第3次犯规,应判给B队掷球入界吗?

**解析**:是。登记B1的犯规,由A队在B犯规就近的地点掷球入界。

**案例2**

A1运球,B1用手臂阻挡了A1的行进,这是B队本节的第5次犯规,应判给B队掷球入界吗?

**解析**:否。登记B1的犯规,由于B队处于全队犯规处罚状态,由A1罚球2次。

**案例3**

A5投篮在空中,球离手之前,A5对处于合法防守位置的B6犯规,随后球中篮,这是A队本节第6次犯规。应判给B6两次罚篮吗?

**解析**:否。在球离手前,A队仍然控制球,这是控制球队犯规。所以,判罚结果是中篮无效,由B队在罚球线延长部分掷球入界。

## 案例 4

A5 投篮在空中,球离手后,A5 对处于合法防守位置的 B6 犯规,随后球中篮,这是 A 队本节第 6 次犯规。应判给 B6 两次罚篮吗?

**解析**:是。在球离手后,A 队失去控制球,这时哪个队都不控制球。所以,判罚结果是中篮有效,之后由 B6 罚球两次。

## 案例 5

在 A4 掷球入界可处理球时,A7 对 B8 犯规,这是 A 队本节第 5 次犯规,应判给 B8 两次罚球吗?

**解析**:否。在掷球入界中,A 队控制球,因此,A7 的犯规是控制球队的犯规,不应判给罚篮,应判给 B 队掷球入界。

## 案例 6

B5 对 A6 犯规,A6 不是在做投篮动作,这是 B 队本节全队累计第 4 次犯规,应判给 A6 两次罚球吗?

**解析**:否。不判给罚球,在每节第 5 次犯规时(第 4 次犯规后)开始执行罚球。

## 案例 7

A5 带球撞人,这是 A 队本节的第 5 次犯规,应判给 B 队掷球入界吗?

**解析**:是。登记 A6 的犯规次数,由于 A5 是进攻犯规,所以不罚球,由 B 队在犯规就近的地点掷球入界。

## 案例 8

A5 在 3 分线外投篮,球离手在空中时,在 A5 双脚落地之前,B8 对 A5 打手犯规,球中篮,这是 B 队本节的第 5 次犯规,裁判员应如何处理?

**解析**:否。裁判员应判 3 分有效,登记 B8 的犯规,由 A5 执行 1 次罚篮。

**第 33 条　身体接触:一般原则**

### 33.1　圆柱体原则(图 1-8)

#### 33.1.1　防守队员或无球进攻队员的圆柱体

圆柱体原则被定义为:一名(站立)在地面上的队员占据在一个假想的圆柱体空间内。这些圆柱体的大小,以及队员两脚间的距离将根据队员的身高和形体大小而改变。它包括该队员上方的空间。防守队员或无球进攻队员所在圆柱体的范围被限定为:
- 前面是手部的双掌;
- 后面是臀部;
- 两侧是双臂和双腿的外缘。

在合法的防守占位中,双手和双臂可以伸展到躯干的前面,但不超出双脚和双膝的位置,双臂在肘部处弯曲,以便两个前臂和双手举起。当持球的进攻队员在他的圆柱体内正在做着正常的篮球动作时,防守队员不得进入该进攻队员的圆柱体内并与其发生非法接触。

### 33.1.2 持球进攻队员的圆柱体

持球的进攻队员所在圆柱体的边际有如下限定:

- 前面至双脚、弯曲的膝盖和手臂,持球在臀部以上;
- 后至臀部;
- 两侧至双肘和双腿的外侧。

持球的进攻队员在其圆柱体内必须有足够的空间去做正常的篮球动作。正常的篮球动作包括开始运球、旋转、投篮和传球。进攻队员不能为了获得额外的空间而将他的腿或手臂伸到他的圆柱体之外,从而导致与防守队员的非法接触。

图 1-8  圆柱体原则

#### 案例 1

B1 将手臂伸到 A1 圆柱体上方,A1 跳起投篮时,头或肩与 B1 的手臂发生了接触。如何处理?

**解析**:虽然 A1 主动与 B1 发生身体接触,但由于 B1 违反了圆柱体原则,所以应判 B1 犯规。

### 33.2 垂直原则

在比赛期间,每一名队员都有权占据未被对方队员占据的比赛场地上的任何位置(圆柱体)。这个原则保护队员所占据的地面空间,以及当他在此空间垂直跳起时的上方空间。一旦队员离开他的垂直位置(圆柱体)并与已建立自己垂直位置(圆柱体)的对方队员发生身体接触,则须由离开垂直位置(圆柱体)的队员对该接触负责。防守队员在他的圆柱体内垂直离开地面,或他在他的圆柱体内将双手和双臂伸展在他的上方,则不必判罚。无论是在地面上还是腾起在空中的进攻队员,不应通过下列方式与处于合法防守占位的防守队员发生接触:

- 用他的上臂去扩展他自己更多的空间(清开障碍);
- 在投篮中或投篮后扩展他的腿和臂去接触。

#### 案例 1

A1 跳起投篮或传球,在下落时球还在手中时,身体冲撞到已占据合法防守位置的

B2。如何处理?

**解析:** 应判A1进攻犯规。

### 案例2

A1三分线外投篮,B1位于圆柱体内合法防守封盖,A1投篮后由于身体惯性,落回地面前,手臂接触到B1封盖的手。应如何判罚?

**解析:** 正常身体接触,无须判罚。

### 案例3

A1尝试三分线外投篮,B1积极防守,A1在空中将腿踢起,并与B1有了接触,随后三分投篮成功。如何处理?

**解析:** 三分进球无效,因A1非法利用腿创造额外的进攻空间,所以应判A1进攻犯规,B队在其罚球线延长线掷球入界,开始比赛。

## 33.3 合法的防守位置

当一名防守队员:正面对他的对手,并且双脚着地时,他已确立他最初的合法防守占位。

这个合法的防守占位从地面到天花板,垂直地伸展在他的上方(圆柱体)。他可以把他的手臂和手举在他头的上方或垂直地跳起,但他必须在该假想的圆柱体内将手臂和手保持垂直的姿势。

### 案例1

A1运球结束后,不慎将球掉在地上,B1试图去抢球时,A1张开双臂,左右移动阻止B1获得球权,并发生了严重的身体接触。如何处理?

**解析:** 应判A1侵人犯规。

### 案例2

A1前场运球,B1张开双臂积极防守,当A1突破时,B1失去重心,没有处于正面防守位置,随后用小臂阻挡了A1的突破,并重新回到了原始防守位置。如何处理?

**解析:** 防守时,张开双臂积极防守是合法动作,但当对手运球突破,为延缓对手突破速度,而用小臂接触对方,那就是一起非法防守。应宣判B1阻挡犯规。

## 33.4 防守控制球的队员

在防守控制持着球或运着球的队员时,时间和距离的因素不适用。每当防守队员在持球队员面前确立了一个最初的合法防守占位(甚至是在瞬间完成的),持球队员必须料到被防守,并且必须准备停步或改变他的方向。

防守队员要确立一个最初的合法防守占位,必须在占据他的位置前不造成接触。一旦防守队员已确立最初的合法防守占位,他可以移动去防守他的对手;但是他不得伸展他的臂、肩、髋或腿,去阻止从他身边通过的运球队员。

判断一起涉及持球队员的撞人/阻挡情况时,裁判员应该运用下述原则:

- 防守队员必须面对持球队员并双脚着地来确立一个最初的合法防守占位；
- 防守队员为了保持最初的合法防守占位,他可以保持静立、垂直跳起、横移或后移；
- 在保持最初合法防守占位的移动中,其一脚或双脚可以瞬间离地;只要该移动是横向或是向后的,而不是朝向持球队员；
- 接触必须发生在躯干上,在这种情况下,可以认为该防守队员是首先位于接触的地点；
- 已经确立一个合法防守占位的防守队员可以在他的圆柱体内转身,以避免受伤。

在上述种种情况中,该接触应被认为是由持球队员造成的。

### 案例 1

A1 运球突破,B1 积极防守,在双方身体发生接触时,B1 防守前移且单脚着地,随后 A1 运球撞倒了 B1。如何处理？

**解析**:防守队员必须面对持球队员并双脚着地来建立一个最初的合法位置,因此不应判罚 A1 进攻犯规。

### 案例 2

运球队员 A4 认识到,B4 在自己的路径上已建立合法的防守位置。A4 改变方向以避开 B4。接着 B4 靠移动来保持对 A4 的防守位置,从而面对 A4 的改变方向做出反应。在 A4 和 B4 的躯干之间发生接触。在接触的时候,B4 正在移动并且只有一脚触及地面。B4 应对接触负责吗？

**解析**:B4 不应对该接触负责。一旦队员已建立一个防守位置,允许该队员移动,以便保持位置。为建立一个防守位置,队员必须双脚着地,但是为保持一个防守位置可以让任一脚触及地面。

#### 33.5　防守不控制球的队员

一名不控制球的队员有权在比赛场地上自由地移动,并可取得任何未被其他队员占据的位置。在防守一名不控制球的队员时,应适用时间和距离的因素。

一名防守队员不能如此接近和/或如此快地在移动的对方队员行进的路径中获取一个位置,致使后者没有足够的时间和距离去停步或改变他的方向。该距离和对方队员的速度成正比,但绝不能少于正常的一步。

如果一名防守队员在确立他最初的合法防守占位的过程中不考虑时间和距离的因素,并和对方队员发生接触,他对该接触负责。

一旦一名防守队员已经确立一个最初的合法防守占位,他可以移动防守他的对手。他不得在对方队员的行进路径中通过伸展他的臂、肩、髋或腿去阻止该对方队员从他身边通过。他可以在他的圆柱体内转身,以避免受伤。

### 案例 1

无球进攻队员 A4 在移动中改变方向,以避开 B4 的防守。B4 快速地在 A4 行进的路径中占据一个位置来阻止 A4 的行进,A4 没有时间和距离来停步和变向而与 B4 的躯干之间发生接触。A4 和 B4 谁应对该接触负责？

解析：B4应对该接触负责。防守无球进攻队员时，防守队员应该给对方留出足够的时间或距离停步或改变他的方向。

#### 33.6　队员腾空

从球场某地点跳起在空中的队员有权再落回同一地点。他有权落在场上的另外一点，只要在起跳时，起跳和落地点之间的直接路径上尚未被对方占据。

当队员已经跳起腾空时，对方队员不允许占据其下落的地点，一经发生接触，通常都是违反体育运动精神犯规，严重者可以判罚取消比赛资格的犯规。

**案例1**

A1跳起投篮之前，B1在A1起跳点和本方球篮之间已占据一个合法的防守位置。A1跳起后冲撞了B1，这是撞人犯规吗？

解析：是。因A1起跳前，在起跳和落地点之间路径上的位置已被对方队员占据。

**案例2**

A1持球起跳投篮，在落回地面之前，B2没有控制好身体，将一脚移动至A1的下落地点，导致A1受伤，如何处理？

解析：应判B2违反体育运动精神的犯规，如果后果非常严重，可直接判罚取消比赛资格的犯规。

#### 33.7　掩护犯规

##### 33.7.1　掩护的定义

掩护是指试图延误或阻止一名无球对方队员到达他的目标位置。

##### 33.7.2　合法掩护

当进攻队员给自己的同伴做掩护时，与防守队员发生的接触是静止的并将身体保持在自己的圆柱体内，同时双脚着地，这种情况下掩护是合法的。

##### 33.7.3　非法掩护的情况

(1)当进攻队员给自己的同伴做掩护与防守队员发生接触时正在移动。

(2)进攻队员给自己同伴做掩护时，没有顾及在移动中的防守队员是否有足够的时间和距离做出判断和调整位置。

(3)当进攻队员给自己的同伴做掩护时，处于防守视野之外，且没有给防守队员留出足够的距离做出调整。

(4)进攻队员可在防守队员的视野范围内做前面或侧面的掩护，只要没有接触即可。

(5)如果在视野之外做掩护，必须保证防守队员向掩护方向移动一步而不和做掩护的进攻队员发生接触。被合法掩护的队员（防守队员）与已建立该掩护的队员（去掩护的进攻队员）的任何接触，由被合法掩护的队员（防守队员）负责。

**案例1**

A1持球进攻，B2紧逼防守，A2在位于B2侧面做掩护，他在掩护时通过移动与B2

发生身体接触,阻止B2防守。裁判员应如何处理?

解析:应判A2掩护犯规。

### 案例2

A1持球进攻,B2防守,A2在位于B2侧面做掩护,A2在掩护时用手臂推开B2。A1趁机摆脱B2的防守上篮,裁判员应如何处理?

解析:应判A2掩护犯规。

### 案例3

A1持球组织进攻,B2紧逼防守,此时A2在静止圆柱体内且双脚着地,位于B2侧面做掩护,随后B2撞倒了A2。如何处理?

解析:应判B2侵人犯规。

### 案例4

A1持球组织进攻,B2紧逼防守,A5在B2的防守视野范围之外为A1做了一个背掩护,掩护造成身体接触,导致B2身体失去平衡,失去防守位置。裁判员应如何处理?

解析:应判A5掩护犯规。

### 33.8 撞人

撞人是指持球或不持球的队员挤开或撞开对方队员,在对方队员的躯干处发生的非法身体接触。

### 案例1

A1持球突破,B1建立了最初的合法防守位置以后,横向移动到运球队员A1的前进路径上,A1没有停止或改变方向并撞上B1的躯干部位,B1因此失去身体平衡。裁判员应如何处理?

解析:A1进攻犯规。

### 33.9 阻挡

阻碍有球或无球队员所行进的非法接触。

试图做掩护的进攻队员在移动中与对方处于静止或后退的防守队员发生身体接触,应判罚掩护队员阻挡犯规。

如果一名队员不顾及球,面朝对方队员且随对方队员移动,除非被掩护队员故意拉人、推人或撞人,否则一旦发生任何身体接触,该队员将负主要责任。

### 案例1

A4运球,B1横移滑步的过程中,与A4发生了髋部的接触,从而影响了A4的正常行进。裁判员应如何处理?

解析:应判B1阻挡犯规。

33.10 无撞人半圆区(图1-9)

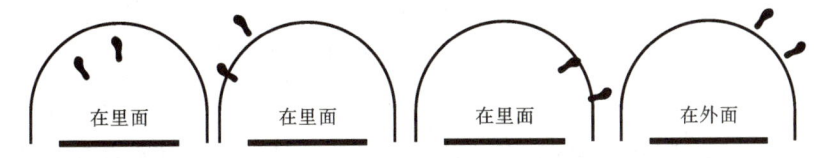

33.10.1 适用于无撞人半圆区的情况

无撞人半圆区是画在比赛场地上,其目的是指定一个特有的区域,用于解释出现在球篮下方撞人/阻挡的情况。

在任何插入无撞人半圆区的进攻中,一名腾起在空中的进攻队员与一名位于无撞人半圆区内的防守队员发生的任何接触不应被判为进攻犯规;除非进攻队员非法地使用他的手、手臂、腿或身体。这条规定适用于下述情况,当:

- 该进攻队员腾起在空中时控制着球,并且
- 他试图投篮或传球,并且
- 该防守队员有一脚或双脚与无撞人半圆区接触时。

图1-9 无撞人半圆区

**案例 1**

A1在无撞人半圆区域之外开始尝试跳起投篮,随后冲撞了接触无撞人半圆区域的B1。裁判员应如何处理?

**解析:** A1合法动作,适用无撞人半圆区规则。

**案例 2**

A4运球上篮并正做投篮动作。A4没有完成他的投篮,而是将球传给正站在比赛场地角落的A5。随后A4撞到在该无撞人半圆区内的B4。裁判员该如何判罚?

**解析:** A4是合法动作,适用无撞人半圆区规则。

33.10.2 不适用于无撞人半圆区的情况

在下列情况中,不适用该无撞人半圆区规则,将按照一般原则,如圆柱体原则、阻挡/撞人原则来判定任何接触:

(1)对所有在该无撞人半圆区外发生的比赛情况,同样产生在从该无撞人半圆区域到端线之间区域的比赛情况。

(2)对所有争抢篮板球的情况,当投篮后球反弹起发生一次接触的情况。

(3)对进攻队员或防守队员所有非法用手、手臂、腿或身体的情况。

**案例 1**

A1沿端线运球到篮板后的区域,斜向或者背向起跳并冲撞了接触合法在无撞人半圆区的B1。裁判员应如何处理?

**解析:** A1进攻犯规。因为A1是从篮板后方和它的虚线延长线上进入无撞人半圆区。

85

### 案例 2

A1 运球切入篮下并做投篮动作,随后 A1 将球传给跟进的 A2 而不是完成投篮。A1 随后冲撞了接触无撞人半圆区的 B1,同时,A2 接球切入篮下,准备得分。裁判员应如何处理?

**解析**:A1 进攻犯规。因为 A1 非法用他的身体为 A2 扫清投篮路径,不适用无撞人半圆区规则。

### 案例 3

A1 投篮,球在篮圈上弹起。A2 跳起抓住了球,并随后撞到了与无撞人半圆区接触并处于合法防守占位的 B1。裁判员应如何处理?

**解析**:这是 A2 撞人犯规,不适用无撞人半圆区规则。

#### 33.11 用手和/或手臂接触对方队员

用手接触对方队员,其本身未必是犯规。裁判员应判定:造成接触的队员是否已获得利益? 如果造成接触的队员以任何方式限制对方队员的活动自由,这样的接触是一起犯规。

当处于防守姿态的防守队员将他的手或手臂放置在持球或不持球的对方队员身上并保持接触以阻碍他的行进时,就发生了非法用手或非法伸展手臂。反复地去触碰或"戳刺"持球或不持球的对方队员是犯规,因为它可能导致粗暴地进行比赛。

当持球的进攻队员:
- 为了获得利益,用他的手臂或肘去"钩住"或缠绕防守队员时;
- 为了阻止防守队员抢球或试图抢球,或为了扩展更多的个人空间而"清开"该防守队员时;
- 在运球中,使用伸展的前臂或手去阻止对方队员控制球时。

以上情况是持球的进攻队员犯规。

当不持球的进攻队员为了:
- 摆脱去抓球;
- 阻止防守队员抢球或试图抢球,为他(自己)扩展更多的空间,而"清开"防守队员。

以上情况是不持球的进攻队员犯规。

### 案例 1

A1 运球突破,B1 伸出手臂阻拦 A1 的行进,裁判员应如何处理?

**解析**:B1 侵人犯规。

### 案例 2

A1 运球突破,B1 伸出双臂放在 A1 的身上,裁判员应如何处理?

**解析**:B1 侵人犯规。

### 案例 3

A1 运球突破，A1 伸手推开 B1 的防守，裁判员应如何处理？

解析：A1 进攻犯规。

#### 31.12　中锋位置的攻防

垂直原则(圆柱体原则)适用于中锋攻防。

处于抢位状态的进攻队员和防守他的防守队员必须相互尊重彼此垂直位置的权利(圆柱体)。

处于抢位状态的进攻队员或防守队员用肩或髋将对方队员从占据的位置上挤顶出去，或使用伸展的手臂、肩、髋、腿或身体的其他部位去干扰对方队员的活动自由，是犯规。位于中锋位置的进攻队员或防守队员用肩或髋将对方队员挤出位置，或用伸展的肘、臂、膝或身体的其他部位去干扰对方队员的活动自由，是犯规。

### 案例 1

A1 位于中锋位置防守 B1，A1 为了防止 B1 接球，用髋将 B1 向外线挤出，如何处理？

解析：A1 侵人犯规。

### 案例 2

B1 位于中锋位置防守 A1，A1 为了接球伸展手臂，扩张自己的圆柱体，支开 B1，裁判员应如何处理？

解析：A1 进攻犯规。

#### 33.13　背后犯规

防守队员从进攻队员的背后试图抢球，并与其发生身体接触，是背后非法防守。试图抢球，不代表从进攻队员背后接触是正当的。

### 案例 1

A5 尝试低位接球，B5 背后防守，在 A5 接到球的一瞬间，B5 在 A5 的身后顶开 A5 抢断球，影响了 A5 的接球动作，裁判员应如何处理？

解析：裁判员应特别注意，在进攻队员背后的防守，虽然防守队员只是视图去抢球，但在背后发生了接触且给对方接球造成了影响，应视为侵人犯规。

#### 33.14　拉人犯规

干扰对方队员移动自由的非法身体接触，这种接触(拉人)可能发生在身体的任何部位。

### 案例 1

A2 进攻摆脱准备接球，防守队员 B3 拉拽 A2，限制了 A2 的正常移动，裁判员应如何处理？

解析：应判 B3 非法用手犯规。

### 33.15　推人犯规

推人犯规是指队员用身体任何部位强行或试图移动控制无球或有球的对方队员时发生的非法身体接触。

> **案例 1**

A1 投篮，B1 和 A2 在争抢篮板球时，B1 用手臂推开 A2 后，抢到篮板球，裁判员应如何处理？

解析：应判 B1 推人犯规。

## 第 34 条　侵人犯规

侵人犯规是指无论在活球还是在死球的情况下，双方队员发生非法的身体接触的犯规。

队员不应通过伸展手、臂、肘、肩、髋、腿、膝、脚或将身体弯曲成"不正常的姿势"，超出他的圆柱体去拉、阻挡、推、撞、绊对方队员或阻止对方队员行进。

## 第 35 条　双方犯规

### 35.1　双方犯规的定义

双方犯规是指两名互为对方球队的队员在大约同一时间互相发生侵人的或违反体育运动精神的或取消比赛资格的犯规。

### 35.2　双方犯规应符合的条件

一起犯规可能是侵人犯规、违反体育运动精神的犯规、取消比赛资格的犯规或是技术犯规。要认定是一起双方犯规：两起犯规必须是队员的犯规，还必须是相同种类的，即要么两起都是侵人犯规，或者，两起犯规是违反体育运动精神的和取消比赛资格的任意组合。双方犯规必须包含身体接触，因此，技术犯规不是双方犯规，因为它是没有接触的犯规。

如果 2 起犯规几乎同时发生，但不是相同的种类（侵人的或违反体育运动精神的或取消比赛资格的），这不是一起双方犯规。罚则不能相互抵消。该侵人犯规被认为是发生的第一起犯规，而该违反体育运动精神的或取消比赛资格的犯规则是发生的第二起犯规。

把 2 起犯规认定为一起双方犯规，必须符合下述条件：

2 起犯规都是队员犯规；

2 起犯规都包含身体接触；

2 起犯规都发生在互为对方队的 2 名正在相互犯规的队员之间；

2 起犯规都属于同一种类（不是侵人的就是违反体育运动精神的犯规和取消比赛资格的犯规的组合）。

> **案例 1**

A1 运球时，A2 和 B2 被判了技术犯规。裁判员应如何处理？

解析：技术犯规不是一起双方犯规的一部分。该（两起技术犯规的）罚则应相互抵消。比赛应由 A 队在最靠近第一起技术犯规发生时球所在位置的地点掷球入界重新开始。A 队应享有进攻计时钟上显示的剩余时间。

## 案例 2

运球队员 A1 和（防守他的）B1 在几乎相同的时间相互犯规了。这是 A 队在该节中的第 2 次全队犯规，B 队的第 5 次全队犯规。裁判员应如何处理？

解析：两起犯规是相同种类的（侵人）犯规，因此这是一起双方犯规。与两队在该节中不同的全队犯规次数无关。比赛应由 A 队在最靠近双方犯规发生的地点掷球入界，重新开始。

## 案例 3

A1 在做投篮动作且球仍在他手中时，A1 和 B1 被判为在几乎同时相互间发生的侵人犯规。裁判员应如何处理？

解析：两起犯规是相同种类的（侵人）犯规，因此这是一起双方犯规。如果 A1 投篮成功，该中篮应不计得分。比赛应由 A 队在罚球线的延长部分掷球入界重新开始。如果 A1 投篮未成功，比赛应由 A 队在最靠近双方犯规发生的地点掷球入界重新开始。A 队应享有进攻计时钟上显示的剩余时间。

## 案例 4

A1 在空中投篮球离手，此时 A1 和 B1 被判为在几乎同时相互间发生的侵人犯规。裁判员应如何处理？

解析：A1 和 B1 的两起犯规是相同种类的（侵人）犯规，因此这是一起双方犯规。如果球进入了球篮，A1 的投篮应得分。比赛应由 B 队按任何成功的投篮后在端线掷球入界重新开始。如果球未进入球篮，这是一起跳球情况。比赛应由交替拥有掷球入界重新开始。

## 案例 5

在该节中，A 队 2 次全队犯规，B 队 3 次全队犯规。然后：
(a) A2 运球时，A1 和 B1 在中锋要位中相互推搡。
(b) 在抢篮板球中，A1 和 B1 相互推搡。
(c) A1 在接 A2 的传球中，A1 和 B1 相互推搡。
以上情况裁判员应如何处理？

解析：在所有的情况中，都是双方犯规。比赛应按如下方式重新开始：
(a) 和 (c) A 队在最靠近该双方犯规发生的地点掷球入界。
(b) 交替拥有掷球入界。

## 案例 6

B1 推搡运球队员 A1 被判为侵人犯规。这是 B 队该节的第 3 次全队犯规。几乎同时，A1 用肘击打 B1 被判违反体育运动精神的犯规。裁判员应如何处理？

**解析**：两起犯规不是相同种类的(侵人犯规和违反体育运动精神的犯规)，因此这不是一起双方犯规。该罚则不应相互抵消。因有进一步的罚则要执行，A 队掷球入界的罚则应被取消。B1 应执行 2 次罚球，不站位。比赛应由 B 队在其前场的掷球入界线掷球入界重新开始。B 队应享有进攻计时钟上显示的 14 秒。

### 35.3  双方犯规的罚则

应登记每一名违反队员一次侵人的或违反体育运动精神的或取消比赛资格的犯规。不判给罚球，比赛应按下述原则重新开始：

在大约同一时间发生双方犯规的：

- 一次有效的投篮得分，或最后一次的罚球计得分，则应将球判给非得分的队在其端线后的任一地点掷球入界；
- 有一队已经控制球或拥有了球权，则应将球判给该队在最靠近发生该犯规的地点掷球入界；
- 既无哪个队已控制球，又无哪个队拥有了球权，一次跳球情况发生。

## 案例 1

A1 投篮，球在空中，在争抢篮板球时 A2 和 B2 几乎在同一时间相互犯规。球中篮，裁判员应如何处理？

**解析**：这是一起双方犯规。球中篮应有效，应由 B 队在端线掷球入界开始比赛。

## 案例 2

A1 运球时，A2 和 B2 几乎同时被判相互的犯规，进攻时间剩余 6 秒，裁判员应如何处理？

**解析**：这是一起双方犯规。因为 A 队控制球，比赛应由 A 队在发生双方犯规的最近地点掷球入界，继续比赛，进攻计时钟还剩 6 秒钟。

## 案例 3

A1 投篮，球在空中，在争抢篮板球时，A2 和 B2 几乎在同一时间相互犯规。球没有中篮，此时交替拥有的箭头指向了 B 队的进攻方向。裁判员应如何处理？

**解析**：这是一起双方犯规。投篮球离手，因此，双方都不控制球。因此，应根据交替拥有的箭头，由 B 队在距犯规发生就近的地点掷球入界，开始比赛。

### 第 36 条  技术犯规

#### 36.1  队员技术犯规的定义

队员技术犯规是指一个行为性质的、无触碰的队员犯规；它包括，但不限于：

- 无视裁判员已给出过的警告；
- 与裁判员、技术代表、记录台人员、对方人员或被允许在球队席就坐的人员不礼貌地进行交涉或沟通；
- 使用可能冒犯或刺激观众的粗话或手势；
- 挑逗和戏耍对方队员；
- 将手靠近对方队员的眼睛摇动或遮挡，以妨碍他的视线；
- 过分挥肘；
- 当球穿过球篮后，通过故意地触球或阻止迅速地开始执行掷球入界或罚球的方式来延误比赛；
- 伪造被犯规；
- 悬吊在篮圈上，致使篮圈支撑了队员的全部重量；除非队员在扣篮后瞬间抓住了篮圈，或据裁判员判定，他这样做正是在防止自己受伤或防止另一名队员受伤；
- 在最后一次的罚球中防守队员干涉得分。应判给进攻队得 1 分，随后执行该防守队员的技术犯规罚则。

### 36.1.1　先警告再判罚技术犯规的情况

队员的一次行为被裁判员给予了警告，如果重复这种行为将导致一次技术犯规，此次技术犯规适用于该队任何队员，并且应将该警告通知该队教练员。但是裁判员的警告只能出现在死球或比赛计时钟停止时。

**案例 1**

A 队一名队员被给予一次警告，是因为干扰掷球入界或其他的行为。裁判员应如何处理？

解析：警告应该通知 A 队教练员，并且此警告适用于 A 队所有成员。

### 36.1.2　对正在做投篮动作的技术犯规

当一名队员正在做投篮动作时，不允许对方队员将手靠近正在投篮队员的眼镜附近、大声喊叫、用力踩脚或靠近投篮队员拍手等。如果上述行为导致投篮不成功，则应立即判罚一次技术犯规；如果投篮成功，应进行一次警告。

**案例 1**

A1 正在做投篮动作，此时 B1 用大声喊叫或用力踩地板来试图分散 A1 的注意力。投篮是：(1)成功的；(2)不成功的。裁判员应如何处理？

解析：(1)A1 中篮记得分。应给 B1 一次警告，并应通知 B 队教练员。如果 B 队队员因为类似行为已经被给予一次警告，则应判罚 B1 一次技术犯规。(2)应给 B1 判罚一次技术犯规。

### 36.1.3　场上队员多于 5 人的技术犯规

同队有多于 5 名队员同时在场上比赛，只要没有置对方队于不利，此错误必须马上改正。此时，裁判员必须命令一名队员立即下场，并登记该队主教练一次技术犯规，记录为"$B_1$"。教练员有责任确保替换的队员及时下场，保证场上有 5 名队员参赛。

### 案例 1

比赛进行中,发现 A 队有多于 5 名的队员在场上比赛。(1)发现的时候,B 队(有 5 名队员)在控制球;(2)发现的时候,A 队(有多于 5 名队员)在控制球。裁判员应如何处理?

**解析:**(1)比赛应该立即停止,除非 B 队被置于不利,裁判员命令一名队员下场,随后登记 A 队教练员一次技术犯规,记录为"$B_1$";(2)比赛应该立即停止,裁判员命令一名队员下场,随后登记 A 队教练员一次技术犯规,记录为"$B_1$"。

### 案例 2

比赛计时钟正在运行,A 队有 6 名队员在场上,在下列情况之后发现并停止了比赛:(1)A1 被判进攻犯规;(2)A1 投篮得分;(3)在一次不成功的投篮中,B1 对 A1 犯规。(4)第 6 名队员已经离开比赛场地。裁判员应如何处理?

**解析:**在发现某队多于 5 名队员参加比赛之后,还发现该队某队员非法参加比赛时已得分或发生了犯规。所有此类分数应有效并且该队员发生的任何犯规(或被犯规)应被看作是队员犯规。

(1)A1 的犯规是一起队员犯规,A 队下场一名队员,并登记 A 队教练员一次技术犯规,记录为"$B_1$";(2)A1 的得分应有效,A 队下场一名队员,并登记 A 队教练员一次技术犯规,记录为"$B_1$";(3)A1 应尝试 2 次或 3 次罚球,A 队下场一名队员,并登记 A 队教练员一次技术犯规,记录为"$B_1$";(4)A 队下场一名队员,应登记 A 队教练员一次技术犯规,记录为"$B_1$"。

#### 36.1.4　五次犯规离场队员再次进入比赛

(1)如果一名队员已经发生第 5 次犯规并且已经通知该队员不再有资格参赛后,又进入比赛,一发现此非法的参赛就应立即处罚,只要不置对方队于不利。

### 案例 1

B1 第 5 次犯规后,已通知他不再有资格参赛。之后 B1 作为替补队员又进入比赛。B1 的非法参赛被发现:(1)在恢复比赛球成活球之前;或者:(2)A 队控制球并且球再次成为活球之后;(3)B 队控制球并且球再次成为活球之后;(4)B1 重新进入比赛并且球再次成为死球之后。裁判员应如何处理?

**解析:**(1)应该立即从比赛中清除 B1,登记 B 队教练员一次技术犯规,记录为"$B_1$"。(2)比赛应该立即停止,除非 A 队被置于不利。立即从比赛中清除 B1,登记 B 队教练员一次技术犯规,记录为"$B_1$"。(3)和(4)应该立即停止比赛,B1 应该立即从比赛中清除,登记 B 队教练员一次技术犯规,记录为"$B_1$"。(2)如果一名队员已经被告知个人 5 次犯规之后,他又进入比赛,并且在非法参赛被发现之前投篮得分、发生犯规或被对方队员犯规。所有投篮得分应有效,该队员的任何犯规或被犯规应被看作是场上队员犯规。

### 案例 2

在 A1 第 5 次犯规之后,已通知他不再有资格参赛,他作为替补队员又进入了比赛。

A1 的非法参赛在下列情况之后被发现:(1)A1 投篮得分;(2)A1 发生了一次犯规;(3)A1 正在运球时被 B1 犯规(第 5 次全队犯规)。裁判员应如何处理?

**解析**:(1)A1 的投篮得分应计算,登记 A 队教练员一次技术犯规,记录为"$B_1$"。(2)A1 发生的犯规被认为是队员犯规,犯规应被登记在记录表上他第 5 次犯规后的空白处,登记 A 队教练员一次技术犯规,记录为"$B_1$"。(3)A1 的替补队员应执行 2 次罚球,登记 A 队教练员一次技术犯规,记录为"$B_1$"。

### 36.1.5　五次犯规队员错误留在场上

如果一名队员发生了个人第 5 次犯规之后,没有被告知不再有资格参赛,他留在(或重新进入)比赛中,此错误一经发现,就应将该队员从比赛中清除(没有置对方队员于不利)。对该队员的非法参赛不予处罚。如果该队员投篮得分、发生犯规或造成对方队员犯规,投篮得分应计算,犯规应被认为是队员犯规。

#### 案例 1

A1 被 A6 替换时已发生个人第 5 次犯规,但是裁判员并未通知 A1。后来 A1 作为替补队员进入比赛。A1 的非法参赛在下列情况后被发现:(1)A1 作为一名队员参赛,并且比赛计时钟已开始运行;(2)A1 投篮得分;(3)A1 对 B1 犯规;(4)在一次不成功的投篮中 B1 对 A1 犯规。裁判员应如何处理?

**解析**:对 A1 的非法参赛不予处罚。(1)只要没有置 B 队于不利,比赛应停止。A1 应从比赛中立即清除,由一名替补队员替换。(2)A1 投篮得分应计算。(3)A1 发生的犯规应被认为是队员犯规并按照规则处理,且犯规应被登记在记录表上他第 5 次犯规后的空白处。(4)A1 的替补队员应执行 2 次或 3 次罚球。

### 36.2　骗取犯规

一名队员采用任何手段假装被侵犯,或采取戏剧性的夸张动作来制造"被犯规了"的假象并从中获利,是骗取犯规。

骗取犯规的程序:

(1)在不中断比赛的前提下,裁判员做出"抬起前臂连续两次"手势,以示骗取犯规。

(2)当比赛被中断时,裁判员应立刻将该警告传达给该队员和教练员。双方球队各有权被警告一次。

(3)如果下一次该队队员出现骗取犯规的情况,裁判员应宣判一次技术犯规。

(4)如果没有造成身体接触就发生的过分骗取犯规情况,不必警告,裁判员可以立刻宣判一次技术犯规。

#### 案例 1

B1 正防守运球的 A1。A1 突然移动他的头部,以制造出他被 B1 犯规的假象。稍后在比赛中,A1 更是倒地制造出他被 B1 推倒的假象。裁判员应如何处理?

**解析**:裁判员应对 A1 头部制造的假象给予警告,并以"抬起前臂连续两次"手势示意。A1 因为第 2 次假装摔倒在地板上时,应立即被判罚一次技术犯规。即使因比赛没有中断而未向 A1 或 A 队教练员传达警告也要这样做。

### 案例 2

B1 正防守运球的 A1。A1 突然移动他的头部,以制造出他被 B1 犯规的假象。稍后的比赛中,B2 倒地制造出他被 A2 推倒的假象。裁判员应如何处理?

**解析:**裁判员应对 A1 和 B2 的骗取犯规给予警告,并以"抬起前臂连续两次"手势示意。在下一次比赛被中断期间,裁判员应将该警告传达给 A1、B2 及双方教练员。

### 案例 3

A1 正切入篮下,此时防守队员 B1 与其他队员之间没有任何身体接触就向后摔倒在地板上,或者在 A1 造成的可以忽略的身体接触之后,B1 进行戏剧性表演。对于这样行为的警告,已经通过 B 队的教练传达给 B 队的队员。裁判员应如何处理?

**解析:**这样的行为是非常明显的违反体育运动精神和破坏比赛流畅性的犯规。应宣判 B1 一次技术犯规。

### 案例 4

A1 运球突破,B1 积极防守,在双方正常接触一瞬间,A1 头部向斜方后仰,试图制造被侵假象,如何处理?

**解析:**裁判员应立刻做出骗取犯规手势,提示 A1 队员该动作不符合篮球比赛规则精神。随后在第一次进攻计时钟停止时,警告 A 队教练员,在接下来的比赛中,如全队再出现该动作,将直接判罚技术犯规。

#### 36.3 过分挥肘

因为过分挥肘可能出现严重的伤害,尤其是在抢篮板和严密防守的情况中。如果这样的行为造成身体接触,随后应宣判一起侵人犯规、违反体育运动精神的犯规甚至取消比赛资格的犯规。如果这样的行为没有造成身体接触,应宣判一起技术犯规。

### 案例 1

A1 抢到篮板球并落回到地面。A1 立即被 B1 严密防守。没有接触到 B1,A1 过分挥肘,试图威胁 B1 或者清除出足够的空间来旋转、传球或者运球。裁判员应如何处理?

**解析:**A1 的行为与规则的精神和意图不一致,应宣判 A1 一次技术犯规。

#### 36.4 队员发生 2 次技术犯规的处罚

当一名队员发生 2 次技术犯规时,他应被取消比赛资格。

### 案例 1

A1 在上半场时因为悬挂在篮圈上已经被判一次技术犯规。A1 在下半场时又因为他违反体育运动精神的行为被判一次技术犯规。裁判员应如何处理?

**解析:**A1 应自动取消比赛资格。只处罚这次(第 2 次)技术犯规,不再追加执行取消比赛资格的犯规的罚则。当某队员被判 2 次技术犯规并应被取消比赛资格时,记录员必须立即通知裁判员。

### 36.5 出局队员被判技术犯规的处理

在一名队员被判第5次个人犯规之后，他成为出局的队员。在其第5次犯规之后，又判了他任何进一步的技术犯规，应被登记在他的教练员名下，记录为"$B_1$"。如果这5次犯规中有一次技术犯规或者违反体育运动精神的犯规，这也是有效的。他不会被取消比赛资格，可以留在球队席。

**案例 1**

B1在第1节被判一次技术犯规。在第4节，B1第5次犯规。这是B队第4节全队第2次犯规。在B1回球队席的路上，B1被判一次技术犯规。裁判员应如何处理？

解析：当其5次犯规时，他成为一名出局的队员。因此，技术犯规应被登记在他的教练员名下并记录为"$B_1$"。B1不应被取消比赛资格。A队的任一队员可以执行1次不占位罚球。应由A队在判罚技术犯规时距离球最近的地点掷球入界，重新开始比赛。

**案例 2**

B1在第3节被判一次违反体育运动精神的犯规。在第4节时B1被判个人第5次犯规。这是B队本节全队累计犯规第3次。在B1回球队席的路上，B1被判一次技术犯规。裁判员应如何处理？

解析：当其5次犯规时，他成为一名出局的队员。判他的任何进一步的技术犯规应被登记在他的教练员名下并记录为"$B_1$"。B1不被取消比赛资格。A队的任意队员可以执行1次不占位罚球。应由A队在判罚技术犯规时距离球最近的地点掷球入界，重新开始比赛。

**案例 3**

B1对运球队员A1犯规，这是B1的第5次犯规，也是B队该节全队累计犯规第2次。在回球队席的路上，B1被判了一次取消比赛资格的犯规。裁判员应如何处理？

解析：B1被取消比赛资格，应去球队休息室。B1取消比赛资格的犯规应记录为"D"，随后登记他的教练员"$B_2$"。比赛由A队的任一队员执行2次不占位罚球后，A队在其前场掷球入界线处执行掷球入界，重新开始比赛。A队应拥有14秒的进攻时间。

**案例 4**

B1对运球队员A1犯规，这是B1的第5次犯规，也是B队该节的第5次全队犯规。在回球队席的路上，B1被判一次取消比赛资格的犯规。

解析：B1被取消比赛资格，应去球队休息室。B1取消比赛资格的犯规应记录为"D"，随后登记他的教练"$B_2$"。比赛由A1执行2次不占位罚球，之后A队任一队员执行2次不占位的罚球后，A队在其前场掷球入界线处执行掷球入界，重新开始比赛，A队应拥有14秒的进攻时间。

### 36.6 一次技术犯规和一次违反体育运动精神的犯规被取消比赛资格的情况

一名队员被登记一次技术犯规和一次违反体育运动精神的犯规时,应被取消比赛资格。

#### 案例 1

A1 在第 1 节因为延误比赛被判一次技术犯规,在第 3 节因为对 B1 严重犯规被判一次违反体育运动精神的犯规。裁判员应如何处理?

**解析:** A1 应被取消比赛资格。只处罚本次违反体育运动精神的犯规,当一名队员被判一次技术犯规和一次违反体育运动精神的犯规要被取消比赛资格时,记录员必须立即通知裁判员。B1 执行 2 次不占位罚球后,应由 B 队在其前场掷球入界线处掷球入界,重新开始比赛,并且拥有 14 秒的进攻时间。

#### 案例 2

A1 在第 1 节被判一次违反体育运动精神的犯规。第 3 节刚开始,A2 在他的后场运球时,A1 又因为骗取犯规被判一次技术犯规。裁判员应如何处理?

**解析:** A1 应被取消比赛资格。当一名队员被判一次技术犯规和一次违反体育运动精神的犯规被自动取消比赛资格时,记录员必须立即通知裁判员。由 B 队任意一名队员执行 1 次不占位罚球后,由 A 队在最靠近宣判技术犯规时球所在的地点掷球入界,重新开始比赛,A 队拥有进攻计时钟上显示的剩余时间。

### 36.7 如果一名队员兼教练员被登记如下情况的犯规,他应被取消比赛资格

(1)作为队员两次技术犯规。

(2)作为队员两次违反体育运动精神的犯规。

(3)作为队员两次违反体育运动精神的犯规和一次技术犯规。

(4)作为教练员一次技术犯规,记录为"$C_1$"和作为队员一次违反体育运动精神的犯规或技术犯规。

(5)作为教练员一次技术犯规,记录为"$B_1$"或"$B_2$";作为教练员一次技术犯规,记录为"$C_1$",以及作为队员一次违反体育运动精神的犯规或技术犯规。

(6)作为教练员两次技术犯规,记录为"$B_1$"或"$B_2$";作为队员一次违反体育运动精神的犯规或一次技术犯规。

(7)作为教练员两次技术犯规,记录为"$C_1$"。

(8)作为教练员一次技术犯规,记录为"$C_1$";作为教练员两次技术犯规,记录为"$B_1$"或"$B_2$"。

(9)作为教练员三次技术犯规,记录为"$B_1$"或"$B_2$"。

#### 案例 1

队员兼教练员 A1 作为队员在第 1 节因为骗取犯规被判一次技术犯规。在第 4 节,A2 正在运球时,A1 作为教练员因为个人违反体育运动精神的行为被判一次技术犯规,

记录为"$C_1$"。裁判员应如何处理？

**解析**：队员兼教练员 A1 应被取消比赛资格。当一名队员兼教练员作为队员被判一次技术犯规和作为教练被判一次自身的技术犯规要被取消比赛资格时，记录员必须立即通知裁判员。由 B 队任意一名队员执行 1 次不占位罚球后，A 队在最靠近宣判技术犯规时球所在的地点掷球入界，重新开始比赛。

### 案例 2

在第 2 节，队员兼教练员 A1 作为队员被判一次对 B1 的违反体育运动精神的犯规。在第 3 节，A1 作为教练员，因为 A 队球队席成员违反体育运动精神的行为被判一次技术犯规，记录为"$B_1$"。第 4 节 A2 正在运球时，A1 作为教练员因为替补队员 A6 被判一次技术犯规，记录为"$B_1$"。裁判员应如何处理？

**解析**：队员兼教练员 A1 应自动被取消比赛资格。当一名队员兼教练员作为队员被判一次违反体育运动精神的犯规和作为教练因他的球队席人员被登记两次技术犯规要被取消比赛资格时，记录员必须立即通知裁判员 B 队任意一名队员执行一次不占位罚球。由 A 队在判罚 A6 技术犯规时距离球最近的地点掷球入界，重新开始比赛。

### 案例 3

队员兼教练员 A1 作为教练员在第 2 节因为个人的违反体育运动精神的行为被判一次技术犯规，记录为"$C_1$"。在第 4 节，A1 作为队员对 B1 发生一次违反体育运动精神的犯规。裁判员应如何处理？

**解析**：队员兼教练员 A1 应自动被取消比赛资格。当一名队员兼教练员，作为教练被判一次技术犯规和作为队员被判一次违反体育运动精神的犯规被自动取消比赛资格时，记录员必须立即通知裁判员。由 B1 执行 2 次不占位罚球后，B 队在其前场的掷球入界线处掷球入界，重新开始比赛，并拥有 14 秒的进攻时间。

### 案例 4

进攻计时钟显示 21 秒，A1 在其后场运球，此时 B1 被判技术犯规。裁判员应如何处理？

**解析**：A 队任一队员执行 1 次不占位罚球。由 A 队在最靠近宣判技术犯规时球所在的地点掷球入界，重新开始比赛。A 队应拥有 24 秒的进攻时间。

### 案例 5

进攻计时钟显示 21 秒，A1 在其后场运球，此时 A2 被判技术犯规。裁判员应如何处理？

**解析**：B 队任一队员执行 1 次不占位罚球。由 A 队在最靠近宣判技术犯规时球所在的地点掷球入界，重新开始比赛。A 队应拥有 5 秒时间使球进入前场并且拥有 21 秒的进攻时间。

#### 36.8 非法越过界线

第4节和每一决胜期比赛计时钟显示2:00分钟或更少时,有要执行的掷球入界并且有一位防守队员防守掷球入界的队员,应适用以下程序:

(1)递交球给掷球入界队员之前,裁判员应使用非法越过界线的手势作为警告。

(2)如果防守队员移动他身体的任何部位越过界线去干扰掷球入界,应判罚技术犯规,不必再次警告。

**案例1**

第4节比赛计时钟还剩1:08,进攻计时钟显示11秒,A1持球从他的前场掷球入界,裁判员在递交球给A1前已经给予了警告。B1用手越过界线阻止A1的掷球入界。裁判员应如何处理?

**解析:** 由于裁判员在递交球给A1前已经给予了警告,B1因干扰掷球入界应被判罚技术犯规。A队任一队员执行1次不占位罚球。应由A队在最靠近宣判技术犯规时球所在的地点掷球入界,重新开始比赛。A队应拥有14秒的进攻时间。

**案例2**

第4节比赛计时钟还剩1:08,进攻计时钟显示21秒,A1持球从他的后场掷球入界。裁判员在递交球给A1前已经给予了警告,B1用手越过界线阻止A1的掷球入界。裁判员应如何处理?

**解析:** 由于裁判员在递交球给A1前已经给予了警告,B1因干扰掷球入界应被判罚技术犯规。A队任一队员执行1次不占位罚球。应由A队在最靠近宣判技术犯规时球所在的地点掷球入界,重新开始比赛。A队应拥有24秒的进攻时间。

#### 36.9 不礼貌行为:球队席人员与裁判员、技术代表、记录台人员或对方队员交流中没有礼貌或无礼地触碰他们

**案例1**

裁判员判罚场上队员A1犯规,随后A1发泄不满,口吐脏字,如何处理?

**解析:** 应判罚A1技术犯规,登记在该队名下,并计入全队犯规中,B队立即执行1次罚球。

**案例2**

在比赛暂停期间,替补队员A3质疑裁判员判罚,且没有礼貌与裁判员交流,如何处理?

**解析:** 应判A3技术犯规,犯规登记在该队教练员名下,不计入全队犯规次数,B队立即执行1次罚球。

#### 36.10 技术犯规的罚则

##### 36.10.1 技术犯规的罚则规定

如果一起技术犯规是由:队员发生的,应作为队员犯规,登记在该队员名下一次技术

犯规,并把它计入全队犯规之中。

任何被允许在球队席中就座人员发生的。应在主教练员名下登记一次技术犯规,并且它不计入全队犯规之中。

**36.10.2　应判给对方队员 1 次罚球,比赛按如下方式重新开始**

- 应立即执行 1 次罚球。罚球后,应由宣判该起技术犯规时控制球或拥有球权的队在最靠近比赛停止时球所在位置的地点执行掷球入界。
- 不管任何其他犯规相应的可行罚则的执行次序是否已确定,或这些罚则的执行是否已开始,此罚球也要立即执行。执行了技术犯规的罚球罚则后,应由宣判该起技术犯规时控制球或拥有球权的队在因为执行技术犯规的罚则而中断比赛的地方重新开始。
- 如果一次有效的中篮得分或最后一次罚球成功,比赛应在其端线后的任何地点掷球入界重新开始。
- 如果既无哪个队已控制球,又无哪个队拥有了球权;一次跳球情况发生。
- 第 1 节的开始时在中圈跳球。

**36.11　技术犯规后的掷球入界**

当宣判了一起技术犯规,应立即执行不占位的罚球罚则。执行完罚球后,应在最靠近宣判技术犯规时球所在的地点掷球入界,重新开始比赛。

### 案例 1

A1 尝试 2 分投篮时被 B1 犯规。在执行第 1 次罚球之前,A2 被宣判一次技术犯规。裁判员应如何处理?

解析:在 B 队任一队员执行完因 A2 的技术犯规带来的一次罚球后,再由 A1 执行 2 次罚球。

### 案例 2

A1 尝试 2 分投篮时被 B1 犯规。A1 执行他的 2 次罚球中的第 1 次之后,A2 被宣判一次技术犯规。裁判员应如何处理?

解析:在 B 队任一队员执行完因 A2 的技术犯规带来的一次罚球后,再由 A1 执行第 2 次罚球。

### 案例 3

在暂停期间 A1 被判 1 次技术犯规。裁判员应如何处理?

解析:暂停结束后,B 队任一队员执行 1 次不占位罚球。应从被暂停中断的地点重新开始比赛。

### 案例 4

A1 尝试投篮。当球在空中时,一次技术犯规判给了:(1)B1;(2)A2。

解析:(1)如果 A1 的投篮中篮,计得分。A 队任一队员执行 1 次不占位的罚球后,由

B队在他的端线后任意地点掷球入界,重新开始比赛。如果 A1 的投篮未中,A 队任一队员执行 1 次不占位的罚球后,应按照交替拥有掷球入界,重新开始比赛。(2)如果 A1 的投篮中篮,计得分。B队任一队员执行 1 次不占位的罚球后,由 A 队在他的端线后任意地点掷球入界,重新开始比赛。如果 A1 的投篮未中,B队任一队员执行 1 次不占位的罚球后,应按照交替拥有掷球入界,重新开始比赛。

### 案例 5

A1 持球做投篮动作的过程中,一次技术犯规判给了:(1)B1;(2)A2。裁判员应如何处理并开始比赛?

**解析:**(1)B1 的技术犯规带来的 A 队任一队员罚球。如果 A1 的投篮中篮,计得分。应由 B 队在他的端线后任意地点掷球入界,重新开始比赛。如果 A1 的投篮未中,应由 A 队在最靠近宣判技术犯规时球所在的地点掷球入界,重新开始比赛。(2)A2 的技术犯规带来的 B 队任一队员罚球。如果 A1 的投篮中篮,不计得分。由 A 队在判罚技术犯规时距离球最近的地点掷球入界,重新开始比赛。如果 A1 的投篮未中,应由 A 队在最靠近宣判技术犯规时球所在的地点掷球入界,重新开始比赛。

#### 第 37 条  违反体育运动精神的犯规

##### 37.1  违反体育运动精神的犯规的定义

根据裁判员的判定,队员对其对手如犯有如下情况的接触,则发生的犯规是一起违反体育运动精神的犯规。

##### 37.1.1  与对方队员发生接触,并且,该"接触"不是按规则的精神和意图去直接针对球的争抢,是一个不合法的作为

### 案例 1

A1 停止运球后,B1 紧逼防守,随后 A1 肘击 B1。如何处理?

**解析:**应判 A1 违反体育精神犯规,由 B1 执行两次罚球,随后 B 队在前场掷球入界线掷球入界,开始比赛。

### 案例 2

A1 运球突破,B1 伸腿绊倒了 A1。如何处理?

**解析:**应判 B1 违反体育精神犯规,由 A1 执行 2 次罚球,随后 A 队在前场掷球入界线掷球入界,开始比赛。

##### 37.1.2  一名队员在尽力抢球或在与对方队员的尽力争抢中,造成与对方队员过分的严重接触

### 案例 1

A1 持球队员正在投篮,防守队员为阻止其得分,从背后猛烈击打对方的头和投篮的手臂,不择手段去阻止对手得分,这样的犯规是违反体育运动精神的犯规吗?

**解析**：队员没有必要"不择手段去阻止"其对手的动作,这不是努力地去打球或防守对手。这是一个过分的、严重的身体接触,应被判罚一起违反体育运动精神的犯规。

注意做出这个宣判的正确技巧分析:(1)宣判普通犯规;(2)升级为违反体育运动精神的犯规。

### 案例 2

持球队员 A1 正在做投篮假动作,防守队员被晃起后,为阻止其得分,从背后用左臂猛烈地拉抱对方,这样的犯规是违反体育运动精神的犯规吗?

**解析**：这是"不择手段去阻止"对手的动作,这不是努力地去打球或防守对手。这是一个过分的、严重的身体接触,应被判罚一起违反体育运动精神的犯规。

37.1.3 在攻防转换中,防守队员为了中断进攻队的进攻,对进攻队员造成不必要的接触,这原则均适用在该进攻队员开始他的投篮动作之前

### 案例 1

攻守转换中,A1 运球突破,B1 为了中断对方的进攻,从腰部搂住 A1,发生了一起不必要的身体接触。裁判员应如何处理?

**解析**：B1 不是合理恰当地直接去抢球,这不是正常的篮球动作,发生了不必要的身体接触,因此是一起违反体育运动精神的犯规。

### 案例 2

攻守转换中,A1 运球突破,B1 建立了最初的合法防守位置,在移动到进攻队员的前进路线上并试图抢球中,发生了非法的接触。裁判员应如何处理?

**解析**：B1 在合法的位置上防守发生的非法的身体接触,这是一起普通的侵人犯规。

### 案例 3

攻守转换中,A1 运球突破,B1 在侧后方努力抢球中与 A1 发生了非法的接触。裁判员应如何处理?

**解析**：B1 努力去抢球发生的非法的身体接触,这是一起普通的侵人犯规。

37.1.4 当队员正朝其对方球篮行进,并且在该行进的队员、球和球篮之间没有其他队员时,对方队员从其后面或侧面去非法接触该队员,该对方队员应被判罚违反体育运动精神的犯规,这原则均适用在该队员开始他的投篮动作之前

### 案例 1

A1 在一次快攻情况时向球篮运球中,并且在 A1 和球与对方球篮之间没有对方队员,B1 从背后非法接触 A1 并且被宣判了一次犯规。裁判员应如何处理?

**解析**：应判罚 B1 一起违反体育运动精神的犯规。

## 案例 2

A1 结束快攻并且在他持球开始做投篮动作前，B1 从背后接触他的手臂：(1) 试图抢球；(2) 过分的接触。裁判员应如何处理？

**解析**：这两种情况，都是违反体育运动精神的犯规。

## 案例 3

即将完成快攻的 A1 在他开始做投篮动作时被 B1 从背后接触他的手臂：(1) 试图去封盖球；(2) 造成了严重的身体接触。裁判员应如何处理？

**解析**：(1) 一次普通犯规；(2) 一次违反体育运动精神的犯规。

### 37.1.5　在第 4 节或每一决胜期中比赛计时钟显示 2:00 或更少时的违反体育运动精神的犯规

在第 4 节和每一决胜期计时钟显示 2:00 分钟或更少时，球离开掷球入界队员的手之前，防守队员为了停止或阻止比赛计时钟重新启动，对将要接球或已接球的进攻队员造成接触。这样的接触应被立即宣判为违反体育运动精神的犯规。

在第 4 节和每一决胜期计时钟显示 2:00 分钟或更少时，球离开掷球入界队员的手之后，防守队员为了停止或阻止比赛计时钟重新启动，对将要接球或已接球的进攻队员造成接触。如果这样的接触是一种去直接抢球的合理尝试，应被立即宣判普通犯规。除非此接触是严重的身体接触，而应被宣判违反体育运动精神的犯规或取消比赛资格的犯规。

## 案例 1

第 4 节比赛计时钟还剩 0:53 时，A1 掷球入界时持球在手或球置于其可处理的位置，此时 B2 在场上对 A2 造成接触被宣判犯规。裁判员应如何处理？

**解析**：B2 明显没有努力去打球，并且靠不允许时间重新开启而获得利益。无须先予以警告，应宣判 B2 违反体育运动精神的犯规。

## 案例 2

第 4 节比赛计时钟还剩 0:53 时，掷球入界队员 A1 持球在手或球置于 A1 可处理的位置，此时 A2 在场上对 B2 造成接触并宣判 A2 犯规。裁判员应如何处理？

**解析**：A2 未因被判一般犯规而获得利益。应宣判 A2 侵人犯规，除非此接触为严重的身体接触应宣判违反体育运动精神的犯规。B 队获得在犯规发生的最近地点掷球入界的球权。

## 案例 3

第 4 节比赛计时钟还剩 1:02 时，比分 A83：B80，掷球入界中球已经离开掷球队员 A1 的手，此时 B2 对将要接球的 A2 造成接触。B2 被宣判犯规。裁判员应如何处理？

**解析**：应立即宣判 B2 侵人犯规，除非裁判员判定，这不是一种直接抢球的合理尝试，或者根据 B2 接触的严重程度需要宣判违反体育运动精神的犯规或取消比赛资格的犯规。

## 案例 4

第 4 节比赛计时钟还剩 1:02 时,比分 A83:B80。掷球入界中球已经离开掷球入界队员 A1 的手,此时 A2 对 B2 造成接触。A2 被宣判犯规。裁判员应如何处理?

**解析**:A2 没有因为制造犯规而获得利益。立即宣判 A2 侵人犯规,除非此接触为严重的身体接触。B 队获得在犯规发生的最近地点掷球入界的球权。

## 案例 5

第 4 节比赛计时钟还剩 1:02 时,比分 A83:B80。掷球入界中球已经离开掷球入界队员 A1 的手,此时在接界外球位置的另一个区域 B2 对 A2 造成接触。B2 被宣判犯规。裁判员应如何处理?

**解析**:B2 明显没有努力去打球,并且靠不允许时间重新开启而获得利益。无须警告,应宣判违反体育运动精神的犯规。

### 37.2 违反体育运动精神的犯规的罚则

应登记该违反队员一次违反体育运动精神的犯规。
应判给被犯规的队员执行罚球,并随后:
- 在该队前场的掷球入界线掷球入界;
- 第 1 节的开始时在中圈跳球。

应按下述原则判给若干罚球:
- 如果对没有做投篮动作的队员发生犯规:2 次罚球;
- 如果对正在做投篮动作的队员发生犯规并且球中篮:应计得分并附加给 1 次罚球;
- 如果对正在做投篮动作的队员发生犯规并且球未中篮:2 次或 3 次罚球。

当一名队员被登记 2 次违反体育运动精神的犯规或 2 次技术犯规或 1 次技术犯规和 1 次违反体育运动精神的犯规时,他将被取消在该场比赛剩余时间内的比赛资格。

如果一名队员在第 37.2.3 款的情况下被取消比赛资格,那该次违反体育运动精神的犯规应被作为仅有的犯规来处罚,不另外执行取消比赛资格的罚则。

一名队员 5 次犯规后,他已经成为一名出局的队员。任何进一步的技术犯规、违反体育运动精神的犯规或取消比赛资格的犯规,应按相关规定处罚。

## 案例 1

A1 在第 5 次犯规后回球队席的路上推 B1 并被宣判一次违反体育运动精神的犯规。裁判员应如何处理?

**解析**:A1 已成为一名出局的队员。他的违反体育运动精神的犯规应作为一次技术犯规登记在 A 队教练员身上,记录为"$B_1$"。B 队的任一队员执行一次不占位罚球。应由 B 队在最靠近 A1 被宣判违反体育运动精神的犯规发生时球所在的地点掷球入界,重新开始比赛。

## 案例 2

A1 对 B1 犯规,这是 A1 第 5 次犯规,是 A 队该节的第 3 次全队犯规。A1 在回球队席的路上口头辱骂一名裁判员并被判罚一次技术犯规。裁判员应如何处理?

**解析**:A1 已成为一名出局的队员。他的技术犯规应登记在 A 队教练员身上,记录为"$B_1$"。B 队的任一队员执行一次不占位的罚球。由 B 队在最靠近 A1 的侵人犯规发生时球所在的位置的地点掷球入界重新开始比赛。

## 案例 3

A1 对 B1 犯规,这是 A1 第 5 次犯规,是 A 队本节第 3 次全队犯规。A1 在回球队席的路上推了 B1,B1 即刻回推 A1。此时,B1 回推 A1,被判罚违反体育运动精神的犯规。裁判员应如何处理?

**解析**:A1 已成为一名出局的队员。他的违反体育运动精神的犯规应作为一次技术犯规登记在 A 队教练员身上,记录为"$B_1$"。B1 的违反体育运动精神的犯规应登记在他自己身上,记录为"$U_2$"。B 队的任一队员应执行一次不占位的罚球。A1 的替补队员应执行 2 次不占位的罚球。由 A 队在其前场的掷球入界线处掷球入界重新开始比赛,享有进攻计时钟显示的 14 秒。

### 第 38 条 取消比赛资格的犯规

#### 38.1 取消比赛资格犯规的定义

队员、替补队员、主教练员、助理教练员、出局的队员和随队人员的任何明目张胆违反体育运动精神的行为都是取消比赛资格的犯规。

#### 38.2 暴力行为的处理

(1)在比赛期间可能发生违反体育运动精神和公平竞赛的暴力行为。裁判员应立即制止这些暴力行为,如有必要,通过负责维持公共秩序的保安人员来制止。

(2)每当涉及队员在比赛场地上或在其附近发生了暴力行为,裁判员应采取必要的行动去制止他们。

(3)上述人员中,不管哪一位有公然挑衅对方队员或裁判员的违规行为的,都应被取消比赛资格。主裁判员必须将此事件向竞赛的组织部门报告。

(4)只有当裁判员需要负责维持公共秩序的保安人员进入比赛场地时,他们才可进入。如果有带有明显的暴力行为意图的观众进入比赛场地,负责维持公共秩序的保安人员必须立即干预以保护球队和裁判员的安全。

(5)赛场之外或赛场附近的所有区域,包括入口、出口、过道、更衣室等,由竞赛组织部门和负责维持公共秩序的保安人员管辖。

(6)裁判员绝不允许队员或任何被允许在球队席中就座人员做出能导致比赛设备损坏的粗野行为。当裁判员观察到这类行为举止时,应给予违规球队的主教练员一次警告。如果该行为重复发生,应立即对相关的违规者判以一次技术犯规,甚至是取消比赛资格的犯规。

### 38.3 取消比赛资格犯规罚则的相关内容

#### 38.3.1 取消比赛资格犯规的罚则

(1)应登记该违规者一次取消比赛资格的犯规。

(2)每当违规者按照本规则的相关条款被取消比赛资格时,他应去其球队的更衣室,并在该场比赛的剩余期间留在那里;或者,也可以选择离开体育馆。

(3)罚球应判给:

如果是一起非接触的犯规,应判给对方球队中被其主教练员指定的任一队员;

如果是一起接触的犯规,应判给被犯规的队员。

罚球后:

• 在该队前场的掷球入界线掷球入界;

• 第1节开始时在中圈跳球。

(4)应按下述原则判给若干罚球:

• 如果该犯规是一起非(身体)接触的犯规,则判2次罚球;

• 如果对没有做投篮动作的队员发生犯规,则判2次罚球;

• 如果对正在做投篮动作的队员发生犯规并且球中篮,则应计得分并附加给1次罚球;

• 如果对正在做投篮动作的队员发生犯规并且球未中篮,则判2次或3次罚球;

• 如果是主教练员的被取消比赛资格的犯规,则判2次罚球;

• 如果是第一助理教练员、替补队员、出局的队员或随队人员的被取消比赛资格的犯规,则登记在主教练员名下一次技术犯规,并判2次罚球。

• 此外,在任何打架期间,对于第一助理教练员、替补队员、出局的队员或随队人员在离开球队席区域后积极参与而被取消比赛资格的:

——对于第一助理教练员、替补队员和出局的队员的每一起单独取消比赛资格的犯规,判2次罚球。所有取消比赛资格的犯规应被分别登记在每一位违规者名下。

——对于任一随队人员的每一起单独取消比赛资格的犯规,判2次罚球。所有取消比赛资格的犯规均应被登记在主教练员名下。应执行所有的罚球罚则,除非双方球队有相同的罚则可以抵消。

当一名队员因非身体接触的严重违反体育运动精神的行为被取消比赛资格,其罚则和发生身体接触的取消比赛资格的犯规一致。

### 案例1

A1被宣判带球走违例。由于不满情绪,他口头侮辱裁判员,被取消比赛资格。裁判员应如何处理?

**解析**:A1已经是一名被取消比赛资格的队员,应登记为"$D_2$",B队任一队员执行2次不占位的罚球后,在B队前场掷球入界线处掷球入界重新开始比赛,享有进攻计时钟显示的14秒。

#### 38.3.2 球队席人员被取消比赛资格

当助理教练员、替补队员、出局的队员、随队人员被取消比赛资格时,将登记主教练员一次技术犯规,记录为"B₂"。

◆ **案例 1**

A1 被判个人第 5 次犯规,这是 A 队本节全队累计犯规第 2 次。在回球队席的路上,A1 口头辱骂了裁判员,被判取消比赛资格犯规。

解析:A1 在他第 5 次犯规时,就成了一名出局的队员,又因辱骂裁判员,成了一名被取消比赛资格的出局队员。A1 的取消比赛资格的犯规,应在记录表上 A1 的名下登记"D",并在其主教练员名下登记"B2"。由 B 队任一队员执行 2 次罚球,不站位。比赛应由 B 队在其前场的掷球入界线掷球入界重新开始。B 队应享有进攻计时钟上显示的 14 秒。

#### 38.3.3 取消比赛资格犯规的行为对象

队员、教练员或第一助理教练员、替补队员、出局队员或任何随队人员所做出的任何公然违反体育运动精神的行为都是取消比赛资格的犯规。可以登记以下人员取消比赛资格的犯规:(1)对方队员、裁判员、记录台人员以及技术代表;(2)自己球队的任何人员;(3)故意损坏比赛仪器设备的人员。

◆ **案例 1**

公然地发生了下述违反体育运动精神的行为:(1)第 3 节,A1 在场上拳击他的队友 A2;(2)A1 离开球场并拳击一名观众;(3)A6 在他的球队席拳击他的队友 A7;(4)A6 猛击记录台并损坏进攻计时钟。裁判员应如何处理?

解析:在(1)和(2)情况下,A1 应被取消比赛资格,A1 的取消比赛资格的犯规应登记在 A1 自己的名下,记录为"D₂",B 队的任一队员执行 2 次不占位罚球后,由 B 队在其前场的掷球入界线处掷球入界重新开始比赛,享有进攻计时钟显示的 14 秒。在(3)和(4)情况下,A6 应被取消比赛资格,在自己的名下登记"D"。A6 的取消比赛资格的犯规应登记在他的教练员名下,记录为"B₂",B 队的任一队员执行 2 次不占位罚球后,由 B 队在其前场的掷球入界线处掷球入界重新开始比赛,享有进攻计时钟显示的 14 秒。

#### 38.3.4 主教练员被判罚取消比赛资格犯规球队的处理

一名被判取消比赛资格犯规的主教练员应由登记在记录表中的第一助理教练员接替。如果记录表中没有登记第一助理教练员,则应由队长(CAP)来接替。

#### 38.3.5 任何不再是球队成员被取消比赛资格的处理

任何被取消比赛资格的人员不再是一名队员、主教练、第一助理教练、替补队员、出局队员或随队人员。因此,他不能再因任何违反体育运动精神的行为被处罚,只需向竞赛的组织部门报告。

◆ **案例 1**

A1 因严重违反体育运动精神的行为被取消比赛资格。他在离开球场时口头侮辱裁判员。裁判员应如何处理?

解析：A1已经被取消比赛资格，不能再因为他的口头辱骂被判罚。裁判员或技术代表(如到场)应向竞赛组织部门递交一份报告描述此事件。

### 第39条　打架

#### 39.1　打架定义

打架是指在2名或多名互为对方球队的人员(队员、替补队员、主教练员、助理教练员、出局的队员和随队人员)之间粗野的斗殴。本条款只适用于在打架中或在可能导致打架的任何情况中离开球队席区域界限的替补队员、主教练员、助理教练员、出局的队员和随队人员。

#### 39.2　打架规定

(1)在打架中或在可能导致打架的任何情况中离开球队席区域的替补队员、出局的队员或随队人员应被取消比赛资格。

(2)在打架中或在可能导致打架的任何情况中只许可主教练员或第一助理教练员离开球队席区域，协助裁判员维持或恢复秩序。在这种情况中，他们不应被取消比赛资格。

(3)如果主教练员或第一助理教练员离开球队席区域不是去协助或不是试图去协助裁判员维持或恢复秩序，那么，他们应被取消比赛资格。

#### 39.3　打架罚则相关内容

##### 39.3.1　打架罚则

(1)不考虑因为离开球队席区域而被取消比赛资格的人员有多少，应在该主教练员名下登记一次单独的技术犯规("B")。

(2)如果双方球队的人员按本条款的规定被取消比赛资格，并且又没有留下要执行的其他犯规的罚则，应按下述原则重新开始比赛：

- 一次有效的投篮得分或最后一次罚球成功，应将球判给非得分队在其端线后的任何地点掷球入界；
- 有一队已经控制球或拥有了球权，应将球判给该队从最靠近打架发生时球所在位置的地点掷球入界；
- 既无哪个队已控制球，又无哪个队拥有了球权，则为一次跳球情况发生。

(3)所有的取消比赛资格的犯规应按B.8.3款记录在记录表内，并不算作全队犯规。

(4)对于涉及打架或涉及导致打架的任何情况中的场上队员，按照犯规罚则规定有可能受到处理。

(5)对于涉及打架或涉及导致打架的任何情况中积极参与的第一助理教练员、替补队员、出局的队员和随队人员，按照犯规罚则规定有可能受到取消比赛资格的处理。

##### 39.3.2　打架后罚则相互抵消的情况

如果打架后，所有的罚则都相互抵消了，则应判给在打架开始时控制球的队或拥有球权的队，在最靠近打架发生时球所在位置的地点掷球入界。该队应享有进攻计时钟上在比赛被停止时显示的剩余时间。

## 案例 1

当 A 队控制球已达：(1)20 秒；(2)5 秒。发生了一起可能导致打架的情况，裁判员取消了双方球队离开球队席区域范围的各 2 名替补队员的比赛资格。

**解析**：应判给在打架情况发生之前已控制球的 A 队，最靠近打架发生时球所在位置的地点重新开始比赛，并在进攻计时钟上显示：(1)4 秒；(2)19 秒。

### 39.3.3 打架中对主教练和第一助理教练的处理

主教练员、第一助理教练员（如果他们中的一人或两人不去协助裁判员们维持或恢复秩序）、替补队员、犯规出局的队员或随队人员因在打架情况中离开球队席区域而被取消比赛资格的，应登记该队主教练员一个单一的技术犯规。如果这次技术犯规涵盖了该主教练员的被取消比赛资格，则应在记录表上登记为"D2"。如果这次技术犯规只涵盖了被允许坐在其球队席上的其他人员的一个或多个被取消比赛资格，则应登记"B2"。其罚则应是对方队执行 2 次罚球和对方队的（掷球入界）球权。对于另外出现的每一起取消比赛资格的犯规，其罚则应是对方队执行 2 次罚球和对方队的（掷球入界）球权。所有的罚则都应被执行，除非双方球队有相等的罚则被相互抵消。在这种情况下，如同对于任何其他取消比赛资格的犯规一样，比赛应在该（对方）队前场的掷球入界线掷球入界重新开始。该（对方）队应享有进攻计时钟上显示的 14 秒。

## 案例 1

在一起打架情况中，A6 进入比赛场地并因此被取消比赛资格。裁判员应如何处理？

**解析**：A6 的被取消比赛资格，应被登记"D"，并且在他留有的犯规空格内都登记"F"。A 队主教练员应被登记 1 次技术犯规，记作"B2"。应由 B 队任一队员执行 2 次罚球，不站位。比赛应由 B 队在其前场的掷球界线掷球入界重新开始。B 队应享有进攻计时钟上显示的 14 秒。

## 案例 2

A1 和 B1 在比赛场上开始打架。此时 A6 和 B6 进入比赛场地，但是他们没有参与打架。A7 也进入比赛场地，并且用拳头击打 B1 的脸。裁判员应如何处理？

**解析**：A1 和 B1 应被取消比赛资格，登记"$D_C$"。A7 应被取消比赛资格，登记"$D_2$"。记录表上，在 A7 的剩余犯规空格内都登记"F"。A6 和 B6 因为在打架时进入比赛场地应被取消比赛资格，登记"D"。记录表上，在 A6 和 B6 的剩余犯规空格内都登记"F"。(A1，B1)两个取消比赛资格犯规的罚则和(A6，B6)两个技术犯规的罚则应相互抵消。因为 A7 在打架中的积极参与，他被登记了"$D_2$"的取消比赛资格的罚则应被执行。应由 B1 的替换队员执行 2 次罚球，不站位。比赛应由 B 队在其前场掷球入界线掷球入界重新开始。B 队应享有进攻计时钟上显示的 14 秒。

## 七、一般规定

### 第 40 条 队员 5 次犯规

一名队员已发生 5 次侵人犯规或技术犯规或违反体育运动精神犯规,裁判员应立即通知本人,并且要求该队员必须立即离开比赛场地,然后在 30 秒钟内换人。

已发生了 5 次犯规的队员,被认为是一名出局的队员,如果他再次发生犯规,应该登记在教练员名下,记录表上记入"B"。

**案例 1**

替换已发生第 5 次犯规的队员有时间限制吗?

解析:有。在队员已发生第 5 次犯规之后,该队员必须在 30 秒钟内被替代。如果一个队进行替换超过 30 秒钟,那么可被登记一次暂停。

**案例 2**

在 A1 已被登记 4 次侵人犯规之后,A1 再次发生技术犯规。此技术犯规被认为是第 5 次犯规吗?A1 不再有资格作为队员参赛吗?

解析:是。当一名队员被登记 5 次侵人犯规或技术犯规,该队员不能再参赛。

### 第 41 条 全队犯规:处罚

#### 41.1 全队处罚状态的定义

某队在一节比赛中的全队犯规已发生了 4 次(包括队员的侵人犯规、技术犯规、违反体育运动精神的犯规或取消比赛资格的犯规)后,该队处于全队犯规处罚状态。

所有发生在比赛休息期间的球队犯规应被认为是发生在随后一节或是随后决胜期比赛中的犯规。

所有发生在每一个决胜期内的球队犯规应被认为是发生在第 4 节比赛中的犯规。

#### 41.2 全队犯规的规定

(1)当球队处于犯规处罚状态时,所有随后对未做投篮动作的队员的侵人犯规应判 2 次罚球来替代掷球入界。发生犯规时被侵犯的队员应执行该罚球。

**案例 1**

B4 对 A4 犯规,A4 不是在做投篮动作,并且犯规不是违反体育道德的或取消比赛资格的。这是:(1)第 4 次;(2)B 队在该节第 5 次队员犯规。应判给罚球吗?

解析:(1)不判给罚球。应判给 A 队在最靠近发生犯规的边线或端线处掷球入界。

(2)应判给 A4 队员 2 次罚球。A 队在每节犯规累计已达 4 次之后则为该队处于全队犯规状态的开始。全队犯规状态适用于比赛可能带来的决胜期。

(2)如果控制活球的球队队员或是拥有球权的球队队员发生了一次侵人犯规,应判给对方队一次掷球入界。

### 案例 1

A3 正在做投篮动作,在球离手之前:(1)A5 对 B5 犯规;(2)B5 对 A5 犯规。投篮是成功的。这是该队在这节中的第 5 次犯规。如何处理?

解析:(1)当发生犯规时球成为死球。投中不计得分。这是一次控制球队犯规,应判给 B 队在罚球线延长部分掷球入界。(2)投中应计得分。如果对方队员正在做投篮动作,一名防守队员发生犯规不使球成为死球,应判给 2 次罚球。

### 第 42 条　特殊情况

#### 42.1　特殊情况的定义

特殊情况是指在一起违规后一个停止比赛计时钟期间,又发生了一次或多次犯规时,可能会出现的特殊情况。

#### 42.2　处理特殊情况的程序

(1)应登记所有犯规并确认所有的罚则。
(2)应确定所有犯规发生的次序。
(3)对于双方球队的所有相等的罚则应按它们被宣判的次序予以抵消;一旦罚则已被登记在记录表内并被抵消就认为它们从未发生过。
(4)如果宣判了一起技术犯规,对于此次犯规的罚则应首先执行,不管任何其他犯规相应的可行罚则的执行次序是否已确定,或这些罚则的执行是否已开始。如果是因为第一助理教练员、替补队员、出局的队员或随队人员的取消比赛资格的犯规而登记主教练员(名下)的技术犯规,那么对于此次犯规的罚则不应被优先执行。它应按所有犯规和违例发生的次序来执行,除非它们被抵消了。
(5)作为所执行的属于最后罚则一部分的球权应该废除任何先前的球权。
(6)一旦在执行第一次罚球或掷球入界的罚则中球成活球时,那个罚则就不能再用以抵消任何剩余的罚则。
(7)所有剩余的罚则应按它们被宣判的次序来执行。
(8)如果对于双方球队的所有相等的罚则抵消后没有剩余其他要执行的罚则,比赛应按下述原则重新开始。
①在第一起违规发生的大约同一时间,如果:
•一次有效的投篮得分或最后一次罚球成功,将球判给非得分队在其端线后的任何地点掷球入界;
•有一队已经控制球或拥有了球权;
②应将球判给该队在最靠近发生第一起违规的地点掷球入界。
③任一队没有控制球也没有球权,一次跳球情况发生。

### 案例 1

A1 跳起投篮。当球在空中时,进攻计时钟信号响起,当 A1 仍在空中,B1 对 A1 有一次违反体育运动精神的犯规,并且:(1)球未碰到篮圈;(2)球触及篮圈,但没有进入球篮;(3)球进入球篮。裁判员应如何处理?

**解析**:在特殊情况中,在同一个停止比赛计时钟周期有多个有效的罚则要执行,要按照发生违例或犯规的次序,决定哪些罚则要执行,哪些罚则要抵消。

(1)B1违反体育运动精神的犯规不应该被忽略。A1做投篮动作时被B1犯规,A队进攻时间违例应被忽略,因为它是在违反体育运动精神犯规之后发生的。A1应执行2次或3次不占位的罚球(由A1投篮出手位置决定)。A队在其前场掷球入界重新开始比赛。(2)B1违反体育运动精神的犯规不应该被忽略。A1应执行2次或3次不占位的罚球。A队在其前场执行掷球入界重新开始比赛。(3)B1违反体育运动精神的犯规不应该被忽略,判给A1得2分或3分,并追加一次不占位的罚球,应由A队在其前场掷球入界重新开始比赛。

### 案例 2

A1跳投时被B1犯规,随后当A1还在做投篮动作时,B2对A1犯规。裁判员应如何处理?

**解析**:B2的犯规应被忽略,除非是违反体育运动精神的犯规或者取消比赛资格的犯规。

### 案例 3

B1被判对运球队员A1违反体育运动精神的犯规,随后两队主教练分别被判一次技术犯规。裁判员应如何处理?

**解析**:相等的罚则可以按其发生的顺序被依次抵消,因此两队主教练技术犯规的罚则应被抵消,由A1执行2次不占位的罚球,随后A队在其前场掷球入界线处掷球入界重新开始比赛,且A队拥有14秒进攻时间。

### 案例 4

B1对成功投篮的A1犯规,随后A1被判一次技术犯规。裁判员应如何处理?

**解析**:A1中篮得分有效,其中B1犯规一次罚球和A1技术犯规一次罚球相抵消,比赛应按任何投篮得分后的情况一样重新开始。

### 案例 5

在A1成功中篮时,B1对A1发生违反体育运动精神的犯规。随后A1发生了一次技术犯规。裁判员应如何处理?

**解析**:A1投篮得分应计算。双方的犯规罚则不相同,不能相互抵消。B队任一队员执行1次不占位的罚球。A1执行1次不占位的罚球。应由A队在其前场掷球入界线处掷球入界重新开始比赛。

## 案例 6

为获得更大的空间位置,B1 推开了 A1,被判一次侵人犯规,这是 B 队在该节第 3 次全队犯规。之后 A1 用肘部击打 B1 被判违反体育运动精神的犯规。裁判员应如何处理?

**解析:** 这不是一起双方犯规,双方的犯规罚则不相同。不能相互抵消,B1 执行 2 次不占位的罚球。随后由 B 队在其前场掷球入界重新开始比赛。

## 案例 7

B1 对运球队员 A1 犯规,这是 B 队第 3 次全队犯规,随后 A1 将球掷向 B 的身体(手、腿、躯干等)。裁判员应如何处理?

**解析:** B1 被判侵人犯规,A1 被判技术犯规,B 队任一队员执行 1 次不占位罚球,应由 A 队在最靠近对 B1 宣判犯规地点的掷球入界线处掷球入界重新开始比赛。

## 案例 8

B1 对运球队员 A1 犯规,这是 B 队第 5 次全队犯规,随后 A1 从很短的距离直接将球掷向 B1 的脸(头部)。裁判员应如何处理?

**解析:** B1 被判侵人犯规,A1 被判取消比赛资格的犯规。A1 的替补队员执行 2 次不占位的罚球之后,B 对任一队员执行 2 次不占位的罚球,应由 B 队在其前场掷球入界线处掷球入界重新开始比赛。

## 案例 9

B1 对运球队员 A1 犯规,这是 B 队全队累计犯规第 3 次,随后 A1 从很短的距离直接将球掷向 B1 的面部。裁判员应如何处理?

**解析:** B1 被判侵人犯规,A1 被判取消比赛资格犯规,B 队任一队员执行 2 次不占位的罚球后,由 B 队在其前场掷球入界线处掷球入界重新开始比赛。

## 案例 10

B1 对运球队员 A1 犯规,这是 B 队本节全队累计犯规第 5 次,随后,A1 将球掷向 B1 的身体(手、腿、躯干等)。裁判员应如何处理?

**解析:** B1 被判侵人犯规,A1 被判技术犯规。B 队任一队员执行 1 次不占位的罚球,A1 执行 2 次罚球,比赛如同任何执行最后罚球一样继续。

## 案例 11

在进攻计时钟还剩 8 秒时,B1 在他的后场对 A1 犯规后,B2 被判技术犯规。(1)B1 的犯规是 B 队该节第 4 次全队犯规,B2 的犯规是 B 队该节第 5 次全队犯规;(2)B1 的犯规是 B 队该节第 5 次全队犯规,B2 的犯规是 B 队该节第 6 次全队犯规;(3)A1 正在做投篮动作时被犯规,球未中;(4)A1 正在做投篮动作时被犯规,球中篮。裁判员应如何处理?

**解析:** 所有情况中,对于 B2 的技术犯规,应由 A 队任一队员执行一次不占位的罚球后:

(1)应由 A 队在距离 A1 被判犯规的最近地点,掷球入界重新开始比赛;(2)A1 执行 2 次罚球,比赛应如同任何执行最后一次罚球后一样继续;(3)A1 执行 2 次或 3 次罚球,比赛应如同任何执行最后一次罚球后一样继续;(4)A1 中篮得分有效,A1 执行一次罚球,比赛应如同任何执行最后的罚球一样继续。

### 案例 12

在进攻计时钟显示 8 秒时,B1 被判对 A1 发生违反体育运动精神的犯规。之后,(1)A2 被判技术犯规;(2)B2 被判技术犯规。裁判员应如何处理?

**解析**:(1)B 队任一队员执行 1 次不占位的罚球。随后 A1 执行 2 次不占位的罚球后,在 A 队的前场掷球入界重新开始比赛。并且 A 队应拥有 14 秒进攻时间。(2)A 队任一队员执行 1 次不占位的罚球。A1 执行 2 次不占位的罚球后,在 A 队前场掷球入界重新开始比赛。A 队应拥有 14 秒进攻时间。

### 案例 13

A1 被判给 2 次罚球,在第一次罚球后:(1)A2 和 B2 被判双方犯规;(2)A2 和 B2 都被判一次技术犯规。裁判员应如何处理?

**解析**:如果一次双方犯规发生在罚球活动中,或者带有相等罚则的犯规发生在罚球活动中,这些犯规应被登记,但不执行罚则。A2 和 B2 犯规罚则应相互抵消,此后 A1 应执行第 2 次罚球,并且对比赛应如同任何最后一次罚球后一样重新开始。

### 案例 14

A 队被判给 2 次罚球,2 次罚球都成功。在最后一次罚球后球成活球之前:(1)A2 和 B2 被宣判一次双方犯规;(2)A2 和 B2 都被判一次技术犯规。裁判员应如何处理?

**解析**:A2 和 B2 犯规罚则应相互抵消,比赛应如同任何最后一次罚球之后一样,由 B 队在端线处掷球入界重新开始。

### 案例 15

B1 对 A1 犯规,这是 B 队本节全队第 5 次累计犯规。随后比赛场地发生了可能导致打架的情况,A6 进入比赛场地但是没有积极参与打架。主教练被判一次技术犯规,登记为"B₂"。裁判员应如何处理?

**解析**:如果宣判了一起技术犯规,不占位的罚球应立即执行,但是由于球队席人员被取消比赛资格登记在主教练名下的技术犯规,应按照发生的先后顺序执行,除非他们的罚则相抵消。

A6 应被取消比赛资格。A1 执行 2 次不占位的罚球,B 队任一队员执行 A 队主教练技术犯规的 2 次罚球后,由 B 队在其前场掷球入界线处掷球入界重新开始比赛,享有进攻计时钟显示的 14 秒。

### 案例 16

在第 1 节和第 2 节之间的比赛休息期间，A1 和 B1 被判取消比赛资格的犯规，或者 A 队主教练或 B 队主教练被宣判技术犯规。交替拥有箭头指向：(1) A 队；(2) B 队。裁判员应如何处理？

解析：在双方犯规和当双方球队的相等罚则都抵消后没有其他罚则执行的情况下，比赛应由双方犯规宣判时已控制球或拥有球权的队掷球入界重新开始。如果第 1 次犯规前双方都没有控制球或拥有球权，这是一起跳球情况。比赛应以交替拥有掷球入界重新开始。

(1) 应由 A 队在记录台对侧的中线延长线处掷球入界重新开始比赛。当球触及或被一名场上队员合法触及的瞬间，交替拥有箭头应转向 B 队。(2) 应由 B 队从记录台对侧的中线延长线处掷球入界重新开始比赛，当球触及或被一名场上队员合法触及的瞬间，交替拥有箭头应转向 A 队。

### 案例 17

运球队员 A2 发生了：(1) 对 B1 的撞人犯规；(2) 两次运球违例。裁判员应如何处理？在 B 队掷球入界可处理球前，B2 对 A2 犯规。这是 B 队在该节的第 3 次犯规。

解析：发生的两起犯规是在同一个计时钟停止的时段，且第 2 个犯规是在球成活球之前。因此，这两起违规为相同的罚则，应被相互抵消。

因为在第 1 个犯规之前 A 队控制着球，比赛应由 A 队在最靠近下列地点掷球入界重新开始。

(1) A 队发生犯规的地点。
(2) A 队发生两次运球违例的地点。

## 第 43 条　罚球

### 43.1　罚球的定义

(1) 一次罚球是给予一名队员从罚球线后面的半圆内的位置上，在无人争抢的情况下得 1 分的一次机会。

(2) 来源于一个单独犯规罚则的所有罚球和可能随后的球权被定义为一个罚球单元。罚球是给予一名队员在 5 秒钟之内从罚球线后的半圆内的位置上得 1 分的机会。

### 43.2　罚球的规定

(1) 当宣判了一起侵人犯规，或一起违反体育运动精神的犯规，或一起（发生身体接触的）取消比赛资格的犯规时，应按下述原则判给罚球：

• 应由被犯规的队员执行该罚则的全部罚球；

• 如果他被请求替换，他必须在离开比赛前执行完该罚则的全部罚球；

• 如果他由于受伤，或已发生了 5 次犯规，或被取消比赛资格而必须被替换时，则替换他的队员应该执行该罚则的全部罚球。如果是没有有资格（参赛）的替补队员，则应由他的主教练员指定任意一名同队队员执行该罚则的全部罚球。

(2)当宣判了(某队)一起技术犯规,或一起(没有发生身体接触的)取消比赛资格的犯规时,由对方队的主教练员指定其球队中的任一球员执行罚球。

(3)对罚球队员的规定:

- 在罚球线后面的半圆内站位;
- 使用任何罚篮的方式,并以这样的方式使球从上方进入球篮或触及篮圈;
- 在裁判员将球置于他可处理后的 5 秒钟内使球离手;
- 在球已进入球篮前或球接触篮圈前不得触及罚球线或进入限制区;
- 不得做假动作罚球。

违背以上行为规定均为罚球队员违例。

### 案例 1

判给 A4 一次罚球。在球已被置于罚球队员 A4 可处理之后,A4 在罚球的球离手之前用的时间超过 5 秒钟,那么 A4 发生违例了吗?

解析:应判 A4 罚球违例。

### 案例 2

判给 A4 一次罚球。在球已被置于 A4 可处理之后但是在罚球的球离手之前:(1)A 队一名队员进入限制区;(2)B 队一名队员进入限制区;(3)A 队和 B 队各一名队员进入限制区。发生了违例吗?

解析:(1)如果 A4 的罚球成功,A 队队员的行为应忽略。如果罚球尝试未成功,那么应宣判一次违例并把球判给 B 队在罚球线延长线处掷球入界;(2)如果 A4 的罚球尝试是成功的,B 队队员的行动也应忽略。如果罚球尝试未成功,应判给 A4 重新一次罚球;(3)如果 A4 的罚球成功,那么双方队员的行为应忽略。如果罚球未成功,那么一次双方违例发生,导致一次跳球情况。根据交替拥有球权决定掷球入界权。

### 案例 3

A1 两次罚球,A1 队教练员请求 A3 替换 A1。如何处理?

解析:A3 有权替换 A1,但 A1 必须完成所有罚球后,才能被允许。如果最后一次罚球未中,需要在下一个比赛计时钟停止时才可以替换。

(4)对罚球抢篮板球分位区队员的规定:

①罚球抢篮板球分位区队员的占位

队员们在分位区内需要交错站位,队员站在这些分位区内向后的深度应是 1 米(图 1-10)。

②对罚球抢篮板球分位区队员的规定

在罚球中,这些队员们不应该:

- 占据他们无权占据的分位区;
- 在球离开罚球队员的手前进入限制区、中立区或离开他的分位区;

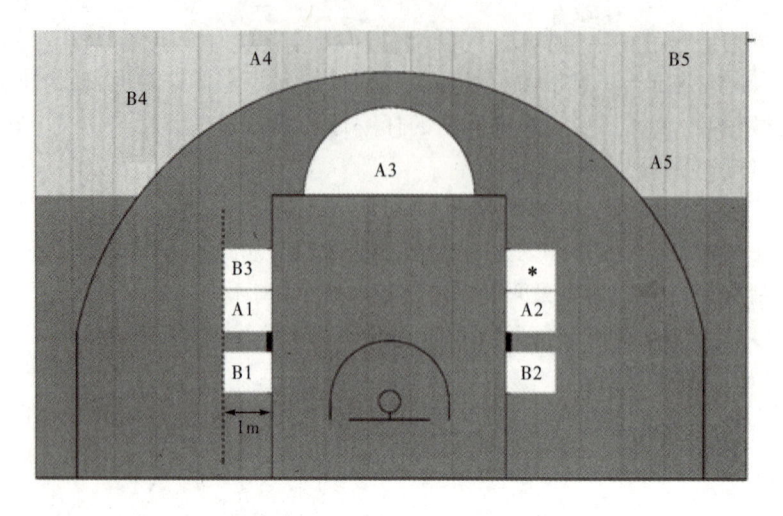

图 1-10　在罚球中队员的位置
注：* 为有权占据的抢篮板球位置

- 用他的行为扰乱罚球队员。

### 案例 1

当执行技术犯规导致的罚球时,在罚球期间允许队员们占据抢篮板球位置吗?

**解析**:技术犯规的罚球不产生篮板球,因此队员们不需要占据抢篮板球位置。

### 案例 2

A1 执行最后一次罚球,球未离手时,A3 和 B2 几乎同时进入限制区,发生双方违例,球中篮。如何处理?

**解析**:A1 罚球中篮,得分有效,双方违例不究,由 B 队在端线处掷球入界。

### 案例 3

在罚球期间,B 队选择不去占据其有权占据的抢篮板球位置。允许 A 队队员占据该位置吗?

**解析**:不允许。抢篮板球位置只可由有权站位的队员占据,否则该位置应保持空缺。

### 案例 4

在最后一次或仅有一次的罚球中,什么时刻允许在抢篮板球位置内的队员触及限制区?

**解析**:一旦球离开罚球队员的手时,在抢篮板球位置内的队员就可触及限制区。

### 案例 5

球已被置于罚球队员可处理时,同队队员或对方队员可移至该队保留的抢篮板球位置吗?

**解析**:不可以。一旦球已被置于罚球队员可处理时,所有其他队员必须占据抢篮板球位置或是在3分投篮线后面和罚球线延长部分后面。

(5)罚球中对不在分位区内的队员的规定：

在罚球结束前,不在分位区内的队员应留在罚球延长线和3分投篮线后面。在罚球后接着有另一罚球单元或一次掷球入界,这时不需要站位,所有队员应留在罚球延长线和3分投篮线后面。

### 43.3 罚球违例的罚则

(1)如果一次罚球成功,但罚球队员发生了违例,不计得分。

将球判给对方队在罚球线延长线掷球入界,除非还有另外的罚球罚则或球权罚则要执行。

(2)如果一次罚球成功,但除罚球队员之外的任一队员发生了违例：

- 应计得分；
- 对发生的违例应不予理会。

如果是最后一次罚球,应将球判给对方队在其端线后的任何地点掷球入界。

(3)如果一次罚球不成功,并且发生了违例：

- 若罚球队员或他的同队队员在最后一次的罚球中违例,应将球判给对方队在罚球线的延长线掷球入界,除非该队还拥有进一步的球权；
- 若一名对方队员违例,应判给该罚球队员补罚一次；
- 若双方球队在最后一次的罚球中都违例,一次跳球情况发生。

## 第44条 可纠正的失误

### 44.1 可纠正的失误定义

如果仅在下述情况中某规定被无意地忽视了,裁判员可以纠正其失误：

- 判给一次不应得的罚球；
- 没有判给应得的罚球；
- 不正确地判给得分或取消得分；
- 允许不该罚球的队员执行罚球。

### 44.2 可纠正的失误一般程序

(1)若要纠正上述提到的失误,必须在失误后且开动了比赛计时钟之后的第一个死球后,且在球成活球前的时段内被裁判员或到场的技术代表或记录台人员确认。

(2)当裁判员认识到发生了一起可纠正的失误时可以立即停止比赛,但前提是不置任何一队于不利。

(3)在失误发生以后到失误被认识到之前的时段中任何发生的犯规、记录的得分、用去的时间和可能已发生的附加活动均应保留有效。

(4)纠正失误后,比赛应在因纠正失误而被中止的地点重新开始；除非在本规则中另有说明。应将球判给因纠正失误中止比赛时拥有球权的队。

(5)一旦一个失误已被确认并仍可纠正,可是：

涉及纠正失误的队员已经被合法替换后坐在球队席上了,他必须重新回到比赛场地参加该失误的纠正;此刻,他成为一名队员。当纠正失误完成后,他可以继续留在比赛中,除非已再次请求了一次合法的替换才可以离开比赛场地。

该队员由于受伤或获得"援助",或已发生了 5 次犯规,或已被取消比赛资格了,那么替换他的队员必须参加该失误的纠正。

(6)主裁判员在记录表上签字后,可纠正的失误就不能被纠正了。

(7)在记录、计时或进攻计时钟的操作中出现的失误,包括:比分、犯规的次数、暂停的次数、比赛计时和进攻计时的操作中被耗费或被疏忽的时间,可在主裁判员在记录表上签(完)字前的任何时间内由裁判员予以纠正。

### 44.3 特殊程序

#### 44.3.1 判给一次不应得的罚球

由于失误而执行的罚球应被取消,并且比赛应按下述原则重新开始:

• 如果比赛计时钟(还)没有被开启,应将球判给罚球被取消的队在罚球线的延长部分掷球入界。

• 如果比赛计时钟已经开启,并且:

——在该失误被确认时控制球的队或拥有球权的队和该失误发生时控制球的队是同一个队;

——在该失误被确认时没有队控制球。

则应将球判给在该失误发生时拥有球权的队。

• 如果比赛计时钟已经开启,并且在该失误被确认时控制球的队或拥有球权的队是在该失误发生时控制球队的对方队,那么一次跳球情况发生。

• 如果比赛计时钟已经开启,并且在该失误被确认时一个含有罚球的犯规罚则已经判定应该执行罚球,然后将球判给在该失误发生时拥有球权的队掷球入界。

### 案例 1

B1 对 A1 犯规,这是 B 队该节的第 4 次全队犯规。A1 被错误地判给了 2 次罚球。在最后一次罚球成功之后,比赛继续,并且比赛计时钟开启。B2 在比赛场地上接到球、运球并投篮得分。失误被发现:(1)在 A 队队员端线处掷球入界可处理球之前;(2)在 A 队队员端线处掷球入界可处理球之后。裁判员应如何处理?

**解析:**(1)B2 的中篮算得分。失误仍然是可纠正的,任何罚球得分应被取消。将球判给 A 队在为纠正失误比赛被中断的端线处掷球入界。(2)B2 的中篮算得分,失误不再是可纠正的,并且比赛继续。

### 案例 2

B1 对 A1 犯规,这是 B 队该节的第 5 次全队犯规,A1 被判得 2 次罚球。第 1 次成功的罚球后,B2 错误地拿球并在端线处传球给 B3。当 B3 运球至他的前场,进攻计时钟显示 18 秒时,A1 没有执行第 2 次罚球的错误被发现。裁判员应如何处理?

**解析:**比赛应立即停止。A1 应执行他的第 2 次罚球,不占位。应由 B 队在比赛被停止处的就近点掷球入界重新开始比赛,B 队拥有 18 秒进攻时间。

#### 44.3.2 没有判给应得的罚球

- 如果在该失误发生后球权没有被改变,在该失误被纠正后应如同任何正常的罚球后一样重新开始比赛;
- 如果被错误地判给了掷球入界的球权后该队得分了,该失误应不予理会。

**案例 1**

B1 对 A1 犯规,这是 B 队本节全队累计犯规第 5 次,错误地判给 A1 掷球入界而没有判给 2 次罚球。A2 运球时,B2 将球拍出界。A 队主教练请求暂停,在暂停期间,裁判员发现这是一起可纠正的错误。裁判员应如何处理?

**解析**:A1 执行 2 次罚球,比赛应如同执行最后一次罚球后一样重新开始。

**案例 2**

B1 对 A1 犯规,这是 B 队本节全队累计犯规第 5 次,A1 错误地被判给掷球入界而没有 2 次罚球,在掷球入界之后,A2 在他未成功的投篮尝试中被 B1 犯规,并且被判 2 次罚球,此时裁判员发现该错误。裁判员应如何处理?

**解析**:A1 执行 2 次不占位的罚球后,A2 执行 2 次罚球,比赛应如同任何最后一次罚球后一样重新开始。

**案例 3**

B1 对 A1 犯规,这是 B 队本节全队累计犯规第 5 次,A1 错误地被判给掷球入界并没有 2 次罚球,在掷球入界后,A2 投篮得分,当球再次成为活球前,裁判员发现了该失误。裁判员应如何处理?

**解析**:失误应忽略,比赛应如同任何投篮得分后的情况一样重新开始。

#### 44.3.3 允许不该罚球的队员执行罚球

该执行的罚球应被取消(如果罚则部分还有球权也应被取消),然后将球判给对方球队在罚球线的延长部分掷球入界,除非比赛继续进行后又被停止来纠正该失误,或还要执行另外的违反罚则;在这种情况下,比赛应从纠正失误停止的地点重新开始。

如果失误造成错误的队员执行了罚球,罚球应被取消,并应将球判给对方在罚球线延长线处掷球入界,除非比赛已经开始。这种情况下,球应判给对方在比赛被中断最近的地方掷球入界,除非有更进一步的罚则。如果裁判员发现错误的队员有执行罚球的意图,并且在球离开执行第 1 次或仅有一次罚球队员的手之前,立即替换正确的罚球队员,无须任何处罚。

**案例 1**

B1 对 A1 犯规,这是 B 队第 6 次全队犯规,判给 A1 执行 2 次罚篮。A2 代替 A1 执行了 2 次罚球,这个失误被发现在:(1)A2 第 1 次罚球出手之前;(2)在 A2 第 1 次罚球出手之后;(3)在第 2 次发球成功之后。裁判员应如何处理?

**解析**:(1)失误应立即被纠正。A1 执行 2 次罚球;在(2)和(3)中 2 次罚球被取消,并由B队在其后场罚球线的延长线处以掷界外球入界,重新开始比赛。如果B1的犯规是违反体育运动精神的犯规,应执行相同的程序,在这种情况中球权也被一并取消。比赛应由B队在其后场罚球线的延长线处执行,掷球入界重新开始。

### 案例2

B1对试投2分球的A1犯规,球没中,随后B队主教练被判一次技术犯规,A2代替A1执行了全部3次罚球,A2执行他的第3次罚球,球离手之前发现了该失误。裁判员应如何处理?

解析:技术犯规带来的由A2执行的罚球,第1次罚球是合法的,但A2代替A1执行的2次发球(后2次罚球)应被取消。由B队在其后场罚球线的延长线处掷球入界重新开始比赛。

#### 44.4 比赛计时钟消耗的失误

涉及比赛计时钟时间消耗或遗漏的失误,可以在主裁判员于记录表上签字之前被裁判员纠正。

### 案例1

第4节比赛还剩7秒,比分A76:76B,A队在其前场获得掷球入界,在球触及比赛场上一名队员之后,比赛计时钟晚开了3秒,过了4秒时A1投篮得分。此时裁判员注意到,比赛计时钟晚开了3秒。裁判员应如何处理?

解析:如果裁判员同意投中篮在剩余的7秒之内完成,得分有效。如果裁判员认为比赛计时钟晚开了3秒,但现在没有剩余时间了,应判定比赛结束。

## 八、裁判员、记录台人员和技术代表:职责和权利

### 第45条 裁判员、记录台人员和技术代表

#### 45.1 裁判员

正式的篮球比赛都需要一名主裁判和一名或者两名副裁判,还需要记录台人员和技术代表的协助。作为比赛的裁判员不应与参赛双方有任何方式的联系。

#### 45.2 记录台人员

记录台人员包括记录员、助理记录员、计时员和进攻计时员各一名。

#### 45.3 技术代表

技术代表的主要职责包括协助裁判员确保比赛顺利进行,同时监督记录台人员的工作,为方便工作也应在比赛中坐在记录员和计时员中间,方便沟通。

裁判员、记录台人员和技术代表应严格按照比赛规则来指导比赛,保证比赛顺利进行,但同时也无权改变这些规则。临场裁判员应统一着裁判服、黑色长裤、黑色袜子和黑色篮球鞋。

### 第46条　主裁判员:职责和权利

(1)检查和批准在比赛中使用的所有器材。
(2)指定正式的比赛计时钟、进攻计时钟、秒表,并确认记录台人员。
(3)主裁判要从主队提供的所有球中,至少挑选两个用过的球作为比赛用球。
(4)不允许任何队员佩戴任何首饰,尤其是对其他队员有可能造成伤害的物品。
(5)在第1节的开始时执行跳球,以及在所有其他各节和各决胜期的开始时执行交替拥有掷球入界。
(6)当情况需要时有权停止比赛。
(7)有权判定某队弃权。
(8)在任何有必要时,以及比赛时间结束时,主裁判员需要仔细地审查记录表。
(9)在比赛时间结束时核对记录表登记情况,并在上面签字,以终止裁判员对比赛的管理,以及裁判员和比赛的联系。预定的比赛开始时间前20分钟到达比赛场地,裁判员有权行使比赛权利,当结束比赛的计时钟信号响起并被裁判员认可时,裁判员的权利结束。
(10)在记录表上签字之前,在记录表的背面记录:在比赛期间,有任何弃权或取消比赛资格犯规;或任何队员、主教练、助理教练和随队人员在早于预定比赛开始前20分钟,或者在比赛时间结束和核准记录表并签字之间发生了违反体育运动精神的犯规,在这种情况下,主裁判员(技术代表如果到场)必须向竞赛的组织部门送交详细的报告。
(11)每当裁判员的意见不一致时,为做出最终的决定,他可与副裁判员、技术代表和/或记录台人员商量后,得到最后的结果。
(12)使用即时重放系统(IRS)的比赛,请参阅附录F。
(13)当计时员分别发出距第1节和第3节比赛开始还剩有3分钟和1分30秒的信号后,应鸣哨。在距第2节、第4节和每一决胜期比赛开始还剩有30秒时,主裁判员也应鸣哨。

### 第47条　裁判员:职责和权利

#### 47.1　裁判员职责和权利的区域

裁判员有权对不论发生在界线内或界线外包括记录台、球队席,以及紧靠这些线后面的区域所发生的对规则条款的违规做出判处。违反规则的宣判:

#### 47.2　裁判员鸣哨的时机

当发生一起犯规、一节或决胜期结束,或裁判员发现有必要停止比赛时,裁判员应鸣哨。在一次成功的投篮或一次成功的罚球之后,当球成活球时,裁判员不应鸣哨。

#### 47.3　当队员之间发生身体接触或违例时,裁判员应遵循和权衡下列基本原则

(1)是否有违背规定的精神和意图,以及坚持比赛完整的需要。
(2)运用"有利/无利"概念中的一致性,裁判员不能试图打断比赛的流畅性,使任一队

处于不利。例如进攻队员控制球,通过防守队员的接触之后,马上形成了投篮、强攻、妙传,因为判罚了犯规而打断了比赛,就是置球队于不利。

(3)在每场比赛中,裁判员应了解双方队员的能力,判断比赛中他们的态度和行为。

(4)裁判员应该对比赛有一种"感觉",了解比赛场上队员的思想,是否在全力参加比赛。

### 47.4 球队申诉时主裁判的职责

如果其中一个球队提出申诉,主裁判员或到场的技术代表,在收到队伍提交的申诉原因后,应立即将该起申诉的事件情况书面报告给竞赛的组织部门。

### 47.5 临场裁判员受伤或其他原因不能继续执裁的处理

如果一位裁判员受伤或因其他原因,在事故发生的5分钟之内还不能继续执行职责,那么比赛应继续。由剩余的裁判员一直执裁到比赛结束。如果有符合资格的替补裁判员到场,在与技术代表(如到场)商议之后,可以替换。

### 47.6 裁判员口语

每位裁判员有权在他的职责范围内做出宣判,但他无权漠视和质疑另一(两)位裁判员做出的宣判。

### 47.7 裁判员的权利

不管是否做出了一个明确的决定,裁判员对国际篮球联合会(FIBA)篮球规则的执行和解释是最终的,不能被争辩或被漠视;允许申诉的情况则除外。

## 第48条 记录员和助理记录员:职责

### 48.1 记录员的职责

(1)登记球队:登记比赛开始上场的队员以及所有参赛的替补队员的姓名和号码。对于比赛开始上场的5名队员在队员的替换或队员的号码上有违反规则时,记录员应尽快通知最近的裁判员。

(2)登入成功的投篮和罚球来记录累计得分。

(3)记录登记在每个(违规)队员名下的犯规。当任一队员名下被登记了5次犯规时,记录员必须立即通知裁判员。他还应记录登记在每位主教练员名下的犯规,并且在一位主教练员应该被取消比赛资格时立即通知裁判员。同样,如果一名队员已发生了2次技术犯规,或2次违反体育运动精神的犯规,或是1次技术犯规和1次违反体育运动精神的犯规而应被取消比赛资格时,他必须立即通知裁判员。

(4)登记暂停。当一队已请求了暂停,在出现暂停机会时,他必须通知裁判员,然而在半时或决胜期中某主教练员没有剩余的暂停次数时,他应通过一位(临场)裁判员通知该主教练员。

(5)操作交替拥有箭头来指明下一次的交替拥有。在上半时结束后,记录员应立即反转交替拥有箭头的方向,如同球队在下半时应改变进攻球篮一样。

### 48.2 助理记录员的职责

助理记录员应操作记录板显示并协助记录员和计时员。如果在记录板和记录表之间出现了任何差异并不能被解决时,应以记录表为准,改正记录板的显示。

如果确认了记录表中的记录错误:

(1)在比赛期间,计时员必须等到第一次死球时才可发出他的信号。

(2)在比赛时间结束后直到主裁判员已在记录表上签字前的时段里,错误应被纠正,即使这个纠正影响了比赛的最终结果。

(3)当主裁判员在记录表上签字后该错误就不可再被纠正了。主裁判员或到场的技术代表应向竞赛的组织部门送交详细的报告。

### 第49条　计时员:职责

计时员应配备一块比赛计时钟和一块秒表,分别计量比赛时间、暂停时间和比赛休息时间,保证每节比赛和加时赛时间结束时能发出非常响亮的信号。如果信号器未成功发出声音或未被听到,应立即采取任何可行的办法通知裁判员停止比赛。

计时员的职责是:

(1)计量比赛时间、暂停和比赛休息时间。

(2)确保比赛计时钟在一节或一个决胜期比赛的结束时自动地发出非常响亮的声响信号。

(3)在信号失灵或未被听到时立即使用任何可行的办法通知裁判员。

(4)某一名队员发生犯规时,以举牌的方式显示犯规次数并让双方主教练员清楚地看到。

(5)一节比赛中,在某队的第4次球队犯规后球成活球时,将球队犯规标志放置在处于被处罚状态球队的记录台一端。

(6)发出替换信号;

(7)只有在球成死球后,球又成活球前的时段里发出他的信号。计时员的信号不能停止比赛计时钟或比赛,也不使球成死球。

#### 49.1　计时员应按照以下要求计量比赛时间

(1)何时启动比赛计时钟:

①在跳球时,球被跳球队员合法地拍击时;

②在最后一次的罚球不成功之后球继续是活球,球接触了任一场上队员或被任一场上队员触及时;

③在掷球入界中,球接触了任一场上队员或被任一场上队员合法触及时。

(2)何时停止比赛计时钟:

①如果一节和一个决胜期比赛结束的时间到时,比赛计时钟没有自动停止;

②活球中裁判员鸣哨;

③某队已请求暂停,对方投篮得分时。

④在第4节和每一节决胜期比赛计时钟显示2:00分钟或更少时投篮得分了。

⑤某队正在控制球,进攻计时钟信号响时。

49.2　计时员应按照下列要求计量比赛暂停时间

(1)当裁判员鸣哨并给出暂停手势时,应立即启动秒表计时。

(2)当暂停时间已经消耗 50 秒时,应发出第一次信号声,这时是提醒裁判员召唤比赛双方队员进入场地准备比赛。

(3)当暂停时间已到时发出信号声,表示暂停时间已到,比赛将继续。

49.3　计时员应按照下列要求计量比赛休息时间

(1)当一节比赛或决胜期比赛结束,应立即启动秒表计量休息时间。

(2)在第 1 节和第 3 节以及决胜期比赛开始之前剩余 3 分钟和 1 分 30 秒时应通知裁判员。

(3)在第 2 节和第 4 节以及每一个决胜期比赛开始之前,距该节或该决胜期比赛开始还剩余 30 秒时发出信号。

(4)当比赛休息时间结束时发出信号,同时立即停止秒表。

### 第 50 条　进攻计时员:职责

(1)开动或重新开动进攻计时钟,当:

某队在场上控制活球时,如果防守队员仅仅是触及球,并没有控制球,那么原控制球队依然控制球,则进攻时间应该继续累积。

在掷球入界中球触及,或者被场上任何队员合法触及时。

(2)停止但不复位进攻计时钟。其剩余时间可见,应当判给原控制球队掷球入界,因为:

• 球出界。

• 一名同队队员受伤。

• 该队被判技术犯规。

• 一起跳球情况(不是球停留在篮圈和篮板之间时)。

• 一起双方犯规。

• 判给双方球队的相等罚则相互抵消。

当原先的控制球队因为一起犯规或违例被判给在前场掷球入界,且此时进攻计时钟显示 14 秒或更多时,进攻计时钟停止,也不复位。

(3)停止进攻计时钟,并复位到 24 秒(无显示),当:

• 球合法地进入球篮。

• 球触及对方球篮的篮圈(球夹在篮圈和篮板之间除外)并且球权归球触及篮圈前未控制球的球队。

• 某队获得后场掷球入界球权:

—由于一次犯规或违例(不是因为使球出界的原因);

—原先没有控制球的队由于一次跳球情况获得球权;

—不涉及控制球队行为的原因使比赛停止;

—不涉及任一球队的原因使比赛停止,但如果对方队将因此被置于不利的情况,则除外。

- 某队获得罚球。

(4)停止进攻计时钟,并复位到 14 秒且 14 秒可见,当:
- 判给原控制球队在前场掷球入界,并且进攻时间及时显示 13 秒或少于 13 秒。
—作为一次犯规和违例的结果(球出界除外)。
—比赛因与控制球队无关的行为被停止。
—比赛因与双方都无关的行为被停止,除非对方会被置于不利。
- 由于出现下列原因,原先不控制球的球队被判给了在前场掷球入界:
—宣判了一起侵人犯规或一起违例(包括使球出界);
—跳球情况。
- 由于一起违反体育运动精神的犯规或一起取消比赛资格的犯规而判给球队在其前场的掷球入界线处掷球入界;
- 在一次不成功的投篮中,球已触及了篮圈后(包括球停留在篮圈和篮板之间时),或在最后一次不成功的罚球中,或在传球中,球已触及了篮圈后,如果球在触及篮圈前被控制球的那个队再次控制时;
- 在第 4 节或一决胜期中比赛计时钟显示 2:00 或更少时,在后场拥有球权的队获得一次暂停;此时比赛计时钟停止,在进攻计时钟上显示 14 秒或更多的时间;当暂停后,该队主教练员决定让其球队在前场的掷球入界线处掷球入界重新开始比赛时。

(5)在任一节或决胜期中,每当球成死球并且比赛计时钟停止时,任意方获得新的控制球权,并且比赛计时钟少于 14 秒时,应关闭进攻计时钟。

进攻计时钟的信号既不停止比赛计时钟或比赛,也不使球成死球(某队正控制球除外)。

# 第二章　三对三篮球规则

#### 第 1 条　定义

三对三比赛也称三人制篮球比赛,是在有 1 个篮架的场地进行的,由 2 队参加,每队出场 3 名队员,每队最多只有 1 名替补队员。每队的目标是进攻球篮得分,并阻止对方队得分。

#### 第 2 条　比赛场地

标准的三人制篮球比赛场地(图 2-1)面积应为 15 米(宽度)×11 米(长度)。场地须具有一个标准篮球场尺寸的区域,包括 1 条罚球线(5.8 米)、1 条两分球线(6.75 米)以及球篮正下方的 1 个"无撞人半圆区"。可以使用传统篮球场的半个比赛场地。

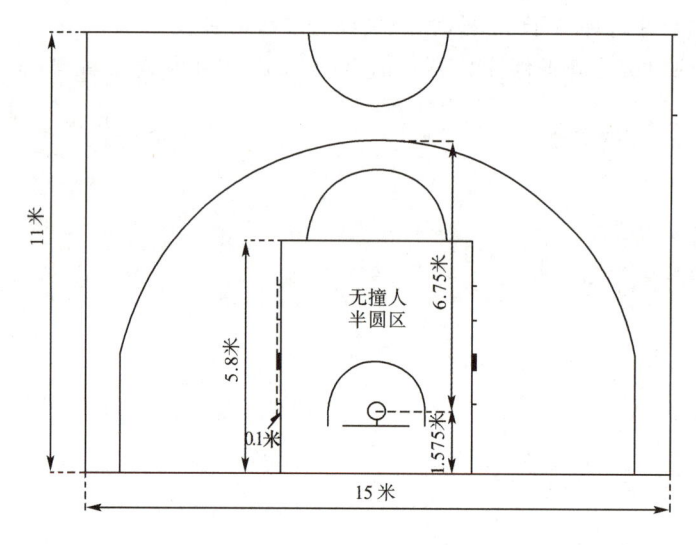

图 2-1　三对三比赛场地

所有级别的比赛应统一使用三人制篮球比赛官方专用球。

#### 第 3 条　球队

每支球队应由 4 名队员组成(其中 3 名为场上队员,1 名为替补队员)。
不允许教练员在比赛场地、替补席或者场外提供比赛指导。

## 案例 1

在比赛中，任何场外类似教练员的人员对场上队员提供指导，此情况发生在：

a. 比赛期间；

b. 暂停期间。

以上情况裁判员应如何处理？

**解析**：上述两种情况下，队员都不可以与场外任何人员互动。比赛期间与场外任何人员不恰当的互动或者队员同教练员之间以任何形式的交流都被认为是缺乏体育运动精神的行为。应给予该队 1 次警告，其后续类似行为将导致技术犯规。若存在上述情况，赛事监督可提醒临场裁判员做出处理。

### 第 4 条 裁判团队

比赛裁判团队应由 2 名临场裁判员、3 名记录台人员和 1 名赛事监督（如到场）组成。

## 案例 1

比赛开始 3 分钟后，1 名临场裁判员因受伤不能继续执裁比赛。

**解析**：如果 1 名裁判员因受伤或其他原因不能在 5 分钟内恢复履行其职责，比赛应继续进行。应由剩下的裁判员独立执裁比赛，除非由有资格的裁判员进行替换，但前提是剩下的裁判员在同赛事组织者协商后，决定是否进行替换。

### 第 5 条 比赛开始

5.1 比赛开始前，双方球队应同时进行热身。

5.2 双方球队以掷硬币的方式决定第 1 次球权归属。获胜一方可以选择拥有比赛开始时的球权或拥有可能进行的决胜期开始时的球权。

5.3 每队必须有 3 名队员在场上才能开始比赛。

备注：第 5.3 条仅适用于国际篮联官方比赛（不强制适用于基层比赛）。

## 案例 1

常规比赛时间结束，A 队与 B 队比分为 15∶15，A 队在比赛开始时获得了球权。在决胜期开始前的休息期间，B1 因不尊重裁判员而被判罚技术犯规。

**解析**：在 A 队任意队员执行 1 次不占位抢篮板球的罚球之后，B 队将拥有决胜期开始时的球权。

## 案例 2

掷硬币后 B 队获得了第 1 次的球权，裁判员错误地将球权交给了 A 队，此错误发现于：

a. 比赛开始前,A队任意队员尚未获得球(比赛计时钟显示10:00)

解析:比赛尚未开始,应当按照掷硬币的程序,将球权交给B队。

b. 比赛开始后(比赛计时钟显示9:59或者更少)

解析:比赛已经开始,失误不能被纠正。B队将拥有可能进行的决胜期开始时的球权。

### 案例3

在国际篮联官方比赛中,按照赛程规定时间,B队在赛场准备开始比赛的队员不足3人。

解析:比赛最多被延迟5分钟开始(国际篮联官方赛事中,赛事管理者可根据情况确定时间),如果缺席队员在5分钟之内到达赛场并准备进行比赛,比赛应立即开始;如果缺席队员没有在5分钟之内到达赛场并准备进行比赛,则B队因弃权而使本场比赛告负。

### 案例4

在国际篮联官方比赛中,由于受伤、被取消比赛资格等原因,A队能够参赛的队员不足3人,此情况发生在:

a.比赛开始前;b.比赛已经开始。

解析:每队必须有3名队员在场上才能开始比赛的规定仅适用于比赛开始前。情况a,比赛不能开始;情况b,A队可以在队员少于3人的情况下继续比赛。比赛开始后,球队必须保证每队至少有1人在场上比赛。

### 案例5

比赛中,A1因伤离场,由于没有替补队员,A队仅以场上剩余2名队员继续比赛,鉴于此情况,B队决定同样仅派2名队员在场上进行比赛,留1名队员在替补席就座。

解析:即便B队有3名可参赛队员,也允许其仅派2名队员上场比赛,但任何时候赛场上必须保证每队至少有1名队员进行比赛。

### 案例6

比赛开始前,B1由于对裁判员无礼的行为被判罚了1次技术犯规。

解析:由A队任意队员执行1次不占位抢篮板的罚球之后,比赛应依照掷硬币的程序开始。比赛开始前的技术犯规的罚则应为1次对方球队的罚球。

### 第6条 得分

6.1 每次从圆弧线以内区域出手中篮,计1分。

6.2 每次从圆弧线以外区域出手中篮,计2分。

6.3 每次罚球出手中篮,计1分。

任何情况下,当防守球队控制球权之后在没有把球转移出圆弧线投入球篮时,由于球队在投篮之前没有出圆弧线而形成未清洁球违例,球中篮将被取消。包含控制球情况下的拍击和补篮。

任何情况下,当防守球队在没有控制球时将防守篮板球拍打进球篮,或者将对方传球或运球直接拍打进球篮,则此次进球有效,将得分登记在进攻队最后一名控制球的队员名下。如果上述拍击球发生在1分投篮区,此次进球分值为1分。如果拍击球发生在2分投篮区,此次进球分值为2分。

### 案例1

A1在2分投篮区域出手,球在上升过程中被位于从1分投篮区域起跳的:

a. 1名进攻队员

b. 1名防守队员

合法触及后,球继续飞行进入球篮。

**解析**:球中篮的分值由出手投篮队员所触及的地面位置决定,1分投篮区域出手的球中篮计1分,2分投篮区域出手的球中篮计2分。在上述a、b两种情况中,由于A1位于2分投篮区域出手命中,应给A队计2分。

### 第7条 比赛时间/比赛胜者

7.1 常规的比赛时间为10分钟,在死球状态下和罚球期间应停止计时钟。比赛计时钟应重新启动,当:

• 在交换球情况中,在完成交换球程序后,进攻队员可处理球时。

• 在最后一次成功的罚球后,新的进攻球队控制球时。

• 在最后一次不成功的罚球后,活球状态下球触及任何场上队员或被任何场上队员触及时。

7.2 在常规比赛时间结束之前,某队率先得到21分或以上则获胜,此项规定被称为"突然死亡"规则,仅适用于常规的比赛时间(不适用于可能发生的决胜期)。

7.3 如果常规比赛时间结束时两队比分相等,则应进行决胜期比赛。决胜期开始前应有1分钟的休息时间。在决胜期中率先取得2分的球队获胜。

7.4 在预定的比赛开始时间,如果某队在赛场准备开始比赛的队员不足3名,则该队因弃权使本场比赛告负。在因弃权而使比赛告负的情况下,比赛得分应记录为W-0或0-W("W"代表胜)。胜队计算平均得分时,该场比分不计入平均分计算,负队计算平均分时,该场比赛按0分计入平均分计算。如果一支球队在一个赛会期间弃权两次或无故缺席,大会组织者有权取消该队整个赛事所有比赛的参赛资格。

7.5 如果某队在比赛结束前离开场地,或该队所有队员都受伤了和/或被取消了比赛资格,则该队因缺少队员使比赛告负。在因缺少队员使比赛告负的情况下,胜队可以选择保留该队的得分或使比赛当作对方弃权处理,同时因缺少队员使比赛告负的球队得分应登记为0。若胜队选择使比赛当作对方弃权处理,比赛结果不计入胜队平均分。

7.6 某队因缺少队员使比赛告负或以不正当的方式弃权而告负,将取消该队在整个赛事的参赛资格。

备注：

(1)在没有比赛计时钟的情况下,组委会可决定比赛时长或采用得分制胜的比赛方式。国际篮联建议采取与比赛时长一致的得分限制(10分钟/10分;15分钟/15分;21分钟/21分);

(2)基层比赛可不遵照第7.4条规则执行。

### 案例1

A队与B队比分为20∶20,A1投篮命中1分,此情况发生在:

a.比赛计时钟还有2分钟时;

解析:A队取得比赛胜利,A队与B队的最终比分应当为21∶20。

b.决胜期之中。

解析:比赛应继续,率先在决胜期中取得2分的球队获胜。

### 案例2

位于圆弧线外的队员A1在投篮时被犯规,投篮命中,此情况发生在:

a.距比赛结束还有1分钟,A队与B队比分为20∶20。

解析:A队取得比赛胜利,两队最终得分应为22∶20。22分为比赛常规时间结束后球队可能取得的最高分,犯规产生的罚球和拥有的球权将被取消。

b.决胜期中,A队与B队比分为21∶21。

解析:A队取得比赛胜利。两队最终得分应为23∶21,23分为决胜期结束后球队可能取得的最高分,犯规产生的罚球和拥有的球权将被取消。

### 案例3

A队与B队比分为15∶15,位于2分投篮区的队员A1在投篮时被犯规,几乎同时比赛计时钟信号响,投篮命中,这是B队本场比赛的第10次全队犯规。

解析:投篮命中有效,由于A队未达到21分,作为犯规的结果由A1执行2次罚球。依据A1的罚球命中情况登记最终比分,鉴于比赛时间已到,A队取得比赛胜利,其拥有的球权将被取消。

#### 第8条 犯规/罚球

8.1 球队累计犯规达到6次后处于全队犯规处罚状态。在规则第16条限定之内,队员不因个人犯规的次数被判出局。

8.2 对正在做投篮动作的队员犯规,应判给的罚球次数如下:

对正在做投篮动作的队员犯规,如果球中篮应计得分,并追加1次罚球。若此时全队犯规累计达7次以上,应判给2次罚球。

对正在做投篮动作的队员在圆弧线内被犯规,如果球未中篮判给1次罚球。若此时全队犯规累计达7次以上,应判给2次罚球。

对于正在做投篮动作的队员在圆弧线外被犯规,如果球未中篮判给2次罚球。

8.3 违反体育运动精神的犯规和取消比赛资格的犯规,应登记该队2次犯规,队员第1次违反体育运动精神的犯规应判给对方2次罚球,但不给予球权,所有取消比赛资格的犯规(包括同1名队员第2次违反体育运动精神的犯规),应判给对方2次罚球以及随后的球权。

8.4 全队累计第7、第8和第9次犯规,判给对方2次罚球。全队累计第10次及随后的犯规,判给对方2次罚球和球权。此条款也适用于违反体育运动精神的犯规和在做投篮动作队员的犯规,除7.2,7.3以外的情况。技术犯规不适用。

8.5 所有的技术犯规都要判给对方1次罚球,完成1次罚球后,判罚技术犯规时控制球的队或拥有球权的队应执行交换球程序,比赛按照下述方式进行:

——如果宣判了防守球队技术犯规,则对方进攻计时钟应复位到12秒;
——如果宣判了进攻球队技术犯规,则该队将拥有发生犯规时剩余的进攻时间。

备注:进攻犯规不产生罚球。

8.6 双方犯规:

双方犯规的处理永远是双方的罚则相抵消,不论球队犯规状态或犯规为队员的第一次或第二次违体犯规。抵消双方球队的相等罚则后,将球权判给原先控制球的队或应获得球权的队,进攻计时钟不应复位,若任一队既没有控制球也没有球权时,一次跳球情况发生。将球权判给最后一次进行防守的球队,重置12秒钟进攻计时。

8.7 违反体育运动精神的犯规罚则见表2-1。

表2-1　　　　　　　　违反体育运动精神的犯规罚则

| 队员违反体育运动精神的犯规 \ 全队犯规 | 1~6次 | 7~9次 | 10次及以上 |
|---|---|---|---|
| 第1次 | 2罚 | 2罚 | 2罚1掷 |
| 第2次 | 2罚1掷 | 2罚1掷 | 2罚1掷 |

任何违体犯规应总是登记2次球队犯规。

8.8 技术犯规罚则见表2-2。

表2-2　　　　　　　　技术犯规罚则

| 防守队员技术犯规 | 进攻队员技术犯规 | 没有球队拥有球权 |
|---|---|---|
| 1次罚球 | 1次罚球 | 1次罚球 |
| 进攻队球权 | 进攻队球权 | 最后一次防守队拥有球权 |
| 复位进攻计时钟至12秒 | 进攻计时钟不复位 | 复位进攻计时钟至12秒 |
| 技术犯规的罚则应总是立即执行并优先于其他罚则 |||

## 案例1

队员A1被判罚了取消比赛资格的犯规。

**解析**:B队队员应获得2次罚球以及随后的球权。被取消比赛资格的队员A1必须立即离开比赛场地,而赛事组织者可据此进一步取消该队员参加本次赛事的资格(规则第16条)。

## 案例 2

比赛计时钟显示还有 3:05，两队累计犯规均已达到 7 次，A1 在 2 分球投篮区运球，A2 和 B2 在球篮下方附近争抢位置，裁判员宣判：

a. A2 犯规（进攻犯规）；

**解析**：进攻犯规是控制活球或拥有球权队的队员个人侵人犯规。进攻犯规不产生罚球，由 B 队执行交换球。

b. B2 犯规（防守犯规）。

**解析**：由于 B 队处于全队犯规处罚状态，A2 将获得 2 次罚球。

## 案例 3

A1 运球，B1 将球打掉后两人开始奔跑去抢球。为了获利，A1 推开 B1 并被裁判员判罚侵人犯规，这次犯规是 A 队：

a. 本场第 1 次犯规；

b. 本场第 7 次犯规；

c. 本场第 10 次犯规。

**解析**：B1 将球打掉，A 队并未失去控制球权，因此，A1 的犯规应当视为进攻犯规。上述所有情况中，都应由 B 队获得球权，比赛将以双方在球场顶端圆弧线外交换球的方式继续进行。

## 案例 4

比赛开始，裁判员宣判了 B1 违反体育运动精神的犯规。在接下来的比赛中，由于 B1 故意延误比赛开始，被裁判员宣判 B 队技术犯规，比赛末段，裁判员宣判了 B1 的第 6 次球队犯规，此犯规为：

a. 普通犯规；

**解析**：B1 可继续参加比赛。B1 不因个人犯规的累计次数被罚出场。

b. 违反体育运动精神的犯规；

**解析**：B1 将由于个人 2 次违反体育运动精神的犯规而被自动取消比赛资格，并且必须立即离开比赛场地（规则第 16 条）。

c. 技术犯规。

**解析**：B1 可继续参加比赛。B1 不因累计 2 次技术犯规而自动被取消参赛资格（规则第 16 条）。

## 案例 5

A1 在 1 分投篮区尝试投篮时被 B1 犯规，投篮未中，此时 B 队累计犯规已达 3 次。

**解析**：A1 将获得 1 次罚球。

## 案例 6

A1 在 2 分投篮区尝试投篮时被 B1 犯规,投篮命中,此时 B 队累计犯规已达 5 次。

**解析:** 为 A 队登记 2 分并由 A1 执行 1 次罚球。

## 案例 7

A1 在 1 分投篮区尝试投篮时被 B1 犯规,投篮未中,此时 B 队累计犯规已达 8 次。

**解析:** A1 将获得 2 次罚球。

## 案例 8

B 队累计犯规已达 10 次时,A1 在 2 分区尝试投篮时被 B1 犯规,投篮命中。

**解析:** 为 A 队登记 2 分,A1 将执行 2 次罚球,并且 A 队将获得随后的球权。

## 案例 9

几乎在比赛计时钟信号响起的同时,宣判了 B1 对 A1 的非投篮动作存在违反体育运动精神的犯规,此时 A 队与 B 队比分为 13∶15。

a. A1 执行罚球,有 1 次罚球未命中或 2 次罚球均未命中。

**解析:** 比赛结束。

b. A1 执行罚球,2 次罚球均命中。

**解析:** 比赛将进入决胜期,如果这是 B1 本场第 1 次违反体育运动精神的犯规,将按照掷硬币的程序确定球权;如果这是 B1 本场第 2 次违反体育运动精神的犯规,应取消 B1 的比赛资格,作为 B1 第 2 次违反体育运动精神的犯规结果,A 队获得决胜期开始的球权(掷硬币产生的球权将被取消)。

## 案例 10

A1 在 2 分投篮区跳投,B1 向 A1 跑去试图进行封盖。

a. A1 双脚落回地面上的合法位置之前,B1 与 A1 的下肢发生了轻微接触。

**解析:** B1 防守犯规。A1 应当获得 2 次罚球,因为 B1 侵占了 A1 的落地空间并与之发生了接触。

b. 投篮球离手之前,A1 伸腿造成与对方的接触。

**解析:** A1 进攻犯规。随后可能的中篮将被取消,球权应判给 B 队。在此情况下,过分的严重接触或危险的动作将被判罚违反体育运动精神犯规。

c. A1 在投篮球离手之后,伸腿开始接触或试图开始接触对方。

**解析:** A1 技术犯规。随后可能的投球中篮应有效,B 队将获得 1 次罚球及球权(A 队投球中篮后 B 队将自然获得球权;A 队投篮不中球在空中时裁判员鸣哨,作为跳球,B 队将获得球权)。在此情况下,过分的接触或危险的动作可被判罚违反体育运动精神犯规。

### 案例 11

A1投篮命中,当球在空中时,A2由于对裁判员无礼行为被判罚了技术犯规。

**解析**:登记A1得分。作为A队技术犯规的结果,B队将获得1次罚球。宣判技术犯规时球在空中,由于没有球队控制球而导致跳球情况,比赛应由B队执行交换球重新开始(B队为跳球发生前的防守球队)。

### 案例 12

B1对A1发生违反体育运动精神的犯规,这是B1本场比赛第1次违反体育运动精神的犯规,在这次违反体育运动精神的犯规之前,B队:

a. 累积3次球队犯规;

**解析**:1次违反体育运动精神的犯规将登记2次球队犯规,因此B队累计犯规达到5次,A1应获得违反体育运动精神的犯规产生的2次罚球,比赛将在最后1次罚球后重新开始。

b. 累积5次球队犯规;

**解析**:1次违反体育运动精神的犯规将登记2次球队犯规,因此B队全队累计犯规达到7次,A1应获得2次罚球,比赛将在最后1次罚球后重新开始。

c. 累积8次球队犯规。

**解析**:1次违反体育运动精神的犯规将登记2次球队犯规,因此B队全队累计犯规达到10次,在A1执行2次罚球之后,比赛将以A队执行交换球重新开始。

### 案例 13

B1对A1发生违反体育运动精神的犯规,这是B1的第2次违反体育运动精神的犯规。

**解析**:违反体育运动精神的犯规将登记2次球队犯规,不论B队累计犯规次数多少,在A1执行2次罚球之后,由A队执行交换球开始比赛。B1因累积2次违反体育运动精神的犯规而被取消比赛资格。

### 案例 14

正在进行2分远投的A1被B1犯规,裁判员判罚A1获得2次罚球:

a. 在A1执行第1次罚球后,B1被宣判了1次技术犯规;

**解析**:A队执行因B1技术犯规产生罚球,然后由A1执行因投篮获得的第2次罚球,比赛应如同任何最后1次罚球一样继续。

b. 在A1执行第1次罚球后,A2被宣判了1次技术犯规。

**解析**:B队执行因A2技术犯规产生的罚球,然后由A1执行因投篮获得的第2次罚球,比赛应如同任何最后1次罚球一样继续。

### 案例 15

A1在运球过程中被B1犯规,这是B队累积第7次犯规,A1(感到不爽)被激怒后对B1出言不逊被判罚技术犯规。

**解析**：双方犯规的罚则不能抵消。在执行其他犯规产生的罚则之前，要先执行技术犯规产生的罚则。先执行 A 队技术犯规产生的 1 次罚球，然后执行 B 队第 7 次犯规产生的 2 次罚球，比赛应如同任何最后 1 次罚球一样继续。

### 案例 16

B1 对正在做投篮动作的 A1 犯规，投篮命中，这是 B 队第 5 次全队犯规，随后 A1 被宣判了技术犯规。

**解析**：登记 A1 的投篮得分，双方罚则相同可以相互抵消，比赛应由 B 队执行交换球重新开始。

### 案例 17

A1 在进行 2 分投篮时被 B1 犯规，这是 B 队第 7 次全队犯规，A1（感到不爽）被激怒后发生了对 B1 的违反体育运动精神的犯规。

a. 这是 A1 第 1 次违反体育运动精神的犯规，A 队累积第 4 次全队犯规。

**解析**：双方罚则相同可以相互抵消。

如果投篮命中，应登记得分并由 B 队执行交换球重新开始比赛。

如果犯规发生时球在空中并且投篮未中，应由 B 队执行交换球重新开始比赛（跳球情况）。

如果犯规发生时投篮未中并且 A 队再次获得了球权，应由 A 队执行交换球重新开始比赛，进攻计时钟不复位。

b. 这是 A1 第 2 次违反体育运动精神的犯规，A 队累积第 4 次犯规。

**解析**：双方罚则不同无法相互抵消，A1 因累积 2 次违反体育运动精神的犯规而被取消比赛资格。A 队执行 2 次罚球之后，由 B1 执行 2 次罚球，并且 B 队执行交换球重新开始比赛。

### 案例 18

A1 在投篮过程中被 B1 犯规，这是 B 队第 10 次全队犯规，A1（感到不爽）被激怒后发生了对 B1 的违反体育运动精神的犯规。

a. 这是 A1 第 1 次违反体育运动精神的犯规，A 队第 7 次全队犯规。

**解析**：双方罚则不同无法相互抵消。A1 执行 2 次罚球之后，由 B1 执行 2 次罚球，并且 B 队执行交换球重新开始比赛。

b. 这是 A1 第 2 次违反体育运动精神的犯规，A 队第 7 次犯规。

**解析**：双方罚则相同可以相互抵消。

如果投篮命中，应登记得分并由 B 队执行交换球重新开始比赛。

如果犯规发生时球在空中并且投篮未中，应由 B 队执行交换球重新开始比赛（跳球情况）。

如果犯规发生时投篮未中并且 A 队再次获得了球权，应由 A 队执行交换球重新开始比赛，进攻计时钟不复位。

## 案例 19

A1 在投篮过程中被 B1 犯规,这是 B 队第 10 次犯规,A1(感到不爽)被激怒后发生了对 B1 的取消比赛资格的犯规。

**解析**:双方罚则相同可以相互抵消。

如果投篮命中,应登记得分并由 B 队执行交换球重新开始比赛。

如果犯规发生时球在空中并且投篮未中,应由 B 队执行交换球重新开始比赛(跳球情况)。

如果犯规发生时投篮未中并且 A 队再次获得了球权,应由 A 队执行交换球重新开始比赛,进攻计时钟不复位。

## 案例 20

进攻计时钟显示 6 秒时,B1 对运球队员 A1 犯规,这是 B 队第 7 次全队犯规,随后 A1 挥动肘部并被宣判:

a.个人第 1 次违反体育运动精神的犯规,即 A 队第 7 次全队犯规。

**解析**:双方罚则相同可以相互抵消。应由 A 队执行交换球重新开始比赛,进攻计时钟不复位。

b.个人第 2 次违反体育运动精神的犯规,即 A 队第 7 次全队犯规。

**解析**:双方罚则不同不能相互抵消。A1 因累积 2 次违反体育运动精神的犯规而被取消比赛资格。A 队执行 2 次罚球之后,由 B1 执行 2 次罚球,并且 B 队执行交换球重新开始比赛。

## 案例 21

进攻计时钟显示 6 秒时,B1 对运球队员 A1 犯规,这是 B 队第 10 次全队犯规,随后 A1 挥动肘部并被宣判:

a.个人第 1 次违反体育运动精神的犯规,同时也是 A 队第 7 次全队犯规。

**解析**:双方罚则不同不能相互抵消。A1 执行 2 次罚球之后,由 B1 执行 2 次罚球,并且 A 队执行交换球重新开始比赛。

b.个人第 2 次违反体育运动精神的犯规,即 A 队第 7 次全队犯规。

**解析**:双方罚则相同可以相互抵消。应由 A 队执行交换球重新开始比赛,进攻计时钟不复位。

## 案例 22

B1 将 A1 推倒在地后被宣判了违反体育运动精神的犯规,A1 起身后又将 B1 推倒在地,也被宣判了违反体育运动精神的犯规,这是 A1 的第 1 次违反体育运动精神的犯规,B1 的第 2 次违反体育运动精神的犯规。

**解析**:B1 因累积 2 次违反体育运动精神的犯规而被取消比赛资格。上述情况不是双方犯规,双方罚则亦不相同,因此不能相互抵消。A1 执行 2 次罚球之后,由 B 队执行 2 次罚球,并且 A 队执行交换球重新开始比赛。

## 案例 23

A1 在场上持球,A2 和 B2 在地位抢位时被宣判双方犯规,这是 A 队第 5 次全队犯规,B 队第 7 次全队犯规。

**解析**:不论球队犯规次数多少,双方犯规的罚则总是可以相互抵消。应由 A 队执行交换球重新开始比赛,进攻计时钟不复位。

## 案例 24

A1 在场上持球,A2 和 B2 在地位抢位时被宣判双方违反体育运动精神的犯规,这是 A2 个人第 1 次违反体育运动精神的犯规,B2 个人第 2 次违反体育运动精神的犯规。

**解析**:不论是双方队员的第 1 次违反体育运动精神的犯规还是第 2 次违反体育运动精神的犯规,双方犯规的罚则可以相互抵消。应由 A 队执行交换球重新开始比赛,进攻计时钟不复位。

### 第 9 条　如何打球

9.1　在每一次投篮中篮或最后一次罚球中篮后(除非某队拥有随后的球权):
- 非得分队的一名队员在场内球篮下方(而非端线以外),将球运或传至场地圆弧线外的任意位置继续进行比赛。
- 此时,防守队不得在球篮下方的"无撞人半圆区"内抢断球。

9.2　在每一次投篮没有中篮或最后一次罚球没有中篮后(除非某队拥有随后的球权):
- 如果进攻队抢到篮板球,则可以继续投篮,不必将球转移至圆弧线外。
- 如果防守队抢到篮板球,则必须将球转移到圆弧线外(通过运球或传球的方式)。

9.3　如果防守队通过抢断或者封盖获得控制球,则必须将球转移至圆弧线外(通过运球或传球的方式)。

9.4　死球状态下给予任一队的球权,应以双方在场地顶端的圆弧线外交换球开始。即进行一次场地顶端圆弧外(防守队与进攻队队员之间)的传递球。

9.5　若圆弧外队员的双脚都不在圆弧线内,也没有踩踏圆弧线,则被认为"处于圆弧线外"。

9.6　发生跳球情况时,由之前场上的防守队获得球权。

球进入球篮后所有延误比赛的行为都将立即导致 1 次技术犯规的警告,任何已被警告过的球队,再次发生延误比赛的行为,将被判罚技术犯规。

## 案例 1

A1 投篮命中后,B1 获得球开始比赛,此时位于无撞人半圆内的 A2 开始用合法动作对 B1 进行防守。

a. A 队在此次 A2 的行为发生前没有因延误比赛受到警告。

**解析**:裁判员应立即对 A 队得分后延误比赛的行为进行正式警告。

b. A队在此次 A2 的行为发生前已经因延误比赛受到了 1 次警告。

**解析**：裁判员应立即对 A 队得分后延误比赛的行为判罚技术犯规。

### 案例 2

A1 投篮命中后，B1 试图获得球开始比赛时，位于无撞人半圆区内的 A2 阻止 B1 获得球，但没有主动触及 B1。此种情况：

a. A队在此前没有因延误比赛受到警告。

**解析**：裁判员应立即对 A 队得分后延误比赛的行为进行正式警告。

b. A队在此前已经因延误比赛受到了 1 次警告。

**解析**：裁判员应立即对 A 队得分后延误比赛的行为判罚技术犯规。

### 案例 3

A1 投篮命中后，B队没有立即尝试去获得球。此种情况：

a. B队在此次行为前没有因延误比赛受到警告。

**解析**：为避免比赛被拖延，裁判员应立即鸣哨停止比赛并正式警告 B 队延误比赛。B 队拥有球权，比赛以双方队员之间交换球的方式继续进行。

b. B队在此次行为前已经因延误比赛受到了 1 次警告。

**解析**：B 队应立即因延误比赛被判罚技术犯规。

### 案例 4

A1 投篮命中，球被 B1 的腿触及后出界：

a. B1 触及球属于无意行为。

**解析**：B 队拥有球权，比赛以双方队员之间交换球的方式继续进行。

b. B1 触及球属于故意行为。

**解析**：如果 B 队此前尚没有因延误比赛受到警告，裁判员应在球出界后警告 B 队。B 队拥有球权，双方以交换球的方式开始比赛。但若 B 队已经因延误比赛被警告一次，则直接宣判该队技术犯规。

### 案例 5

A1 投篮命中后，B1 获得球，并：

a. 一只脚触及端线。

**解析**：B1 出界违例，A 队拥有球权，比赛以双方队员之间交换球的方式继续进行。

b. 运球之前走了 3 步。

**解析**：B1 走步违例，A 队拥有球权，比赛以双方队员之间交换球的方式继续进行。

### 案例 6

A1 投篮命中，B1 在球篮下方附近获得球后直接传给位于 1 分投篮区的 B2，B2 接球后尝试投篮。

**解析**:一旦球离开投篮队员B2的手,裁判员立即宣判球"未清洁球"违例,B2无权在此情况下尝试投篮。

### 案例7

A1投篮没有命中,B1抢到篮板球后在1分投篮区运球8秒钟时,在清洁球之前,被A1犯规。

**解析**:应登记犯规,B队有权在此进攻回合(12秒)结束前的任何时间完成清洁球。

### 案例8

A1的投篮被B1封盖,B2抢到球后未完成清洁球便直接运球上篮,在球刚离开上篮队员B2的手时,发生了A3对B2的犯规,随后球中篮。

**解析**:此情况属于"未清洁球"违例,B队没有权利投篮,球中篮无效,A队将获得球权,防守队的犯规将被忽略,除非宣判了一起违反体育运动精神或者取消比赛资格的犯规。

### 案例9

试图完成清洁球时,运球队员A1一脚位于1分投篮区之外,而后从地面抬起了另一只脚。

**解析**:已经完成了清洁球,因为A1的任一只脚都没有位于圆弧线内或圆弧线上。

### 案例10

B1同A1在弧顶执行交换球开始比赛的过程中,防守队员B1将球扔到远离A1能够获得的位置。在此行为发生之前:

a. B队还没有因拖延比赛受到警告。

**解析**:裁判员应给予B队正式警告,A1必须在圆弧顶部后方原地接球,B1应用篮球常规的传球方式递交或击地传球给A1。

b. B队已经因拖延比赛而受到警告。

**解析**:B队应立即被宣判技术犯规。

### 案例11

在弧顶执行交换球过程中,防守队员B1选择过分贴近对方队员A1的位置。

**解析**:只有在交换球队员A1和B1之间具备合理的距离(大约1米)时,裁判员才能够允许比赛重新开始。

### 案例12

B1同A1在弧顶执行交换球的过程中,B1在A1控制球之前拍击球。

a. 在此行为发生之前,B队没有因拖延比赛而受到警告。

**解析**:裁判员应立即正式给予B队拖延比赛的警告,只有在进攻球员A1控制球以后,防守球员B1才能抢球。如果进攻计时钟和比赛计时钟已经启动,应将此片段过去的时间进行纠正。

b.在此次 B1 的行为发生之前,B 队已经因拖延比赛而受到警告。

**解析**:B 队应立即被宣判技术犯规。

### 案例 13

A1 正在运球,B1 将球打掉后两人同时追逐球,然后 A1 和 B1 的双手均牢牢按在球上,裁判员宣判争球。

**解析**:球权应当给予当时场上的防守队,即 B 队。

### 案例 14

A1 尝试投篮,球触及球篮后,A2 和 B3 跳起争抢篮板球,落地时双方的手均牢牢按在球上,裁判员宣判争球。

**解析**:应当给予 B 队球权,因为 A 队是场上最后一次控制球权的队,未控制球权的球队被认为是场上的防守球队。

### 案例 15

当 A 队控制球权时,比赛被裁判员停止,由于:

a.场地的表面遭到了损坏。

**解析**:A 队球权,比赛将以双方队员交换球的方式继续进行,进攻计时钟应从中断处连续计算。

b.球员 A1 受伤,需要立即治疗。

**解析**:A 队球权,比赛将以双方队员交换球的方式继续进行,进攻计时钟应从中断处连续计算。

c.球员 B1 受伤,需要立即治疗。

**解析**:A 队球权,比赛将以双方队员交换球的方式继续进行,进攻计时钟应重置 12 秒钟计时。

### 案例 16

A 队投篮命中后,B1 在无撞人半圆内获得控制球,但他没有积极地离开无撞人半圆区域。

**解析**:从 B1 在限制区内获得控制球起,裁判员应严格执行 3 秒规则。

#### 第 10 条　拖延比赛

10.1　拖延或消极比赛(不尝试得分)应判违例。

10.2　如果比赛场地装备了进攻计时钟,则进攻队必须在 12 秒钟之内尝试投篮。(在圆弧顶防守队向进攻队传递球后或在球篮下对方投中篮后)一旦进攻队员持球,12 秒计时钟应立刻开启。

10.3　如果进攻队员使球出圆弧线后,一名进攻队员在圆弧线内背向或侧向球篮运球超过 5 秒,则将被认为是一起违例。

备注:如果比赛场地没有配备进攻计时钟,并且某队未积极尝试进攻球篮,裁判员应以最后5秒倒计时报数的方式警告该队。

如果场地没有配备进攻计时钟,按照规则第9.1条应由裁判员以5秒倒计时的方式警告球队。如果场地配备了进攻计时钟,规则第9.2条的拖延和消极比赛条款将适用。

队员若要整理他的任何装备(系鞋带等)应立即被替换,并且只有在下一个死球出现的情况下才能重新进入比赛。对于在裁判员告知后拒绝离开场地的队员,将判罚一次技术犯规。

### 案例1

完成清洁球之后,A1位于圆弧线内1分投篮区接近2分投篮线处,背向球篮运球时间超过了5秒。

**解析**:A1拖延比赛违例,B队将获得球权。

### 案例2

于1分投篮区外持活球的队员A1,将球传给位于球篮附近的A2,A2在限制区内运球时间达到了3秒。

**解析**:A2属于3秒钟违例,B队将执行交换球。

**第11条　替换**

当球成死球并且双方完成交换球或执行罚球之前,允许任一队替换队员。替补队员在其队友离开场地并与之发生身体接触后,方可进入比赛场地。替换只能在球篮对侧的端线外进行。替换无须临场裁判员或记录台人员发出信号。

### 案例1

A1投篮命中后,比赛计时钟继续运行时B4替换了B1。

**解析**:B1的替换不应被准许。投篮命中后,球不成死球,由B队继续进攻。应立即判罚B队1次技术犯规。

### 案例2

A1获得执行2次罚球,在完成第1次罚球后,在第2次罚球裁判员向A1递交球之前,B4替换了B1。

**解析**:由于球是死球,B1的替换将被准许。

**第12条　暂停**

12.1　每支球队拥有1次暂停机会。死球状态下任一队员均可以请求暂停。

12.2　若进行媒体转播,主办方可决定是否运用2次媒体暂停,在所有比赛中,2次媒体暂停机会分别在比赛计时钟显示6:59和3:59后的第一次死球期间。

12.3　每次暂停应持续30秒。

备注：暂停和替换只能在死球期间进行，对应规则 8.1。

### 案例 1

在决胜期比赛中，A1 投篮命中后，B1 请求暂停。

**解析**：球中篮后，B 队将获得球权继续比赛，球不成死球。因此在球成死球之前，B 队没有暂停机会，比赛将以双方在弧顶执行交换球的方式继续进行。如果 B 队在常规比赛期间未使用暂停，则在决胜期的第一次死球期间可准许暂停。

### 第 13 条　视频资料的使用

13.1　在记录表上签字之前，裁判员有权使用被比赛监督认证的即时回放系统（IRS）来决定下述情况：

- 在比赛中的任何时间，记录错误或比赛计时钟/进攻计时钟的任何故障。
- 一次成功的投篮是否在比赛结束之前出手，或该投篮得 1 分还是 2 分。
- 在常规比赛时间的最后 30 秒或比赛的决胜期间，任何比赛情况都可以使用。
- 确定任何暴力行为中的球队成员参与情况。
- 依据官方三对三篮球规则的适用条款，球队所提出的挑战请求。

13.2　在申诉程序中（第 13 条），官方视频资料只能用来确定一次成功的投篮是否在比赛结束之前出手，或该投篮算 1 分还是 2 分。

备注：视频挑战仅在奥运会、世界杯（限于公开组）和世界巡回赛中适用，且必须符合各自的比赛规定，并视即时回放系统提供的情况而定。

### 第 14 条　申诉程序

如果某队认为裁判员的某个宣判或在比赛中发生的任何事件已对该队不利，则必须按照以下程序进行申诉：

- 在比赛结束后，裁判员签字前，该队队员应立即在记录表上签字。
- 赛后 30 分钟之内，该队应提交一份申诉的书面确认函，并且交付组委会 200 美元保证金。如果申诉被采纳，则该笔保证金予以退回。

只有被赛事官方组织者制作的比赛录像才能在申诉程序中使用。比赛录像仅用于决定最后一次投篮是否于比赛结束前出手，或者该投篮应该得 1 分或 2 分。

### 第 15 条　球队的名次排列

下列原则将适用于小组赛和赛事整体的球队名次排列（但不适用于巡回赛）。
如果双方在第一步的比较后依旧持平，则进行下一步的比较，以此类推。
（1）获胜场次最多（或在参赛队伍数量不同的小组之间使用胜率比较）；
（2）相互之间比赛结果（只考虑胜负，仅适用于小组内部排名）；
（3）场均得分最多（不包括因对方弃权而获胜的得分）。

如果经上述 3 个步骤的比较后球队间依旧持平，则具有更高种子队排位的球队名次列前。

### 第 16 条　种子队排位规定

种子队排位依据球队相关排名积分确定(参加比赛前,该队个人积分排名前 3 的队员个人积分总和即为该队排名积分)。如果排名分数相同,种子队排位将在比赛开始前随机决定。

备注:在国家队比赛中,种子队排位依据三对三官方排名规则确定。

### 第 17 条　取消比赛资格

队员累积 2 次违反体育运动精神的犯规(不适用于技术犯规),在其被裁判员取消比赛资格的同时也可被比赛组织方取消其在该赛事中的参赛资格。

赛事组织方将立即取消一切涉及暴力行为、言语或肢体攻击行为、不正当影响比赛结果、违反国际篮联反兴奋剂条例(国际篮联内部规章第四卷)或国际篮联的精神准则(国际篮联内部规章第一卷第二章)等队员的比赛资格。竞赛组织方有权根据球队其他成员的参与程度,包括对上述举动(不作为)而取消全队的参赛资格。国际篮联在赛事管理框架内强制执行纪律处罚的权利以及国际篮联内部规章不受第 16 条取消比赛资格规定的影响。

#### 案例 1

比赛计时钟显示 9:38 时,A1 与 B1 相互推搡,裁判员判定双方违反体育运动精神的犯规。当比赛计时钟显示 0:25 时,A1 对 B2 造成过分的身体接触,A1 被判违反体育运动精神的犯规。

**解析**:A1 因 2 次被判违反体育运动精神的犯规而被取消比赛资格。他必须立即离开比赛场地并且可被比赛组织方进一步取消其在该赛事中的参赛资格。

#### 案例 2

比赛计时钟显示 9:15,球中篮之后,A3 故意延误比赛的连续进行。由于 A 队已经因类似的情况受到了警告,因此裁判员判 A 队技术犯规。比赛计时钟显示 0:25 时,A3 因不尊重裁判员而被判技术犯规。

**解析**:A3 不会因 2 次技术犯规而被取消比赛资格,这 2 次技术犯规应作为对 A 队的判罚并且计入该队的全队犯规。

# 第二篇

# 裁判法

# 第三章　二人执裁

为了方便裁判员在场上获得更好的位置并做出正确的判断,本书将执裁方法和技巧进行详细说明。

首先,能够掌控场上的比赛是作为一名优秀裁判员尤为重要的先决条件。在清晰准确理解国际篮联《篮球规则》的同时,还要理解比赛的精神。任何一个违例都要判罚的话,会引起教练员和观众的强烈不满。

本书是为现代篮球比赛中裁判员的制裁方法和技巧的标准而设计的,希望能加强有经验裁判员临场实践的统一性和一致性。

所有裁判员都要遵循这些基本原则。

## 第1条　比赛前的准备

### 1.1　到达比赛场馆

所有裁判员需要根据赛程安排合理地规划自己的行程,不能因为天气原因耽误比赛。建议裁判员要在预定的比赛开始时间前一小时以上到达比赛场馆,到达赛场后应立即向比赛组织部门或技术代表(如到场)报到。

裁判员要以饱满的精神和良好的身体状况迎接每一场比赛。要在预定比赛开始前4小时完成就餐,并且比赛当日严禁饮酒。

裁判员的着装是十分重要的。男性裁判员到达比赛场馆时穿西装(或运动外套),系领带。要求在比赛中,衣着注意整洁平整,不允许佩戴手表、腕带和任何种类的珠宝。

总而言之,我们的裁判员进出场都要有职业化的风度。

### 1.2　裁判员会议

到达比赛场馆以后,两名裁判员应该就本场比赛可能面临的任务进行沟通。他们是一个整体,应尽一切努力来增进团结。

赛前准备会是尤为重要的。

讨论的内容包括:

(1)特殊情况:跳球情况和程序、技术犯规、罚球、电视暂停等;
(2)合作和配合,尤其是在两名裁判同时鸣哨时;
(3)三分试投;
(4)对比赛的感觉;
(5)有利原则、无利原则;

(6)特定比赛中的站位和责任；

(7)无球区域；

(8)夹击和紧逼防守；

(9)一节或决胜期比赛时间结束；

(10)对于由参赛者和观众引起的问题的处理；

(11)确定与同伴、记录台人员或技术代表(如到场)之间的一般联络方法。

### 1.3 准备活动

现代篮球比赛中，裁判员换好服装后，应为比赛做些准备活动，避免在高强度比赛中受伤。

不论裁判员的年龄大小，还是经验是否丰富，赛前的身体准备活动都是不可缺少的。裁判员一定要充分活动各处关节，防止受伤或减轻受伤的程度，同时要保持良好的心态。

### 1.4 赛前职责

为方便裁判员检查比赛设备和监督球队热身练习，两名裁判员要在比赛开始前不少于20分钟和下半场开始前不少于5分钟到达比赛场地。

主裁判赛前需要检查比赛场地、比赛计时钟和所有技术设备(图3-1)，其中包括记录表(在没有技术代表到场的情况下，还包括运动员的证件)。另外，主裁判还要为本场比赛挑选一个比赛用球(一个用过的球)并做出明显的记号(图3-2)。当比赛用球已经确定，任何一队都不允许用它进行赛前练习。所选用的比赛用球应该是完好无损并且符合规则要求的。

图 3-1　检查建材器材　　　　　　　　图 3-2　挑选比赛用球

在赛前和下半场热身练习时,两位裁判员应站在记录台对面的位置,观察两个球队是否有可能导致比赛设备损坏的行为,绝不允许运动员抓篮圈或篮板。

如果裁判员发现存在违反体育运动精神的行为,必须立即警告该队教练员,并告诉他如果再有一次,将被判罚 1 次技术犯规。

主裁判要在比赛开始前 10 分钟检查记录员已经填写好的记录表,表上要有双方教练员签字确认该队队员姓名、号码以及教练员姓名,并且要指明开始上场的 5 名队员。全部检查合格后,主裁判回到记录台对面的位置站好如图 3-3 所示(R 为主裁判站位;U 为副裁判站位,后续图亦同)。

在每场比赛开始前 6 分钟,向观众介绍运动员、教练员和裁判员。主裁判应该鸣哨提醒所有运动员停止练习,并回到各自的球队席区域准备入场。

当所有运动员、教练员及裁判员介绍完毕,主裁判应该鸣哨并以手势表示距离比赛开始还有 3 分钟,此时运动员仍可以在场上进行热身练习。在比赛开始前 2 分钟,两位裁判员应该一起站到靠近记录台的位置。

当距离比赛开始还有 1 分 30 秒时,主裁判应该鸣哨提醒所有运动员停止练习,回到各自球队席区域准备比赛。

主裁判应该确认每一名记录台人员都已经做好了准备,以及确保队员穿戴合格可以进行比赛。裁判员要明确双方场上队长,并进行握手(图 3-4)。

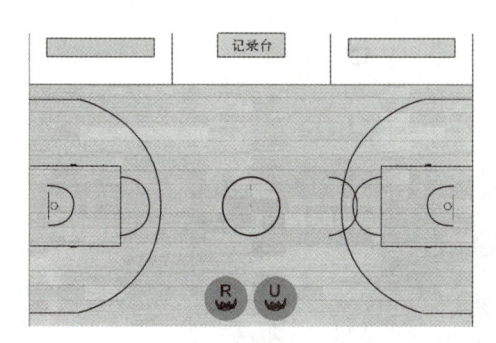

图 3-3 开场前裁判员站位

图 3-4 队长与裁判员握手

## 第 2 条 每节开始

### 2.1 每节开始前的管理

主裁判在执行跳球前以及每节比赛发球前都应该与另一名裁判员做出联络手势,确保记录台人员是否做好比赛准备。以"拇指向上"作为联络手势。主裁判确保一切准备就绪后,才可以进入中圈开始准备抛球或每节比赛开始掷球入界(图 3-5)。

第一节比赛开始时,副裁判员应该站在靠近记录台一侧的边线中线处。他不介入跳球的管理,但是要时刻准备移动到比赛的前方(图 3-6)。

## 篮球规则与裁判法实用图解

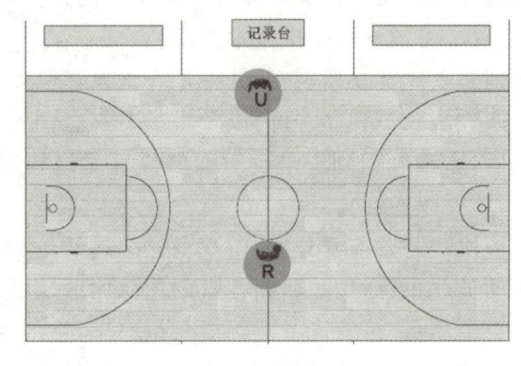

图 3-5 联络手势　　　　　　　图 3-6 裁判员站位

主裁判站在记录台对面,做进入中圈进行第一节开始的抛球准备。

每节比赛开始前的掷球入界时,主裁判都要站在记录台对面的中场延长线,且站在掷球入界队员的后场一侧。执行掷球入界的队员要骑跨中线延长线。副裁判员为了观察场上所有队员,应站在对侧的边线、发球队的前场处。

除了第一节,随后每节比赛开始时,两名裁判员的移动参见 5.2 的规定。

### 2.2 开局的抛球

当跳球运动员做好准备,双脚在本方球篮的半个中圈内,并且一只脚靠近中线。主裁判将球在两名跳球队员之间垂直向上抛起,并且高度要超过任一队员跳起时能达到的高度(图 3-7)。

图 3-7 开场抛球

抛球后,当比赛朝着一个方向发动,球和队员们已离开中圈前,主裁判应保持静立不动。

抛出球时,主裁判为了不影响抛球的准确性,不能试图后退。

副裁判员应确保拍球是合法的,也就是说,在球于最高点被跳球队员拍击的过程中,跳球队员及非跳球队员均没有犯规、违例等行为。

当球被跳球队员第一次拍击时,副裁判员要立即做出开表的手势,并且移动到比赛移动的方向,为了占据前导的位置,应该跑在球的前面。

### 2.3 裁判员的移动

当球拍至副裁判员的右侧时,副裁判员向球的方向移动至端线,占据前导裁判的位置(图 3-8,其中 L 为前导裁判;T 为追踪裁判,后续图亦同)。当离开中场区域,主裁判延边线占据追踪位置。

每当交换球权出现新的比赛方向时,两名裁判调整位置,即追踪裁判变为前导裁判,前导裁判变为追踪裁判。

当球拍至副裁判员的左侧时,副裁判员向球的方向移动至端线,占据前导裁判的位置(图 3-9)。当比赛重心离开中场区域,主裁判在不妨碍队员的情况下移动到记录台对侧,占据追踪位置。

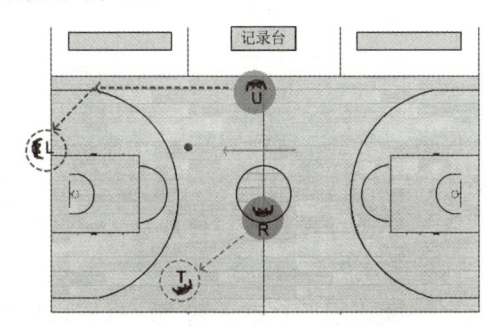

图 3-8 裁判员的移动(1)　　　　图 3-9 裁判员的移动(2)

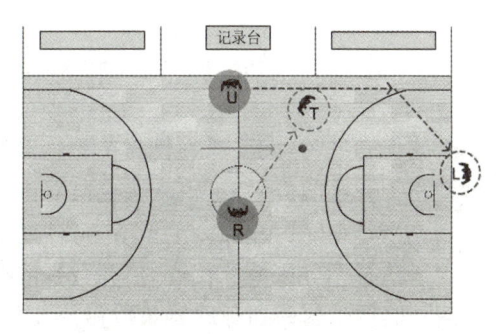

## 第 3 条　裁判员的站位和责任

### 3.1 执裁技巧

裁判员的眼睛要时刻关注场上 10 名队员的位置,还要知道球的位置,但并不需要眼睛时刻盯着球,其中一名裁判员必须注意无球区域中队员的动作。

每当两名裁判员同时鸣哨时,应该由最靠近比赛的裁判员做出相应的宣判。当一起犯规中两名裁判员同时鸣哨时,不要着急宣判,要与同伴建立目光联系,这是避免出现不同宣判或重复宣判的一种方法。

当对犯规或违例做出宣判时,主裁判与副裁判之间无论年纪大小或是经验多少,都有做出宣判的权利。合作与配合是至关重要的。

### 3.2 场上责任的划分

两名裁判员要相互配合,一位负责有球区域,一位负责无球区域。

为便于理解,把每个半场划分成①—⑥的长方形(图 3-10)。

### 3.3 追踪裁判——占位和责任

追踪裁判,一般情况下应站在比赛的后面,距离球的左后方 3~5 米处。

球在①区和②区,追踪裁判主要负责观察运球、投篮或传球的队员以及防守队员。在这两个区域,追踪裁判主要负责有球区域。

图3-10 区域划分

当球在③区时,追踪裁判仍然主要负责有球区域。但是在这种情况下,他需要尽可能移动到利于观察的位置,不仅观察攻防双方的动作,还应该对在他右侧边线出界的行为做出宣判。当球在③区靠近3分线时,持球队员大多情况会选择投篮或使球进入④区或⑤区。为了监视无球区域的比赛,追踪裁判需要先向他的左侧移动。

当一名队员骑跨罚球线延长线做了3分试投(③区和④区),追踪裁判应该对此试投负责。如果追踪裁判被防守队员挡住视线时,需要前导裁判的帮助,去观察3分试投。

追踪裁判对他右侧端线或边线区域不负主要责任,但是当球出界需要在那里发球时,他需要协助同伴。

当球在④区时,追踪裁判对球和球周围的比赛没有责任。他的主要任务是注视无球区域的情况,要特别注意可能发生的掩护犯规的情况。

最重要的一点是,当球向球篮或端线推进时,追踪裁判必须插入罚球线延长线附近,以便更好地寻找队员之间的空间。

当球在⑤区(限制区),追踪裁判负责球的飞行,看球是否中篮以及是否有干扰球违例,以及外线队员冲抢篮板球是否合法。

当球在⑥2分投篮区域内,追踪裁判主要负责球。但是当球向篮下推进,特别是沿端线推进时,前导裁判主要负责有球区域,追踪裁判要时刻注意策应区。当球在⑥3分投篮区域内,追踪裁判应该注意有球区域,特别是当出现投篮时。

当球在追踪裁判左侧的边线出界后,追踪裁判要负责指出下一掷球入界的方向。

两位裁判员时刻都要保持密切的联系,追踪裁判要根据同伴的位置及时调整自己的站位。

当球在(图3-11)阴影区内时,追踪裁判负责有球区域。追踪裁判和前导裁判共同负责黑阴影区域。

追踪裁判主要负责:

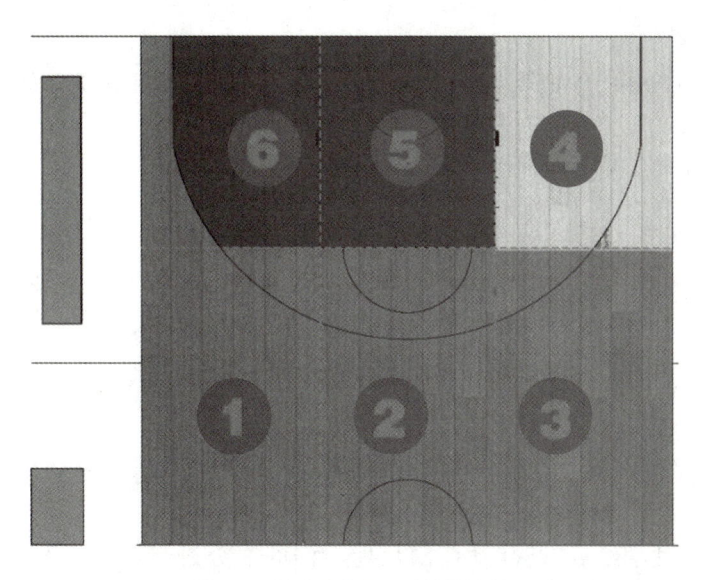

图 3-11 球在①②③区时的共管区

1. 2分和3分试投,包括对一节或决胜期比赛时间终了或发生进攻时间违例做出判断;
2. 判定干扰得分;
3. 篮板球情况,特别是外线冲抢篮板球的情况;
4. 无球区域(弱侧)策应区;
5. 远离前导裁判的判罚;
6. 判定走步违例(追踪裁判有最佳的视角);
7. 判定进攻时间违例。

记住执裁方法的原则:
1. 当球移动时,追踪裁判也要不断地移动;
2. 要把场上所有队员都置于两名裁判员之间;
3. 当球向罚球线延长线内移动时,要插入;
4. 寻找两队员之间的空间。

### 3.4 追踪裁判——实际的忠告

1. 当比赛向前推进时,一般保持在球的左后方3~5米处,并寻找两队员之间的空间。这是为了保持好的角度观察比赛,增大对球场的覆盖面。
2. 你要负责左侧的边线、中线(回场球)和进攻时间违例。每当球出界时,要特别注意进攻时间。
3. 如果从后场发球,推进至前场的时间少于8秒钟,要提醒双方球队剩余的秒数。
4. 如果球打到你的右远方,并且在紧逼防守的情况下,为了能够正确地做出判断,你要尽快跑到附近,一旦情况允许时,立即回到正常的追踪位置。
5. 主要负责关注所有投篮情况中球的飞行,其中包括干扰球情况。涉及3分投篮时,要注意队员的脚,尤其是在靠近3分线时。确保你在两队员之间进行观察,以便判断任何有可能发生的接触。

6.每当球向罚球线延长线推进时,你还必须插入(但不要超过罚球线延长线)。并且要特别注意外线冲抢篮板球时发生的身体接触。

7.每当球被传出或是投出时,要先观察防守队员的动作再看球。

8.在赛前准备会上,要确定与同伴之间的联系方式,一旦发生对出界球判断不准时,及时联络。

9.由追踪裁判变前导裁判时,目光要集中在比赛和队员身上,不能转头离开比赛或向下看场地。

10.当你负责有球区域时,特别是一对一的情况下,要寻找两队员之间的空间。

### 3.5 前导裁判——占位和责任

前导裁判在正常情况下应位于比赛的前方。他必须尽可能快地跑在比赛的前面,让比赛朝着他而来。前导裁判必须总在移动中。

前导裁判到达端线后,其移动范围从他左侧的3分线到不超过他右侧限制区的最远边。

在大多数情况下,裁判员要"监控"场上10名队员,要保证所有队员都在两名裁判员之间,但是两名裁判员不需要对角线站立。

球在①区时,前导裁判主要负责观察无球区域,要特别注意掩护犯规的情况发生。

球在②区时,前导裁判仍然负责观察无球区域,要保持脚与端线在同一直线上(身体正对比赛),要能够预见任何可能出现的投篮情况。

当球在③区时,前导裁判要知道球在哪里,当有需要时在3分试投时给同伴帮助,没有必要超过其左侧的3分线。

现代比赛越激烈,内线队员之间身体接触越多,前导裁判的责任是防止由于身体接触造成过分或野蛮粗野的动作发生。当一名队员试图占据一个新的合法位置被阻断时,这是一起犯规。

当球在①②③区时,或者说当球在中线和罚球线延长线之间时,前导裁判主要负责无球区域,并时刻观察队员。

当球在④区时,前导裁判应该正对比赛场地,负责有球区域。但在此区域向左移动不超过3分线,并且对于3分试投,也能给予同伴提示。

当球进入限制区⑤区时,前导裁判负责观察有球区域。在投篮或是一对一的情况下,前导裁判应注意观察防守队员。前导裁判最靠近比赛,对于投篮队员和其他防守队员的身体接触,他处于最有利的判罚位置上。特别是当一名队员上篮时,前导裁判应该时刻注意队员之间的身体接触是否合法,但是不需要关注球的飞行情况。

当球在⑥区的2分投篮区域时,前导裁判应该移动到能够观察有球区域的位置,且身体要面对比赛场地。但是在向右移动时不要超过限制区的边缘。当球在⑥区的3分投篮区域,前导裁判的主要责任是观察无球区域,特别是涉及掩护的情况。

当球在阴影区(图3-12),前导裁判负责有球区域,黑阴影区指明前导裁判和追踪裁判共同负责区域。

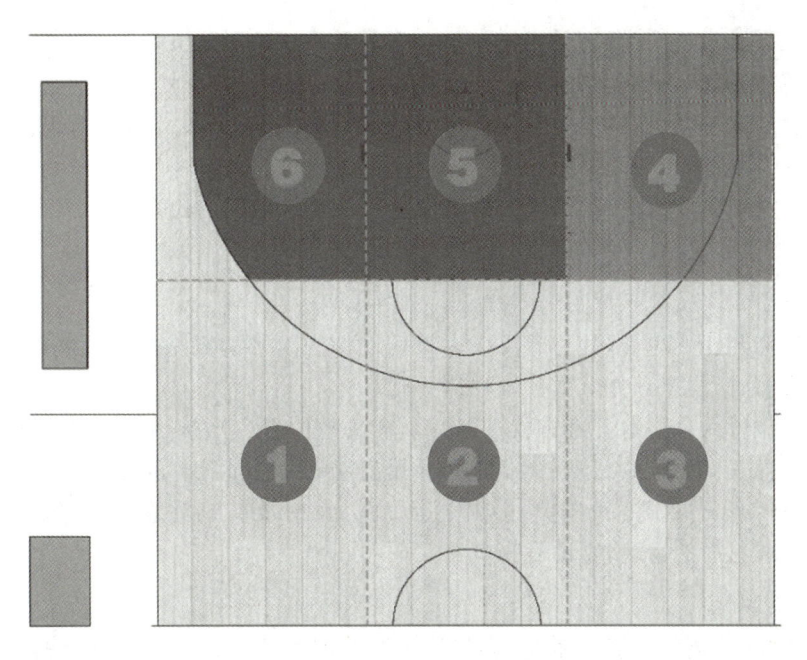

图 3-12　球在①区时的共管区

前导裁判的主要责任包括：
1. 监督中锋策应或中锋位置的攻防；
2. 监督球篮下的比赛；
3. 判定远离追踪裁判的犯规；
4. 监督发生在前导裁判一侧的持球方向突破。

记住执裁方法的原则：
1. 当球移动时，前导裁判也要移动；
2. 保证场上队员在两裁判视野之间；
3. 寻找两队员之间的空间；
4. 从端线向后退以获得更大的视角观察比赛。

### 3.6　前导裁判——实际的忠告

1. 要保证比赛朝着你的方向而来，时刻保持在比赛的前面，争取占据有利位置观察比赛。始终知道球的位置，无论是否观察有球区域。

2. 负责端线和你左侧的边线。在进攻时间违例时，给予同伴帮助。

3. 当球靠近④区 3 分线时，要与同伴建立目光联系，时刻注意协助同伴。

4. 特别注意中锋队员之间的身体接触，要适当宽容，杜绝一切野蛮动作。当队员移动到一个新的位置时，要时刻注意他的防守队员是否有犯规的动作。

5. 尽量占据离端线约 2 米的位置观察比赛，因此，你要时刻注意移动。当球从④区向⑤⑥区移动时，要插入篮下观察比赛。

6. 当一节或决胜期比赛时间结束时，观察投篮的球是否算得分，不是你的责任，因此不要做出指示。

7. 应该鼓励对抗,有合理的身体接触。但是要注意防守队员是否有假摔行为,除非是违反体育道德犯规,否则应该宣判已经直接影响比赛的身体接触。

8. 在赛前准备会上,要确定与同伴之间的联系方式,一旦发生对出界球判断不准时,及时联络。

9. 出现紧逼防守的情况下,要协助观察追踪裁判区域内的比赛。在这种情况下,不要着急往前跑,以方便给同伴帮助。

### 3.7 追踪裁判和前导裁判——进一步实际的忠告

1. 确保你判罚的犯规,是你看见了完整的动作。附带的和未影响比赛的身体接触不要判罚。投篮时,注意双方队员的圆柱体原则。

2. 中锋位置的攻防双方都有权占据一个合法的位置。当接触已直接影响比赛时,应立即做出判罚。太粗野或猛烈的攻防,会导致裁判员失去对比赛的控制。

3. 在任何情况下发生的掩护,必须是静立的,此时要特别注意伸腿、膝或肘的动作。一旦发生骗取犯规的情况,立即做出判罚。

### 3.8 紧逼防守

紧逼防守时,裁判员要着重观察紧逼区域,暂时忽略球场区域分工。球一旦进入前场,前导裁判就可以移动到端线的正常位置。

当只有一名防守队员在其前场紧逼防守时,前导裁判要注意观察他半场内的所有队员。追踪裁判根据需要尽量靠近比赛,以便观察可能发生的违例或者犯规情况。

当有3名防守队员紧逼的情况下,前导裁判要延迟快下并协助同伴观察紧逼防守,直到球进入前场。

裁判员要注意在紧逼情况下改变球权是由于失误而非犯规导致的。

### 3.9 有紧逼防守的掷球入界

当在靠近前导裁判一侧的边线发球时,前导裁判将球递交给发球的队员后,立即移动到端线位置,这样能够仔细地观察掷球入界队员及附近的所有队员。

前导裁判要观察内线的攻防、紧逼防守和传接球队员附近的其他活动,要保证掷球入界没有违例。因为球正处于向球篮推进的位置,因此追踪裁判应该向篮下插入,并观察无球区域的队员。

当在靠近追踪裁判一侧的边线掷球入界时,由追踪裁判负责递交球,并观察掷球入界队员周围的比赛和靠近有球一侧的队员。前导裁判负责内线位置的攻防和无球区域。

### 3.10 夹击防守

当持球队员被严密防守时(距防守队员在正常的一步之内),必须在5秒钟之内传球、投篮或运球。当球在④区或⑥区时,前导裁判负责持球队员周围的比赛,追踪裁判应注意无球区域,但是在任何夹击出现时,追踪裁判要时刻做好帮助同伴的准备。

当在中场线附近出现夹击情况时,追踪裁判要尽可能地靠近比赛,注意可能发生的违例或犯规情况。前导裁判要注意无球区域的比赛。

### 第4条 球出界和掷球入界的情况

#### 4.1 对线的责任

通常宣判球出界时,前导裁判负责端线和其左侧的边线;追踪裁判负责中线和其左侧的边线。

#### 4.2 掷球入界

当球出界时:

1. 负责该条边线或端线的裁判员鸣哨一次的同时举起手,五指并拢伸直于空中,表示停止比赛计时钟。
2. 随后裁判员应该指出拥有下一球权球队的方向。
3. 裁判员指令掷球入界的队员到即将掷球入界处。
4. 裁判员把球递交给掷球入界队员后,队员从指定的掷球入界处左右移动范围不能超过正常的一步。
5. 在一次成功投篮或最后一次或仅有一次成功的罚球后,如果有暂停或换人,或者因为正当理由,比赛被裁判员中断后,裁判员应将球递交给掷球入界的队员准备继续比赛。
6. 当掷球入界后,球接触场上队员时,裁判员应该用手做劈砍动作以示开表,如图 3-13 所示。

当球出界时,负责该线的裁判员无法判定方向的时候,应鸣哨并给出停表的手势,然后向他的同伴寻求帮助。如果另一裁判员能够确定方向,应该及时给出比赛的方向,然后由负责该线的裁判员指出比赛的方向。如果两名裁判员都不能确定比赛的方向,他们应该一起给出争球的手势。任何犯规或停止

图 3-13 掷球入界开表手势

比赛后,由掷球入界重新开始比赛,都应在最靠近犯规的地点或停止比赛的地方掷球入界。

如果在④⑤⑥区发生犯规时(图 3-14),在此区域内掷球入界,都应该在最靠近端线的地点,但是不能从篮板后面掷球入界。

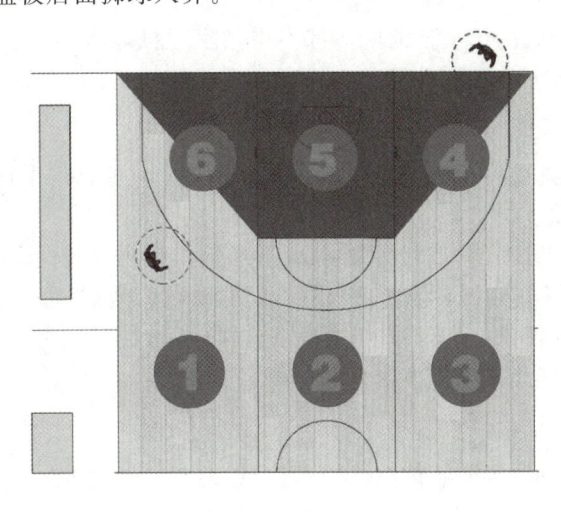

图 3-14 在④⑤⑥区发生犯规

掷球入界在裁判员左方场角和篮板近边之间进行时,前导裁判应在用左手将球递交给掷球入界队员后,向限制区迈出 1 步到 2 步(图 3-15)。当在篮板远边与前导裁判右方边线之间掷球入界时,应在将球抛给或反弹给队员后,退到正常的位置进行观察。

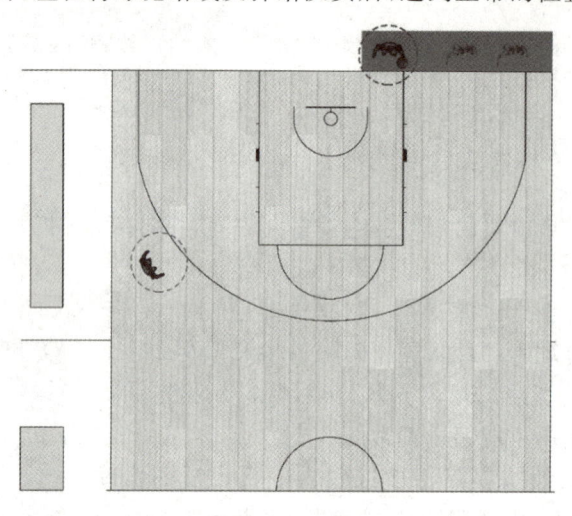

图 3-15 掷球入界

在所有情况下,追踪裁判要始终观察所有无球队员的行动。

记住:

如果进球无效,那么随后的掷球入界应该在罚球线延长线上进行。

递交球的裁判员,负责管理掷球入界并且当球首先触及场上队员时,立即做出开表的手势。在递交球之前,应该与同伴取得目光联系,确定同伴已经做好准备。

当掷球入界点在右下方时,前导裁判站在正常的位置上与同伴取得联系后,将球递交给掷球入界队员;当掷球入界点在罚球线延长线和中线之间时,追踪裁判负责管理掷球入界;当在后场进行掷球入界时,追踪裁判应越过场地到远处管理掷球入界,前导裁判依旧要移动到对侧,一旦将球递交给发球队员后,两名裁判员回到正常位置进行观察。在所有情况中,两名裁判员都需要在将球递交给掷球入界队员前,确定同伴已经做好准备。

当掷球入界队员距离最近的障碍物有 2 米以上距离时,场上所有队员可以尽可能靠近发球线;当不足 2 米时,场上任何队员都不得站在距掷球入界队员 1 米以内处,负责管理掷球入界的裁判员应处理该种情况。

### 4.3　24 秒计时钟

当球被打出界时,要停止 24 秒计时钟,并且不复位。一旦场上任何队员合法触及,24 秒计时钟应立即启动。

如果场上队员故意踢球,裁判员要向 24 秒计时员做出复位的手势。如果在后场发生违例,24 秒计时钟要复位回 24 秒,如果在前场发生违例,当 24 秒计时钟显示的剩余时间多于 14 秒时,连续计算;少于 14 秒时,复位到 14 秒。裁判员应确保在将球递交给掷球入界队员以前,计时钟已经正确复位。

### 4.4　球回后场

某队在前场控制球,该队队员使球回到后场,这是一起违例。追踪裁判负责中线,因此，他应在鸣哨并做出停表的手势后，再做球回后场的手势以及下一比赛方向的手势，如图 3-16 所示。

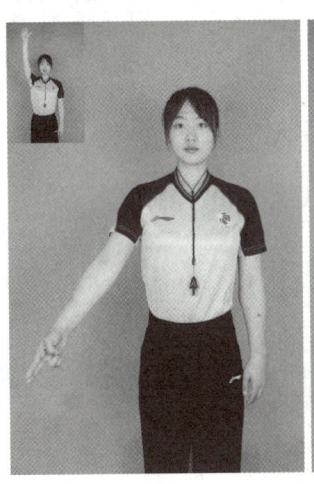

图 3-16 球回后场

球回后场违例的情形有：

(1)当球触及后场；(2)球触及没有完全进入前场的进攻队员身体；(3)球触及有部分身体接触后场的裁判员。

### 第 5 条 投篮情况

#### 5.1 球的飞行

追踪裁判负责观察球的飞行情况。如果球进，需要向记录台做出手势确定得分，前导裁判负责观察无球区域。但是当一起犯规发生时，由宣判的裁判员决定中篮是否有效。

成功得分的队伍，不能再触及球，如果触及球要警告该队队员及教练员 1 次，再发生类似情况，就要被判罚一次技术犯规。

#### 5.2 干涉得分和干扰得分

追踪裁判负责观察球的飞行情况，因此，他必须对干扰得分的情况做出宣判。

在一次投篮中，球正在下落并且完全在篮圈水平面之上，在球触及篮圈之前或者球明显将会触及篮圈之前，任何球员不得触及球。防守队员触及球，追踪裁判应鸣哨并指明投篮队得相应的分数；进攻队员触及球，取消得分并指出新的比赛方向。

#### 5.3 3 分试投

追踪裁判负责给出所有 3 分试投的手势。追踪裁判要注意投篮队员的双脚，确定该试投是否是从 3 分投篮区域投出的。

判定是 3 分试投时，追踪裁判要举起一只手臂并伸出 3 根手指（拇指、食指和中指），如图 3-17 所示。如果 3 分试投成功，追踪裁判要举起双臂，每只手伸出 3 根手指，以此认定 3 分有效，如图 3-18 所示。追踪裁判的这个手势应该保持一定的时间，让记录员确认 3 分有效。

图 3-17　3 分试投　　　　　　　图 3-18　3 分投篮成功

当追踪裁判从追踪到前导位置时,应时刻注意不要背对比赛。

当投篮出现在④区(图 4-19)时,前导裁判最靠近比赛,他应该协助同伴,当确定为 3 分试投,前导裁判要给出 3 分试投的手势,当看到同伴给出这个手势时,追踪裁判需要做出 3 分试投手势。如果 3 分试投成功,只有追踪裁判给出 3 分有效手势即可。

如图 3-19 所示,如果队员骑跨③区和④区之间的线做了试投,追踪裁判要做出 3 分试投手势,即使他在中场附近。追踪裁判负责阴影区域,前导裁判负责有线的区域。防守队员和 3 分试投队员的位置以及两名裁判员的站位,决定由哪位裁判员给出最初的试投手势。对所有的 3 分试投和靠近 3 分线的投篮,两名裁判员之间时刻要有目光联系。

在 2 分投篮靠近 3 分线时,追踪裁判可以立即做出两指的手势,表示此投篮为 2 分,这样能够避免来自观众、教练员和队员的附加压力。

图 3-19　骑跨③区和④区试投

### 5.4　一节或决胜期比赛时间结束

投篮出现在临近一节或决胜期比赛结束时,裁判员应该尽可能快地做出宣判。

追踪裁判主要负责指明投篮是否成功。正常情况下,无论主裁判在什么位置,都应该由追踪裁判判定。

当一节或决胜期比赛剩余 24 秒或者少于 24 秒时,追踪裁判应该伸出一只手臂并伸出手指做出指示的手势,提示这可能是这一节最后一次进攻。追踪裁判要保持这个手势被前导裁判看到并做出回应。

在看不清情况的场合下,两名裁判员要互相商量,必要时主裁判可与副裁判、在场的技术代表或记录台人员商量。但是最后的结果,由主裁判做出宣判。

### 第 6 条 手势和程序

#### 6.1 手势

随着篮球比赛的普及与推广,篮球运动传播范围的不断扩展,要求裁判员在场上要有明确和准确的宣判。裁判员应做到:

1. 必须使用国际篮联正式的手势。
2. 应使用洪亮的尖声口哨。对于任何违例和犯规,只吹一声并吹得很干脆。
3. 行动比讲话更有力,只有在必要时才使用声音。
4. 手势应保持明快简洁,不必有戏剧性的表演。
5. 停止比赛计时钟的手势必须十分清楚。做停表手势时手臂伸直于空中;犯规停表时一拳紧握,如图 3-20 所示;违例停表时伸开手掌,手指并拢,如图 3-21 所示。技术犯规、违反体育道德犯规、取消比赛资格的犯规、跳球时也要做出手势停止比赛计时钟。

图 3-20 犯规停表　　图 3-21 违例停表

6. 向记录台做宣判时:

(1) 跑到距记录台 6~8 米的位置。此时比赛计时钟已经停止,所以有条不紊地做手势即可。

(2) 手势与眼睛在同一高度,并且与身体保持一定距离,身材较矮小的裁判员,可以适当将手势提高至眉间。

(3)报告犯规手势的顺序是：①队员号码；②犯规类型；③罚球次数或比赛方向。

注：如果进球无效，需要先确定比分无效，再进行宣判。

7.可见性计数是为观察被紧逼防守的队员、掷球入界、罚球的执行以及持球队员进前场 8 秒钟。

裁判员漂亮利索的手势将会提高其自身作为裁判员的形象，增强自信心。

### 6.2 违例

每当发生一起违例时，负责此情况的裁判员需要：

1.鸣哨一声，同时伸直手臂，伸开手掌，手指并拢以停止比赛计时钟（图 3-22）。

2.清楚地指出违例的类型（图 3-23—带球走）。

3.清楚地指出比赛的方向。

4.在所有情况下，执行裁判要递交球给掷球入界队员。

5.违例手势的顺序：

(1)停止比赛计时钟；(2)违例类型；(3)比赛方向。

图 3-22　违例停表　　　图 3-23　违例类型

### 6.3 犯规

每当发生一起犯规时，负责此情况的裁判员需要：

1.鸣哨一声，同时伸直手臂并握拳，以停止比赛计时钟（图 3-24）。

2.对犯规后的罚则给出指示。

3.跑到距离记录台 6~8 米的位置，保证裁判员与记录台之间没有任何障碍，做出能够让记录员看清楚的手势。

4.宣判时保持站立姿势，要用清楚的手势报告犯规队员的号码，并保持几秒钟，让记录员登记正确的号码（图 3-25）。

图 3-24　犯规停表手势　　　　图 3-25　队员号码—6 号

5. 指出犯规类型(图 3-26—拉人犯规)。
6. 指出罚球的次数或随后比赛的方向后,跑向下一个位置(图 3-27—罚球 3 次)。
7. 完成手势后,两位裁判员原则上应交换位置。

图 3-26　犯规类型—拉人犯规　　　　图 3-27　罚球 3 次

### 6.4　犯规后的转换位置

在正常情况下,每一次犯规后两名裁判员应转换位置。但是,当出现以下情况时,两名裁判员不交换位置:

(1)前导裁判宣判进攻队员犯规。即前导裁判向记录台报告犯规后,变成新的追踪裁判,由于比赛方向发生转换,追踪裁判变成新的前导裁判。

(2)追踪裁判宣判防守队员犯规。即追踪裁判向记录台报告犯规后,继续作为追踪裁判,前导裁判仍然在端线做前导裁判。

### 6.5　控制球队犯规

运球的进攻队员冲撞一名已经占据了合法防守位置的防守队员,这是一起进攻犯规。负责该区域的裁判员鸣哨的同时做出犯规停止比赛计时钟的手势,接着指出犯规类型,用握拳指向犯规队球篮的方向,给出进攻队犯规的手势。

这时,宣判犯规的裁判员跑到距离记录台6~8米无任何障碍的地方,指出犯规队员的号码,并做出带球撞人的手势(图3-28)。最后,用握拳的手势指出新的比赛方向(图3-29)。

图3-28 带球撞人　　　　图3-29 比赛方向

### 6.6 犯规和成功投篮

队员正在做投篮时被犯规且投篮成功。前导裁判已鸣哨并停止比赛计时钟(图3-30),此时前导裁判要先指明该投篮是否有效(图3-31),如果不能确定球是否进入球篮,则需要及时与同伴核实这一情况。

由宣判犯规的裁判员做投篮是否有效的最终判罚。

宣判犯规的裁判员跑到距离记录台6~8米无任何障碍的地方,首先确认投篮是否有效。然后裁判员指出犯规队员的号码和犯规类型,最后指出罚篮次数或下一比赛方向。

图3-30 停表手势　　　　图3-31 投篮是否有效

## 6.7 双方犯规

宣判犯规的裁判员鸣哨的同时做出双方犯规停表的手势(图 3-32)。宣判犯规的裁判员跑到距离记录台 6～8 米无任何障碍的地方,指向一方球队席(图 3-33),接着给出队员的号码(图 3-34),再指向另一方球队席(图 3-35),给出第二个队员的号码(图 3-36),宣判双方犯规(图 3-37、图 3-38)。最后,裁判员指出比赛的方向或一次跳球情况发生(图 3-39)。

图 3-32 犯规停表　　图 3-33 指向一方球队席

图 3-34 队员号码　　图 3-35 指向另一方球队席

图 3-36 队员号码　　图 3-37 双方犯规(1)

图 3-38　双方犯规(2)　　　　　　　图 3-39　球权

### 6.8　犯规后裁判员的占位

正在传球的队员被他的防守队员犯规,追踪裁判鸣哨并做出犯规停表的手势。没有宣判犯规的前导裁判应保持在原位置站立观察场上所有队员。两名裁判员不交换位置。

队员正在④区(图 3-19)做投篮动作时,被他的防守队员犯规,投篮未中。前导裁判负责有球区域,应由他宣判犯规。没有宣判犯规的追踪裁判此时仍然保持在原位置站立,并观察场上所有队员。一旦他的同伴开始报告犯规,他再向端线移动,成为新的前导裁判,在此期间,他要始终保持目光在场上队员身上。宣告完犯规的裁判成为新的追踪裁判。新的前导裁判负责管理所有的罚球。

当在无球区域发生进攻队犯规时,由追踪裁判鸣哨并向记录台报告犯规。前导裁判仍然站在原位置观察场上队员,在他的同伴完成宣判后,交换位置。

### 6.9　两位裁判员宣判

当出现两名裁判员同时鸣哨时,他们要及时建立目光联系。距离犯规队员最近的裁判员或比赛朝向的裁判员应做出宣判。

两名裁判员大约同时鸣哨宣判防守队员犯规,但是很难看出哪名裁判员最靠近犯规队员,此时要看比赛朝哪名裁判员移动,就由哪名裁判员做出宣判,除非另一名裁判员在双方鸣哨前已经发现另一起犯规或违例。

## 第 7 条　罚球情况

### 7.1　追踪裁判

在宣判了带有罚球罚则的犯规后,新的追踪裁判移向罚球队员左方的罚球线延长线与 3 分线交接的位置。当前导裁判完成了向队员做出罚球次数手势后,追踪裁判应举起手臂表示罚球次数(图 3-40:1 次罚球、图 3-41:2 次罚球、图 3-42:3 次罚球)。

图 3-40　1 次罚球　　　　　图 3-41　2 次罚球　　　　　图 3-42　3 次罚球

追踪裁判的职责是：
(1)注视罚球队员；
(2)注视对面一侧(限制区)的队员；
(3)计算罚球队员 5 秒钟；
(4)注视球的飞行和在篮圈上的球；
(5)确认罚球是否有效。

### 7.2　前导裁判

前导裁判持球站在球篮下，并在此位置上管理所有的罚球。当双方队员正确站位后，前导裁判进入限制区向队员表明罚球次数后(图 3-43：2 次罚球)，将球反弹给罚球队员，并在每次罚球之后负责捡球。

每一次罚球之后，前导裁判都站立在远离球篮、端线后面和限制区延长线位置，保持双臂放下。在最后一次或仅有一次的罚球中，在球离开罚球队员的手之后，前导裁判应该向右迈一步，以便更好地观察抢篮板球的动作。

前导裁判的职责是：
(1)注视他对面一侧(限制区)的队员；
(2)观察在球未离开罚球队员手时，提前进入限制区发生违例的情况。

图 3-43　前导裁判 2 次罚球

注：对第一次或仅有一次的罚球，一旦球已经被队员处理，替换和暂停只允许在最后一次或仅有一次罚球成功，或罚球之后在记录台对侧中线延长线掷球入界。

### 7.3　没有队员站位的罚球

对所有技术犯规、违反体育运动精神犯规或取消比赛资格的犯规，罚则是 2 次罚球后在记录台对侧的中线延长线重新掷球入界。在以上这些情况下，罚球时不需要队员站位。

未宣判犯规的裁判员负责管理罚球。宣判犯规的裁判员站在记录台对侧的中线延长线附近准备管理罚球后的掷球入界。掷球入界队员应骑跨中线延长线,并且有权将球传给比赛场地上任一地方的同队队员。

### 第8条 暂停和替换

当某队请求暂停时,记录台人员应在裁判员报告犯规结束后,或球成死球并停止比赛计时钟时,用信号通知裁判员。当信号发出后,应由最靠近记录台的裁判员鸣哨,并做出暂停的手势。

随后两位裁判员移动到各自位置,以便观察双方队员、替补队员和教练员,并且与记录台有目光交流。当暂停时间超过50秒时,计时员应发出信号,并且主裁判应鸣哨召唤两队队员立即回到场上重新开始比赛。在信号发出之前,队员不准回到赛场。如果这次暂停是某队半场比赛中的最后一次暂停,主裁判应在暂停结束后,通知该队教练员。

#### 8.1 暂停的管理

当球在记录台对侧的边线出界时,由追踪裁判负责宣判。这时,记录台发出暂停信号,应由最靠近记录台的前导裁判管理这次暂停。两名裁判员占据记录台对侧与赛前相似的位置来观察球队席和记录台。一旦暂停结束,两名裁判员回到他们原来的位置重新开始比赛。每当管理掷球入界的裁判员将球递交给掷球入界的队员后,当球触及场上的队员时,管理掷球入界的裁判员要做出开表的手势。

#### 8.2 成功投篮或最后一次或仅有一次罚球后的暂停

成功得分后,对方教练员立即请求暂停,或最后一次或仅有一次罚球中篮,掷球入界队员可处理球时,可以准许教练员请求一次暂停。

计时员停止比赛计时钟,并且记录员向裁判员指明该队教练员提出了一次暂停,追踪裁判鸣哨并给出暂停手势(图3-44、图3-45)。当双方球员都回到场上,且两名裁判员进行了目光联系后,新的追踪裁判从端线将球递交给掷球入界的队员。

图3-44 停表手势        图3-45 暂停

#### 8.3 替换的管理

当一次替换机会开始时,记录员用他的信号通知裁判员球队提出了一次替换,最靠近记录台的裁判员鸣哨并给出替换手势后(图 3-46),召唤替补队员进场(图 3-47)。裁判员做一个简单的召唤手势即可,重点是不要耽误比赛。替换后,本队教练员要保证场上有 5 名队员。被替换下场的队员可以直接到球队席入座。

图 3-46　替换手势　　　　　图 3-47　召唤入场

为保证比赛的流畅性,裁判员要使比赛尽快重新开始,因此,

(1)不能因为裁判员在场上不适当的移动而影响比赛,特别是在比赛已停止计时钟或球成死球之后。

(2)当场上队员做好了重新开始比赛的准备(掷球入界、罚球),裁判员要及时按照要求重新站在比赛的位置上。

(3)当比赛计时钟停止或球成死球时,裁判员要快速移动到指定位置。

## 第 9 条　比赛时间结束

当比赛结束信号发出时,两名裁判员要移动到记录台。在记录员完成记录表后,确保助理记录员、计时员、24 秒计时员以及自己签上姓名,记录表应送给主裁判审核。一旦主裁判确认记录表准确无误后,先由副裁判签字,然后主裁判签字。这就表示裁判员对本场比赛的管理到此结束。

裁判员团队不仅包括临场裁判员,也包括记录台团队和技术代表,临场裁判员应与记录台人员和技术代表握手,感谢他们为本场比赛付出的努力。

如果比分很接近,两名裁判员可将记录表拿回裁判员休息室更加谨慎地检查记录表后再签字。两位裁判员必须在比赛结束后一起离开场地,直奔休息室。裁判员应避免与双方教练员、队员、观众讨论。在任何情况下,裁判员必须表现得谦恭和礼貌。

## 第 10 条　回顾及结论

### 10.1　回顾

1.裁判员在掌握整体规则的基础上,要具有对自身职责分工的意识。为避免两名裁判员都注视球和球周围的比赛,每位裁判员都必须要熟悉场上的区域分工。

2.在判罚过程中,要重视整体与局部之间的关系,特别对于无球区的犯规,也要及时准确做出判罚。

3.裁判员之间也要保持团队之间的沟通与默契。同时鸣哨时,不要着急宣判,与同伴先建立目光联系再做判罚。最靠近比赛或比赛正朝向的裁判员对此判罚做出宣判。

4.在球出界时,只有同伴需要帮助时才给予帮助。

5.裁判员在判罚过程中,要时刻保持与比赛的"互动"以及必要的"危机意识",在所有比赛时间内,两名裁判员都要知道球在哪、队员在哪,并且时刻注意同伴的位置。

6.裁判员在判罚快攻的情况下,特别是进攻队员的数量超过防守队员时,为防止在比赛远端做出宣判,应该由最靠近比赛的裁判员宣判是否犯规,这不仅体现团队作用的效率与效果,也增加了彼此间的信任与凝聚力。

7.在判罚中应具有对规则理解的整体观念。要确定看到完整的犯规动作,只有该动作已经影响了比赛才做宣判,附带的接触应该被忽略。

8.杜绝过分用手。任何非法阻止企图获得新位置的队员移动,都是犯规。

9.除了对规则的理解和掌握外,优秀的裁判员总是有先于主动承担比赛的责任意识。比赛开始阶段就建立了自己的判罚尺度,这样便能够更好地掌控比赛,以及有坚决杜绝野蛮和过分粗野的比赛责任心和正义感。队员们也应根据裁判员的判罚尺度调整比赛方式。

10.公平、公正是一切规则制定、实施的基石。例如,抢篮板球的情况。如果一个队员从不利的位置上获得篮板球,大多数是一次犯规。不是故意的和未影响比赛的身体接触,是可以被忽略的。

11.当比赛朝你而来时,为获得更好的位置和广阔的视角,你需要不断地移动到两队员之间。当做出宣判时,你要站在能够看清楚比赛全貌的位置。

12.判罚时,要理解好规则整体与局部之间的关系,从而把握好比赛观赏的连续性与判罚尺度之间的相关性,并且时刻知道球的位置。要清楚当你宣判3秒违例时,你要确实看到进攻队员站在限制区内,才开始计时3秒。3秒违例计时应超过3秒钟。

13.与行为有关而警告队员或教练员时,应该在比赛计时钟停止或球成死球的情况下提出。一旦有必要中断比赛,则必须判罚一次技术犯规。

14.作为合格的裁判员,要有自己职业操守和坚定的意志与信念。对于教练员无休止的抱怨行为要及时制止。当教练员试图恐吓和骚扰你时,要立即宣判教练员一次技术犯规,甚至是驱逐出场。

15.裁判员在做出重大判罚前,要耐心和谨慎核实场上的情况后,再做出判罚。当向记录台报告犯规时,要与记录员确认是全队累计犯规次数,是第4次全队犯规,还是第5次全队犯规。

16.当报告队员号码的时候,要放慢速度让记录员有足够的时间看清楚。

17.确定同伴已经做好准备后,再将球递交给掷球入界的队员。当然,也要确保记录台人员已经做好准备。

18. 一定要记住，裁判员队伍也是一个整体、一个团队，并不是独立的个体，因此，要一起到达场地，也要尽可能一起离开比赛场地。

19. 当球移动时，裁判员也要不停地移动调整位置。

## 10.2 结论

裁判员的任何宣判，都必须很快地做出。没有十全十美的裁判员，他们难免会缺乏合理性，甚至偶尔出现错判现象。没有裁判员能够在赛后说：我是无缺点的。作为相关的从事者应该正视以上的客观情况，坚持一切从客观实际出发的必要性和现实意义，并在此基础上，客观地评估自己以及自己所做出的判罚和原则。现代篮球比赛是竞争的，是充满激情的，特别是当比分相近的时候，情绪和摩擦都会骤然上升，现场气氛也会很紧张。这就要求裁判员能够保持对比赛的控制，包括对场上队员的控制，对替补席队员和教练员也要有好的管理。一名优秀的裁判员需要了解比赛，清楚队员和教练员使用战术策略的目的，以及尽可能知道能影响他们的重负和压力。队员、教练员和裁判员是一个整体，他们是一场比赛不可分离的要素。对裁判员来说，要保证比赛正常进行，集中精神是十分重要的。队员可以在场下偶尔放松一下，在场上不接球时放松一下，而裁判员只有在暂停和替换时稍做松弛。尤其当比赛进入最后阶段或比分相近时，身心疲惫也会使精力分散。因此，身体和心理的准备是很重要的。执裁，就是在正确的地点、正确的时间做出正确的宣判，站位是关键。在裁判员落位的选择与判罚的准确性之间有着极大的关联。执裁不是一项容易的任务，队员高大，跑得快，比赛节奏快，很难控制住或看到每一件事情的发生。优秀的裁判员要时刻注意无球区域的比赛。作为一名裁判员，要做到以同样的尺度宣判同样的比赛，无论比赛进行到什么阶段，或者有什么压力。优秀的裁判员应该是一名优秀的执裁者、良好的沟通者以及高情商的管理者，在拥有权威的同时，能够与运动员和教练员关系融洽，在任何情况下都能够保持冷静和稳定。这就要求他们要有聪明的头脑，良好的身体条件，最重要的是裁判员要对比赛有感觉。

# 第四章 三人执裁

### 第 1 条 重要的术语（图 4-1）

L 裁判（lead，前导裁判）是站在端线的裁判员。

C 裁判（centre，中央裁判）是站在无球一侧，大约在罚球线延长线朝向球篮两步的位置。根据球的位置，中央裁判可在前场的弱侧。

T 裁判（trail，追踪裁判）与前导裁判同侧，是靠近中线球队席边线的裁判员。

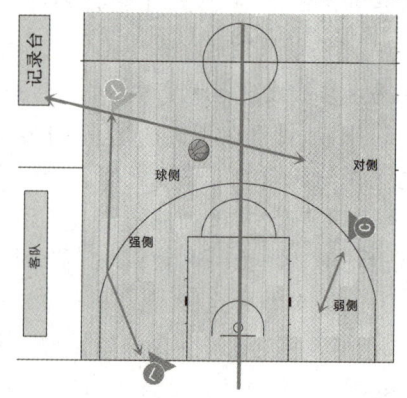

图 4-1 球场划分的相关术语

追踪裁判、前导裁判和中央裁判的基本站位如图 4-2 所示。

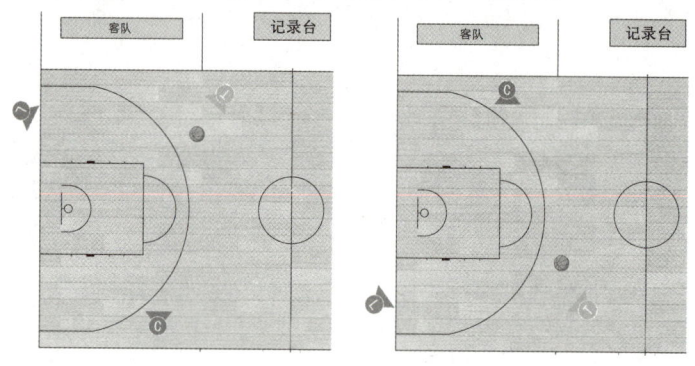

图 4-2 追踪裁判、前导裁判和中央裁判的基本站位

球侧：此术语表示球的位置。在两个球篮间用一条假想的线将球场划分为两部分，球所在的场地一侧为球侧，也称为强侧。

对侧：指远离记录台的一侧，也就是记录台的对侧。

轮转：指活球时裁判员的移动。前导裁判根据球的位置进行落位（记录台一侧或对侧)。大多数情况下,是否发动轮转由前导裁判决定。

弱侧:无球一侧,即前导裁判没有落位的前场一侧。

主要职责区:通常情况下裁判员能观察到队员活动的区域。

共管区:两名裁判员共同负责的区域。

次要职责区:当裁判员确认主要职责区已被覆盖后,还能够观察到的区域。

扩大覆盖区:这是执裁的最高水平,当两种不同的比赛情况同时发生时,裁判员能够延伸扩大覆盖到的区域。

给予帮助:裁判员在主要职责区域之外提供帮助,并且允许在同伴完成本区域宣判后再做出正确的宣判。

常规宣判:本职责区域的裁判员做出的宣判(没有帮助)。

执裁防守:使持球队员保持在自己的视野内,将执裁的主要精力放在防守队员的动作上。

开角:裁判员既能看到主区队员的行为,也能看到次区队员的行为,即为开放的视角,永远不要放弃开角。

闭角:观察主区队员和次区队员,动作发生遮挡或重叠成一条直线时,即为闭角。

交叉步:当比赛开始向一个方向进行时,裁判员向相反的方向移动。

工作区:裁判员大多数时间执裁所处的区域。

行动区:又称动作区,涉及持球队员和不持球队员。对于不同比赛情况(挡拆、低位防守、篮板球)常规的认知可以帮助裁判员确定工作区。

发动轮转的地点:在发动轮转之前,前导裁判应该移动到的位置(地点)叫作"CLOSE DOWN"。

换位:当宣判一起犯规时,裁判员进行一次位置交换,宣判犯规后的裁判员在结束向记录台报告后移动到对侧。发生掷球入界情况时,球侧总保持两名裁判员。

### 第 2 条　比赛开始

#### 2.1　赛前和中场休息准备活动的观察(图 4-3、图 4-4)

主裁判(CC)和两位副裁判(U1、U2)站在记录台对侧的边线位置,主裁判站在中间。

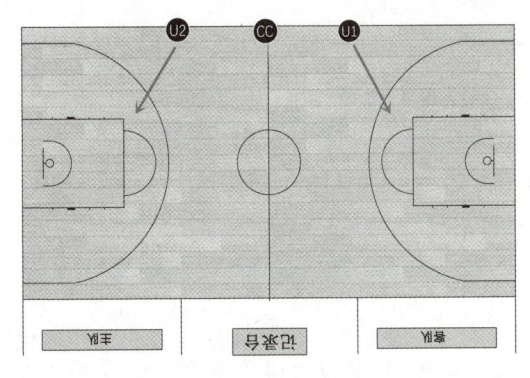

图 4-3　准备活动标准占位　　　　图 4-4　准备活动热身占位

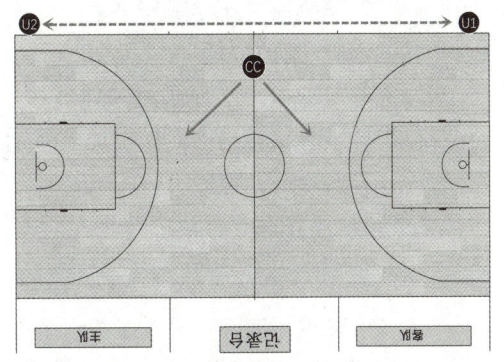

第一副裁判(U1)站在主裁判左侧约 3 米处,并在准备活动期间观察场地左侧的球队。

第二副裁判(U2)站在主裁判右侧约 3 米处,并在准备活动期间观察场地右侧的球队。比赛开始前 10 分钟,主裁判检查记录表是否正确填写队员名单以及首发上场的队员后,返回记录台对侧。

在正规比赛中,比赛开始前 6 分钟介绍双方球队,这时记录台发出信号,随后主裁判鸣哨,确保所有运动员都回到球队席区域。

在距离比赛开始还有 3 分钟时,记录台发出信号,随后主裁判应鸣哨并做出剩余 3 分钟开始比赛的手势。

赛前 2 分钟,三名裁判员应一起移动到记录台一侧,准备比赛。

比赛开始前 1 分 30 秒时,主裁判应鸣哨并确保所有运动员回到各自球队席区域,三名裁判员应与记录台人员以及可能到场的技术代表握手致意。

在中场休息期间运动员热身,三名裁判员应站在和赛前观察一样的位置上。

### 2.2 跳球开始比赛(图 4-5)

#### 2.2.1 跳球时三个裁判的落位

主裁判负责从面对记录台的位置为跳球抛球。

两名副裁判站在相对的两条边线附近。U1 站在记录台一侧靠近中场的边线上,U2 则站在另一侧在球队席的边缘。

图 4-5 跳球时站位

#### 2.2.2 跳球时三个裁判的责任

1.第一副裁判的责任

(1)跳球时球抛得不好或跳球球员违例时,判罚重新跳球。

(2)当球被合法拍击时,做出比赛计时开始的手势。

2.第二副裁判的责任

观察其他 8 名没有跳球的球员是否有违例和犯规。

### 2.3 跳球比赛开始裁判员的移动

#### 2.3.1 跳球比赛开始球向主裁判的右方移动

第二副裁判成为前导裁判;第一副裁判成为中央裁判;主裁判移动至第二副裁判之前的位置成为追踪裁判(图 4-6)。

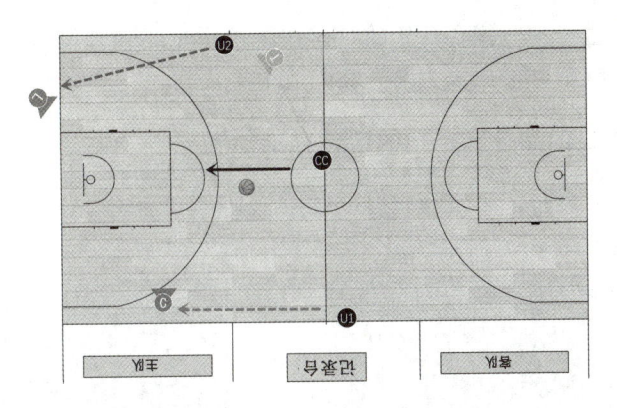

图 4-6　跳球—球向主裁判右侧移动

### 2.3.2　跳球比赛开始——比赛向主裁判的左方移动

第一副裁判成为前导裁判;第二副裁判成为中央裁判;主裁判移动至第一副裁判之前的位置成为追踪裁判(图 4-7)。

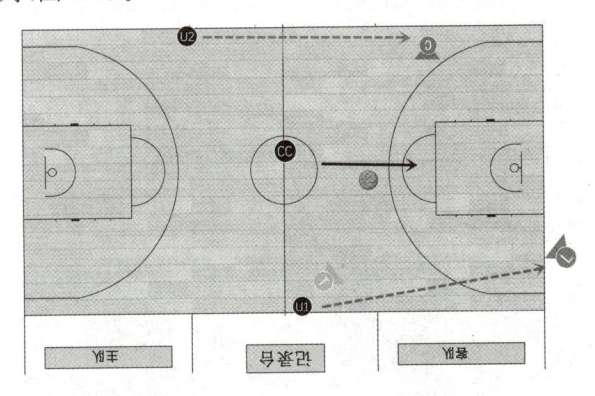

图 4-7　跳球—球向主裁判左侧移动

### 2.4　一节比赛开始(图 4-8)

裁判员的落位分别是:(1)主裁判在中场管理掷球入界,随后变为追踪裁判;(2)第一副裁判/第二副裁判分别落位于对侧成为前导裁判,以及落位于记录台一侧而成为中央裁判。

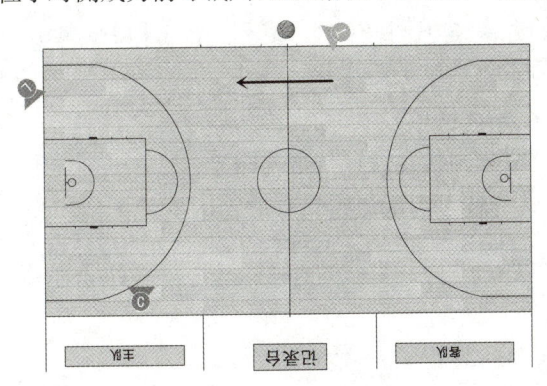

图 4-8　一节比赛开始时裁判员的落位

主裁判永远是在每一节比赛开始的时候在记录台对侧管理掷球入界的裁判员,第一副裁判和第二副裁判则可任意成为前导裁判或中央裁判。

### 第3条 裁判员的站位和场地的区域分工

当球在记录台一侧时,三名裁判员区域分工如图4-9所示;当球在记录台对侧时,三名裁判员区域分员如图4-10所示。

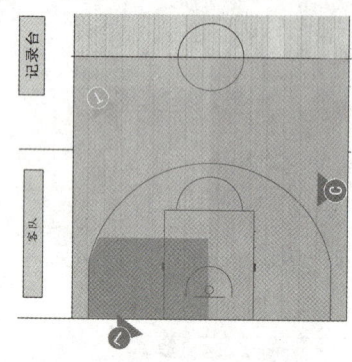

图4-9 区域分工(1)　　图4-10 区域分工(2)

当球在记录台一侧时,三名裁判员观察范围如图4-11所示;当球在记录台对侧时,三名裁判员观察范围如图4-12所示。

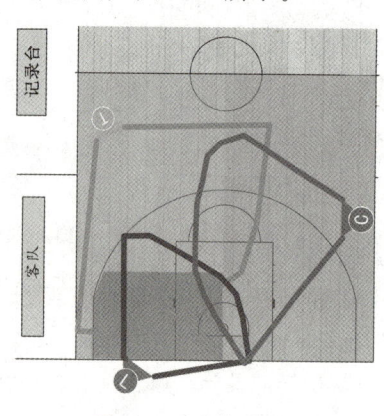

图4-11 观察范围(1)　　图4-12 观察范围(2)

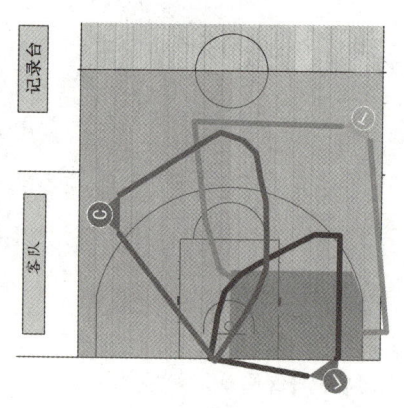

(1)尽可能保持两名裁判位于球侧。
(2)必要时,注意次要责任区。
(3)前导裁判和追踪裁判执裁时保持最佳角度。
(4)主要行动区(队员较多的区域,强侧)应在球侧。

### 第4条 个人执裁技巧

#### 4.1 前导裁判

##### 4.1.1 追踪裁判向前导裁判的转换(图4-13)

(1)快速转换并有力度地冲刺。追踪裁判应在4秒内从原追踪裁判的位置跑到新的前导裁判的位置。

图 4-13　追踪裁判向前导裁判的转换

(2)尽可能快地直线跑到端线落位(三分线和限制区中间)。

(3)始终保持面向球场。

(4)在端线的时间越长,就越应该看清楚比赛的进程(包含轮转)。

(5)追踪裁判应保持在比赛区域的外侧,与比赛区域保持相同的距离/角度。

4.1.2　前导裁判在端线后的执裁(图 4-14)

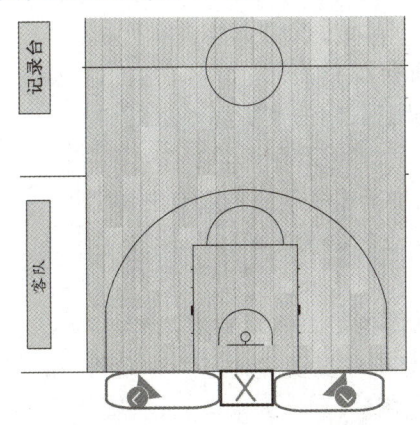

图 4-14　前导裁判在端线后的执裁

(1)前导裁判保持在球场外侧工作。

(2)躯干保持与篮圈前沿呈 45°。

(3)根据球调整位置,保持开放的视角(宽大且从外到内的)。

(4)视野应尽可能地使自己从水平和垂直的方向看清楚(保持与比赛的距离)。

(5)找到能观察下一个比赛情况的初始位置(预判接下来的比赛)。

(6)执裁低位内线区域的比赛时,前导裁判使用交叉步获取更好的视野。

- 队员移向球篮——大跨步(交叉步),如图 4-15 所示。
- 队员移向边线——大跨步(交叉步),如图 4-16 所示。

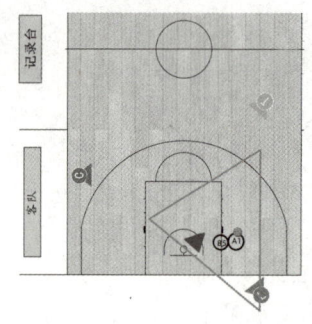

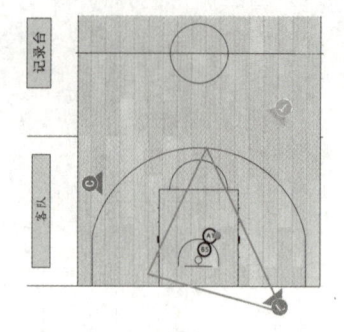

图 4-15  队员移向球篮—大跨步（交叉步）　　图 4-16  队员移向边线—大跨步（交叉步）

## 4.2  追踪裁判

### 4.2.1  前导裁判向追踪裁判的转换（图 4-17）

在攻防转换中，新的追踪裁判必须追踪比赛（在比赛区域后面，既不是平行也不是前面）。这样追踪裁判可以轻松监控计时钟并预判下一次可能的对抗的到来。这些只有在应用正确的技术时，才有可能实现。

(1)等在端线后面，直到球中篮得分，掷球入界的队员将球传给队友并且自己也已开始向前场推进（在进入场地前，新的追踪裁判至少需要在球 3 米开外的距离等待）。

(2)保持在比赛区域后方一两步的适当距离（不要来回不停移动）。

(3)最后一个进入前场，并保持面向篮筐 45°落位（所有球员应该被覆盖在左右直臂延长线的范围内）。

### 4.2.2  追踪裁判半场区域的执裁（图 4-18）

(1)追踪裁判的工作区位于球队席的边线与中线之间。

(2)找到能够看到下一个比赛情况的初始位置并且预判可能发生的情况。

(3)追踪裁判一般在场内执裁。如果追踪裁判与球员保持适当距离并积极思考分析球员要做的下一个动作，那么就可以控制较大的区域范围。

(4)与比赛保持距离。

(5)根据比赛调整位置，阅读比赛并及时做出反应（领先于比赛一步）。

图 4-17  前导裁判向追踪裁判的转换

图 4-18  追踪裁判半场区域的执裁

(6)执裁无球区域时,找到初始工作位置以便观察尽可能多的队员。

(7)如果球朝向追踪所在的边线移动,追踪裁判应当向场内移动(唯一情况)。无论何时,追踪裁判应当使运球队员位于他的前方,这样他可以主动判断运球队员要朝哪个方向前进。无论何时球员向某一方向运动时,追踪裁判应当向另一方向运动,这被称为"追踪交叉步"。当对抗结束时,追踪裁判应当回到靠近边线的初始位置:

当向强侧区域进攻时,前导裁判保持外侧-外侧的视角;应保持最佳的视角来判罚高位/低位的防守;追踪裁判应使用交叉步跟进进攻,如图4-19所示。

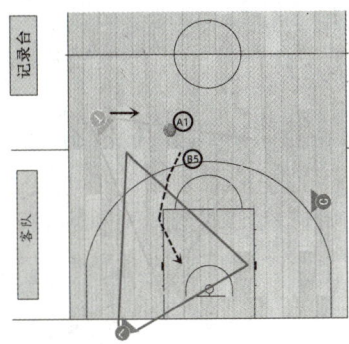

图4-19 追踪裁判交叉步

## 4.3 中央裁判

### 4.3.1 中央裁判向中央裁判的转换(图4-20)

中央裁判向中央裁判的转换的图4-20所示。

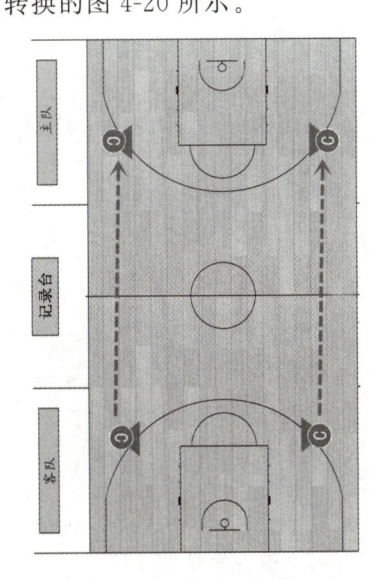

图4-20 中央裁判向中央裁判的转换

### 4.3.2 中央裁判半场区域的执裁(图4-21)

1. 工作区域

(1)初始落位:罚球线延长线。

(2)工作区域:罚球半圆的顶端/假想的罚球半圆底端。

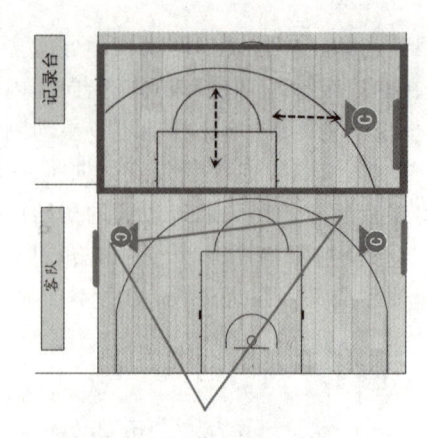

图 4-21 中央裁判半场区域的执裁

2.执裁技巧

(1)执裁有球区时,找到初始位置,以便能够看到队员;执裁无球区时,找到初始位置,以便能尽可能多地看到队员;

(2)与比赛保持距离。

(3)保持在球场内。

(4)根据比赛调整位置,阅读比赛并及时做出反应(领先于比赛一步)。

(5)当球在中央裁判的主要责任区时,准备好执裁有球情况(弱侧)。

(6)比赛从中央裁判的主要责任区发展或从中央裁判的主要责任区域向球篮一侧发展时:

①弱侧突破。

②从强侧到弱侧的突破。

③中央裁判保持跟进比赛直到比赛结束(如弱侧的阻挡/撞人——限制区对侧,不在前导主要责任区的),如图 4-22 所示。

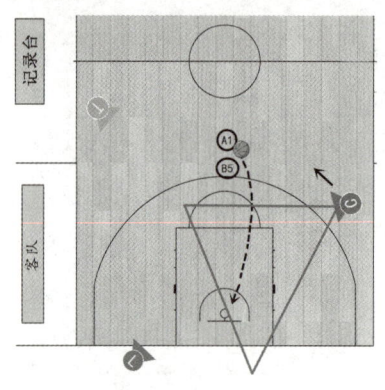

图 4-22 中央裁判弱侧主要责任区

如果由弱侧向主要区域进攻,中央裁判负主要责任。他需要调整位置(进攻之前—阅读比赛),保持距场地一两步的距离。通常这个情况不属于前导裁判的责任(不要跨区鸣哨),除非接触发生在低位区(切入)和来自前导裁判的一侧。

(7)中央裁判交叉步(图 4-23)

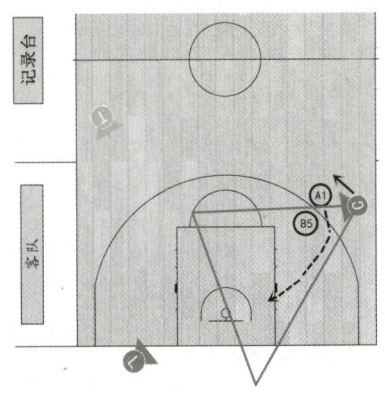

图 4-23 中央裁判交叉步

①执裁有球区时,找到初始位置,以便能够看到防守队员;执裁无球区时找到初始位置,以便能够监控球并且看到下一个比赛情况。
②队员开始向球篮运动。
③中央裁判应向与队员相反的方向跨步(交叉步)以保持对比赛的开角。

### 第 5 条 轮转

轮转是指在比赛中,前导裁判根据球的位置进行移动落位(记录台一侧或对侧),追踪裁判和中央裁判随之进行移动落位的情况。

#### 5.1 基础轮转

当球从强侧向弱侧移动,前导裁判移动到轮转发动点位置,如图 4-24 所示。如果球回到强侧,前导裁判回到初始位置,如图 4-25 所示。

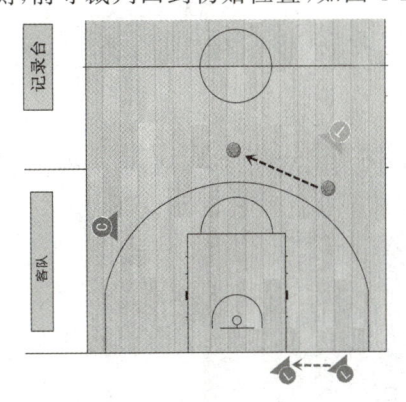

图 4-24 球移动到弱侧,前导裁判移动到轮转发动点　　图 4-25 球回到强侧,前导裁判回到初始位置

#### 5.2 轮转阶段(图 4-26、图 4-27)

当球从强侧向中轴线移动时,前导裁判移动至轮转发动点观察限制区内队员,中央裁判将视线移动到球上,如图 4-26 所示。

当球移动到弱侧,前导裁判发动轮转,同时观察限制区队员,当中央裁判接管了对球的监控时,追踪裁判应把视线从球上转移到新的攻防上,如图 4-27 所示。

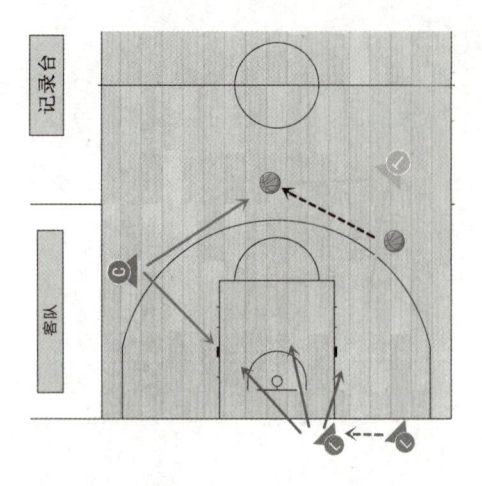

图 4-26 球移动到中轴线，前导裁判发动轮转

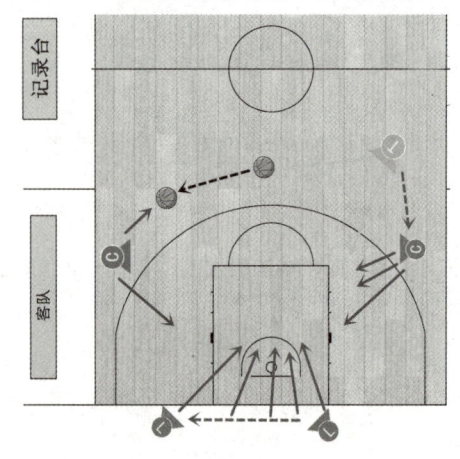

图 4-27 球移动到弱侧，三名裁判员的轮转

## 5.3 轮转完成阶段

当前导裁判完成轮转后，中央裁判移动到新的追踪裁判位置，最后一个完成轮转，如图 4-28 所示。

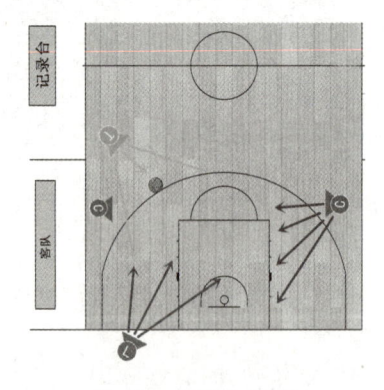

图 4-28 轮转完成阶段

### 5.4 轮转应注意的问题

(1)前导裁判根据球的位置尽早发动轮转。

(2)整个轮转过程中,没必要急促地冲过去,而是要快步走过去,并且监控比赛。

(3)发动轮转时要观察限制区或下一个比赛情况。

(4)前导裁判发动轮转时,中央裁判需要保持在原来的位置以监控比赛,直到前导裁判已经到达球侧的新的区域并准备执裁及监控比赛。

### 第6条　犯规换位

吹罚犯规后换位的基本原则是:

(1)吹罚及宣判掷球入界犯规后裁判要到记录台的对侧(图4-29、图4-30)。

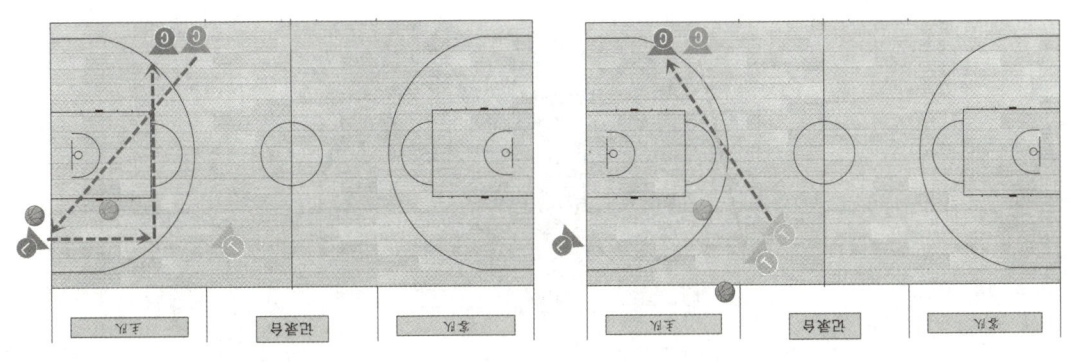

图4-29　前导裁判宣判犯规后到记录台的对侧　　　图4-30　追踪裁判宣判犯规后到记录台的对侧

(2)追踪裁判和中央裁判同时以罚同一个犯规,那么由位于记录台对侧的裁判来宣判,因为宣判之后不需要再换位(图4-31)。

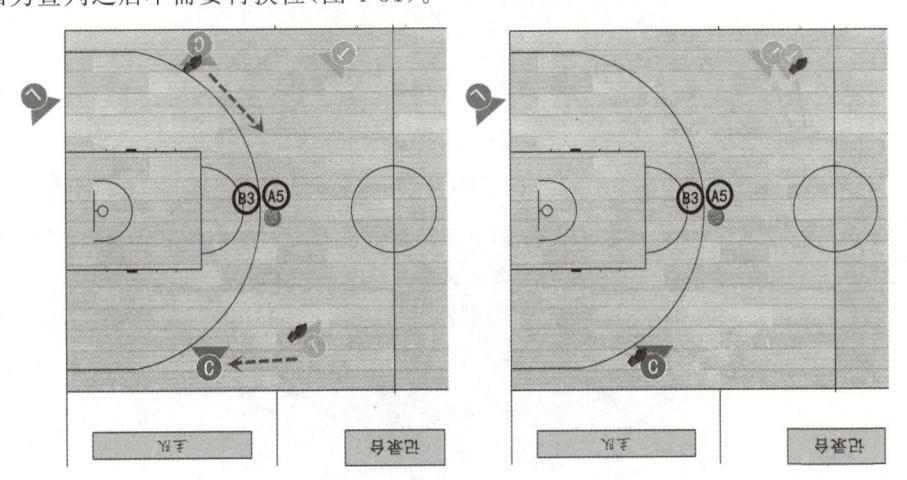

图4-31　追踪裁判和中央裁判同时吹罚同一个犯规的换位

(3)吹罚及宣判罚则含有罚球的犯规的裁判要到记录台的对侧并成为追踪裁判(图4-32)。

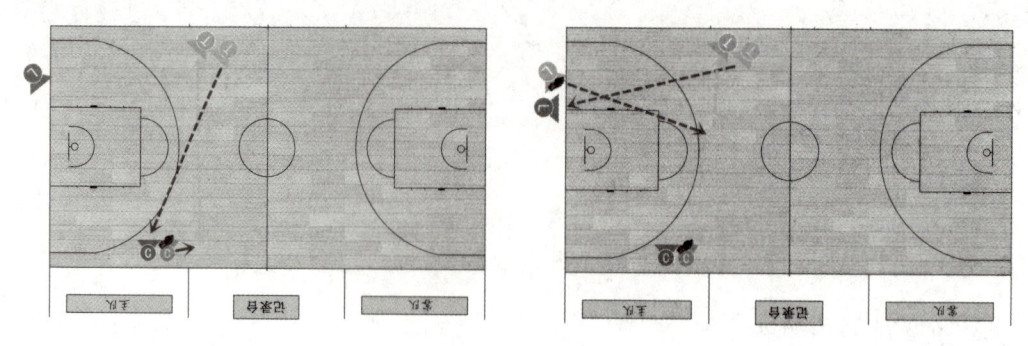

图 4-32 吹罚及宣判罚则含有罚球的犯规的换位

(4)当在后场吹罚了犯规或者在前场吹罚了进攻犯规时无须换位,除非需要为宣判的裁判让出记录台对侧的位置(图 4-33~图 4-36)。

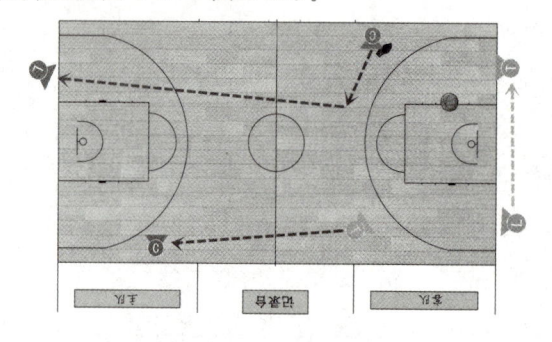

图 4-33 在后场吹罚了犯规或者在前场吹罚了进攻犯规的换位(1)

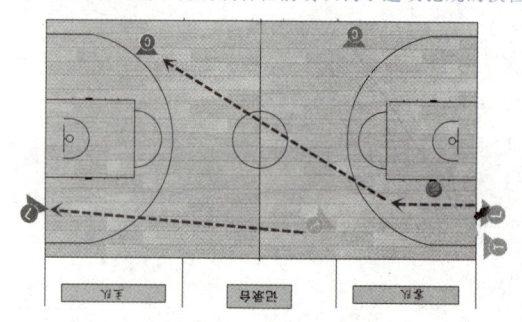

图 4-34 在后场吹罚了犯规或者在前场吹罚了进攻犯规的换位(2)

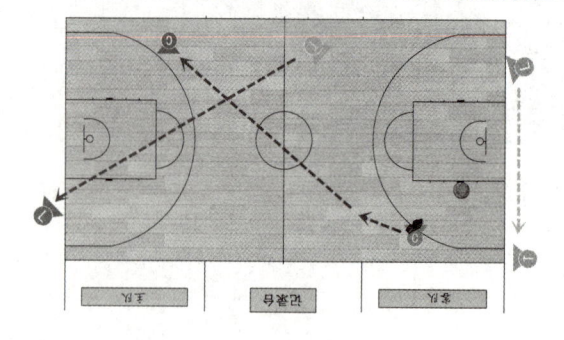

图 4-35 在后场吹罚了犯规或者在前场吹罚了进攻犯规的换位(3)

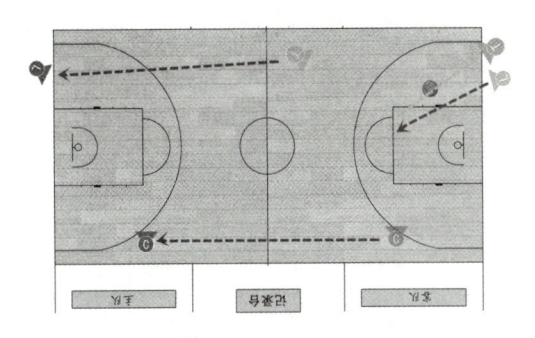

图 4-36　在后场吹罚了犯规或者在前场吹罚了进攻犯规的换位(4)

### 第 7 条　掷球入界情况

#### 7.1　掷球入界的区域分工

前导裁判负责前场端线,中央裁判负责靠近他一侧的边线,追踪裁判负责靠近他一侧的边线以及后场端线,如图 4-37 所示。

图 4-37　球在前场掷球入界的情况

#### 7.2　掷球入界的程序

##### 7.2.1　掷球入界位于前场端线、三分线与篮板边缘之间

当掷球入界位于前场端线、三分线与篮板边缘之间时,前导裁判的位置位于掷球入界点的外侧(中央裁判必须做好监控其同侧的准备),如图 4-38 所示。前导裁判与追踪裁判相应做出"开表手势"给记录台看。

图 4-38　掷球入界位于前场端线、三分线与篮板边缘之间

#### 7.2.2 掷球入界位于三分线和边线之间

当前场端线的掷球入界位于三分线和边线之间时,前导裁判要位于掷球入界点和篮板之间,如图 4-39 所示。前导裁判与追踪裁判相应做出"开表手势"给记录台看。

图 4-39 掷球入界位于三分线和边线之间

#### 7.2.3 在端线掷球入界向前场推进

追踪裁判负责管理掷球入界。如图 4-40 所示,如果掷球入界点在记录台一侧的端线,追踪裁判应该站在球和记录台一侧的边线之间。如图 4-41 所示,如果掷球入界点在记录台对侧的端线,追踪裁判应该站在球和记录台对侧的边线之间。追踪裁判和前导裁判应始终保持与球在同一侧。

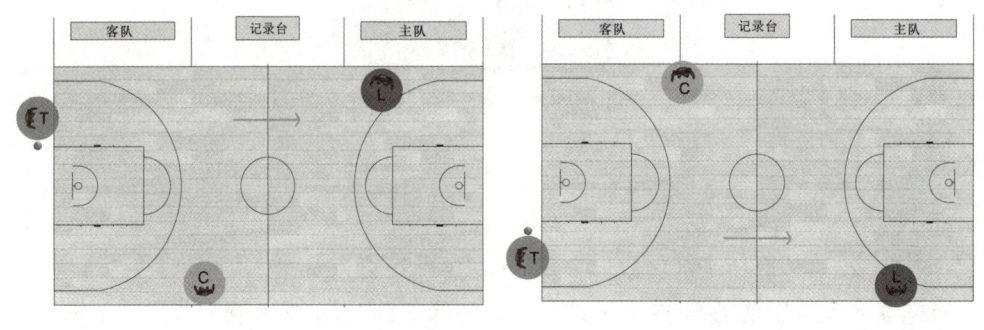

图 4-40 在记录台一侧的端线掷球入界向前场推进　图 4-41 在记录台对侧的端线掷球入界向前场推进

中央裁判距离追踪裁判 7～10 米处站位,根据队员们的移动,合理调整自己的站位。中央裁判始终站在追踪裁判和前导裁判的对侧。

前导裁判在前场罚球线延长线附近,根据队员们的移动,合理调整自己的站位。在球和所有队员都进入前场前,根据队员的跑动,前导裁判可以不移动到球侧。

#### 7.2.4 从边线掷球入界向前场推进或留在前场(图 4-42、图 4-43)

(1)追踪裁判负责掷球入界,随后仍然是追踪裁判。

(2)中央裁判距离追踪裁判 7～10 米,根据队员们的移动,合理调整自己的站位,此时仍然是中央裁判。

(3)前导裁判在前场的罚球线延长线站位,并且根据队员们的移动,合理调整自己的站位。

(4)如果球在追踪裁判一侧的前场或后场出界,那么之后的掷球入界仍然由追踪裁判负责管理。

(5) 当球和所有队员都进入前场前,前导裁判可以不移动到球侧。

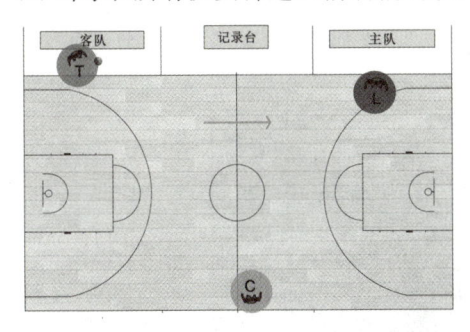

图 4-42　在记录台一侧边线掷球入界向前场推进 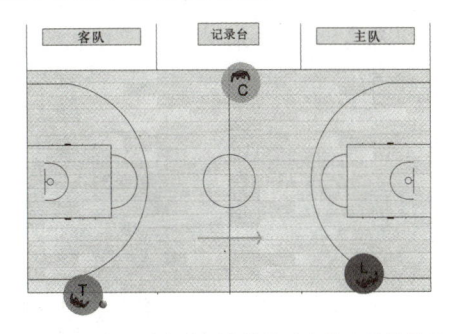　　图 4-43　在记录台对侧边线掷球入界向前场推进

(6) 中央裁判宣判出界违例,移动到新的掷球入界地点并成为新的追踪裁判,这时之前的追踪裁判成为新的中央裁判,如图 4-44 所示;前导裁判移动到有球一侧,如图 4-45 所示。

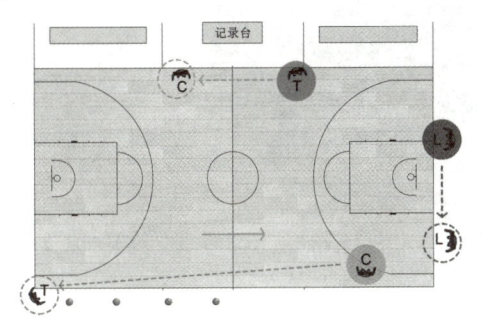

图 4-44　中央裁判宣判出界违例后的轮转 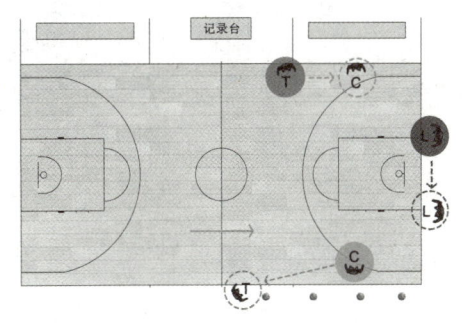　　图 4-45　前导裁判移动到有球一侧

## 第 8 条　投篮情况

### 8.1　投篮基本的区域分工

投篮区域分工的基本原则是前导裁判负责强侧的任何 2 分投篮(图 4-46),追踪裁判负责所有三分投篮以及强侧的部分 2 分投篮,中央裁判负责弱侧的所有投篮。

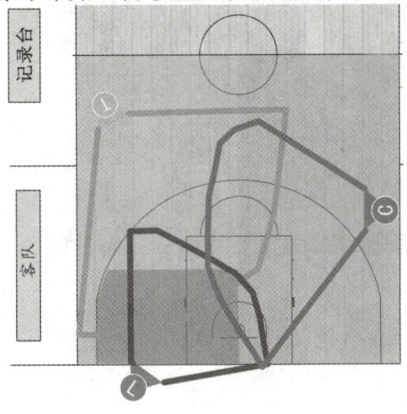

图 4-46　投篮的基本区域分工

### 8.2 投篮共管区的区域分工

不管何时出现共管区域(限制区),基本原则是裁判员分别对各自的区域负主要责任。两名裁判都有义务观察整个比赛发展的情况,试着对其同侧的防守球员进行监控,如图 4-47 所示。

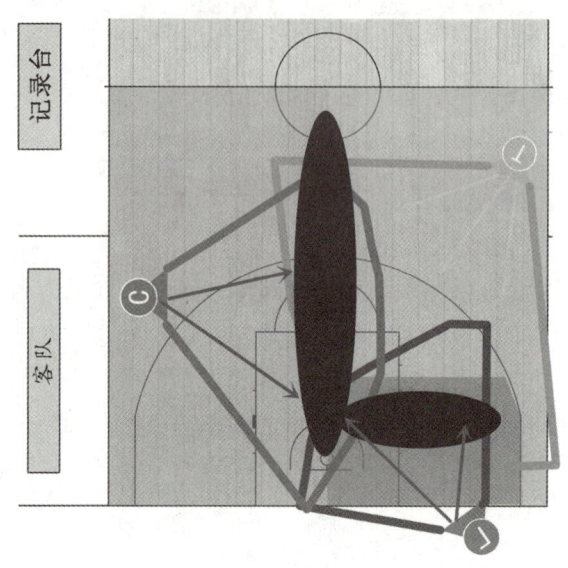

图 4-47 投篮共管区的区域分工

## 第 9 条 罚球情况

### 9.1 罚球管理的站位

#### 9.1.1 罚球后及罚球的站位(图 4-48)

当罚球后还有罚球的站位如图 4-48 所示,只有中央裁判做出指示罚球次数的手势。

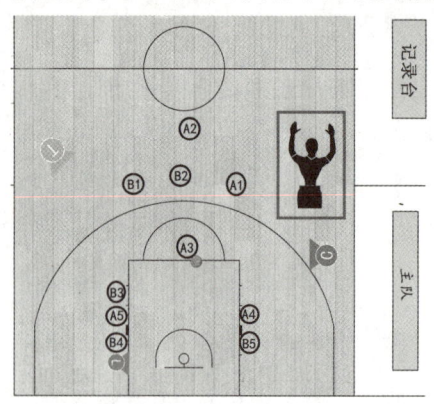

图 4-48 罚球后还有罚球的站位

#### 9.1.2 最后一次或仅有一次罚球的站位(图 4-49、图 4-50)

在最后一次或仅有一次的罚球时,三名裁判员的分工如图 4-49、图 4-50 所示。

图 4-49　最后一次或仅有一次罚球的站位(1)　　图 4-50　最后一次或仅有一次罚球的站位(2)

### 9.2　罚球管理的责任分工

(1)前导裁判的责任

①用手势指明罚球的次数并将球反弹给罚球队员；

②主要观察对侧限制区的队员；

③在最后一次或仅有一次的成功罚球之后，做出开表的手势。

(2)中央裁判的责任

①做出罚球次数的手势；

②主要观察对侧限制区的队员；

③观察罚球队员的脚是否踩线或提前进线。

(3)追踪裁判的责任

①观察外线队员违例情况；

②当需要时，负责管理在记录台对侧中线延长线掷球入界的情况。

所有裁判员都要确保正确的队员执行罚球。

### 9.3　违反体育运动精神的犯规和取消比赛资格的犯规罚则的管理

(1)宣判违反体育运动精神的犯规和取消比赛资格犯规的裁判员向记录台报告犯规，然后成为新的追踪裁判(站在记录台对侧)。

(2)前导裁判用手势指明罚球次数并将球反弹给罚球队员后管理所有的罚球。

(3)执行罚球时，中央裁判应站在记录台一侧罚球线延长线，观察罚球队员是否有踩线违例情况。

(4)在最后一次或仅有一次的罚球后，前导裁判应将球地滚给追踪裁判，由追踪裁判管理接下来掷球入界的情况。

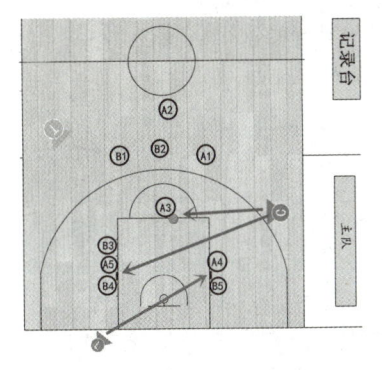

(5)中央裁判继续保持正常中央的位置。

### 第 10 条　暂停和替换

#### 10.1　暂停

##### 10.1.1　暂停时裁判员的站位

(1)三个裁判员标准的暂停站位总是在记录台的对侧(图 4-51)，他们可以选择三种站位中他们认为最合适的一种(注意:把球放在比赛将重新开始的地方)。

(2)当暂停还剩余20秒时,两名裁判员靠近记录台区域,如图4-52所示。这样做是为有效敦促双方球队在50秒的提示信号发出时能迅速回到球场上。

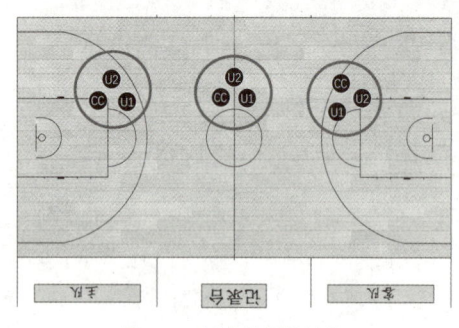

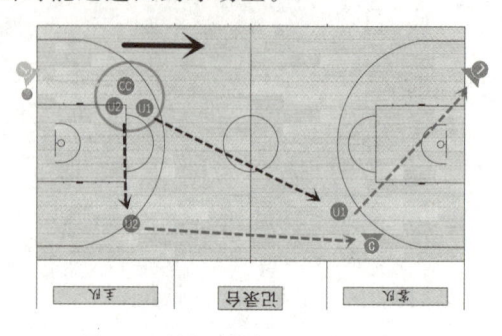

图4-51　标准的暂停站位　　　　　　　　图4-52　暂停还剩余20秒时裁判站位

### 10.1.2　暂停时裁判员的程序

(1)记录员通过发出信号通知裁判员某队已请求暂停或替换。最靠近记录台一侧的裁判员鸣哨并给出暂停或替换的手势。如果靠近记录台的裁判员宣判了一起犯规,那么由新到这个位置的裁判员在宣判犯规的裁判员宣判结束后,做出暂停或替换手势。

(2)宣判暂停的裁判员成为中央裁判并跨立在记录台对侧的中线上,其他裁判员站在他的两侧。如果以罚球重新开始比赛,那么由前导裁判持球;如果以掷球入界重新开始比赛,那么由执行掷球入界的裁判员负责持球。

(3)在暂停时间到50秒信号发出时,裁判员应确保所有队员回到场上,然后移动到正常的位置执行罚球或掷球入界。

## 10.2　替　换

### 10.1.1　通常情况下的替换

靠近记录台的追踪裁判或中央裁判负责管理替换,所有替换应尽可能快地完成。一旦替换完成,管理替换的裁判员应确保正确的场上队员人数,并能够与持球的裁判员建立目光联络。

### 10.1.2　宣判一起犯规后的替换

在向记录台完成一起犯规报告后,新的靠近记录台的追踪裁判或中央裁判负责管理替换,如图4-53所示。

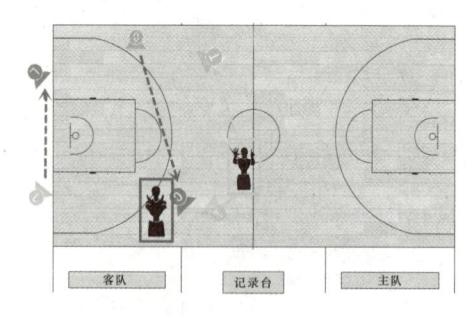

图4-53　宣判一起犯规后的替换

# 附　录

# 附录1  裁判员的手势

　　裁判员在比赛中必须使用规范的手势，当向记录台报告时，应配合使用口语进行交流，在国际比赛中，应使用英语交流。记录台人员也要熟悉这些手势。

## 一、比赛时钟信号

停止计时钟—伸开手掌 　　犯规停止计时钟——拳握紧 　　计时开始—用手劈砍

## 二、得分

1分—1指从腕部下屈 　　2分—2指从腕部下屈

篮球规则与裁判法实用图解

3 分—伸展 3 指
举起一只胳膊：3 分试投；举起两只胳膊：3 分投篮成功

## 三、替换

替换—前臂交叉 　　　招呼入场—伸出手掌

## 四、暂停

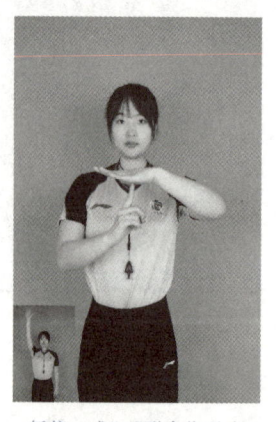

暂停—成"T"形食指示之 　　　媒体暂停—张开双臂，握紧拳头

## 五、提供信息

取消得分或取消比赛—双臂在胸前交叉一次做剪的动作

可见的计算—移动手掌计数

交流—拇指向上

计时钟复位—伸出食指和中指并转动

比赛方向和/或出界—指向比赛方向,手臂与边线平行 　　争球/跳球情况—两拇指向上,然后指向交替拥有球权方向

## 六、违例

带球走—转动双拳 　　两次运球—用手掌做轻拍的动作

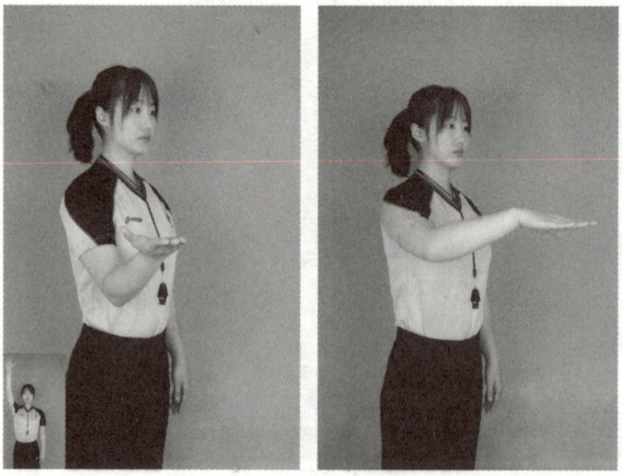

携带球—半转手掌 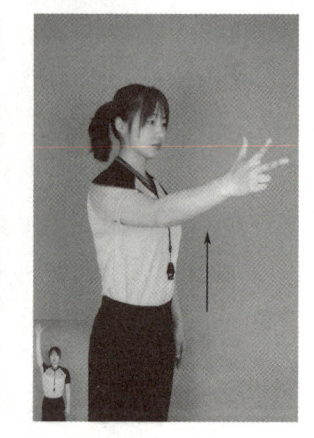　　三秒钟—示3指

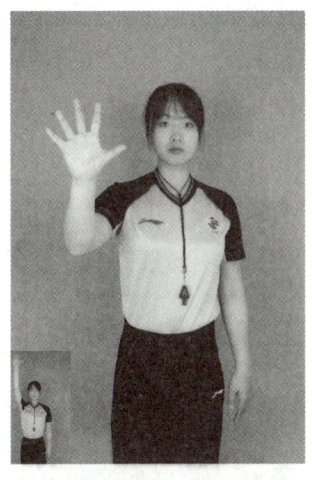

## 裁判员的手势 附录1

5秒钟—示5指 　　　8秒钟—示8指

24秒钟—手指触肩  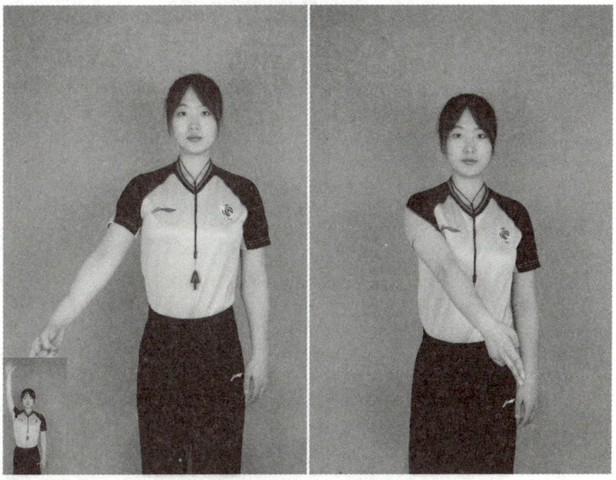　　　球回后场—身前摆动手臂

脚踢球—手指指脚

## 七、队员的号码

00 号—双手示 0 号 　　　　0 号—右手示 0 号

号码 1 到 5—右手示号码 1 到 5 　　　号码 6 到 10—右手示 5 号，左手示号码 1 到 5

号码 11 到 15—右手握拳，左手示号码 1 到 5   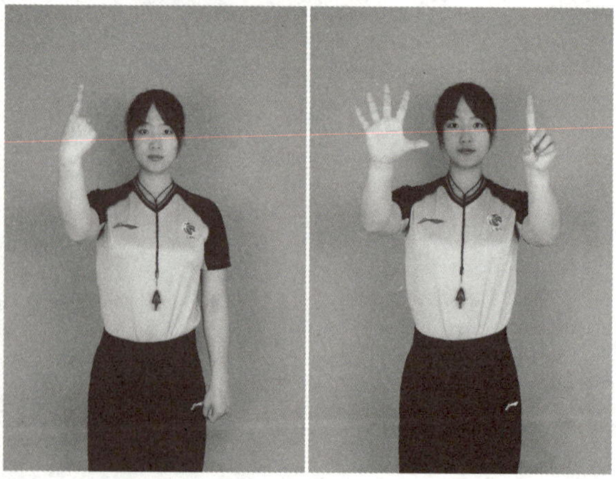　　　号码 16—手背朝外示十位，手掌朝外示个位数

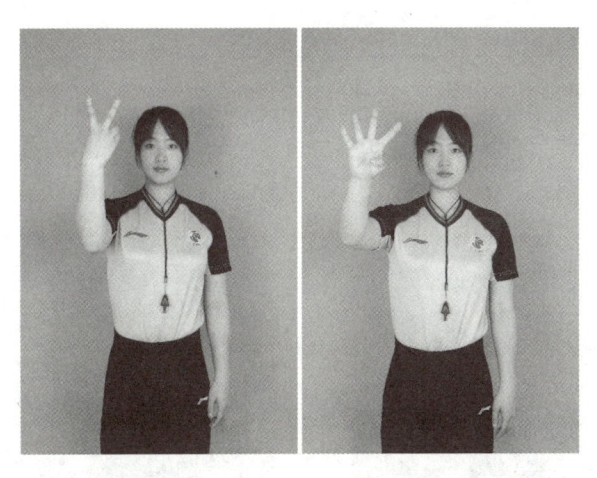

## 附录1 裁判员的手势

号码 24—手背朝外示 2 代表十位，手掌朝外示 4 代表个位数

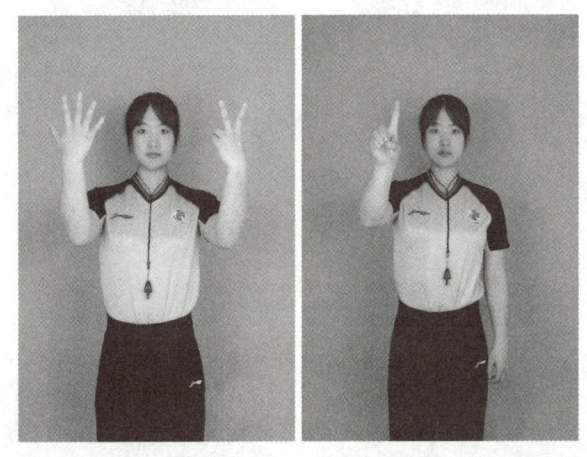

号码 71—手背朝外示 7 代表十位数，手掌朝外示 1 代表个位数

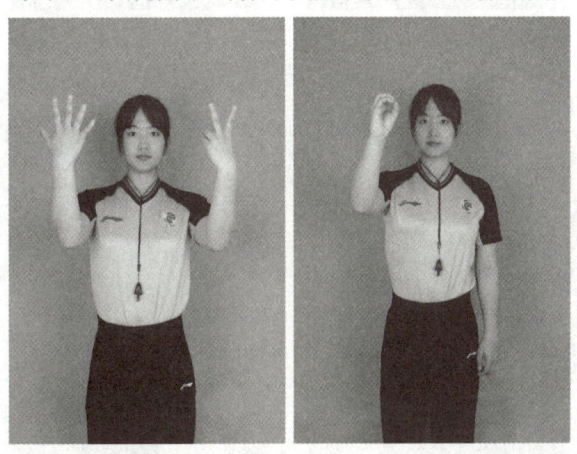

号码 70—手背朝外示 7 代表十位数，手掌朝外示 0 代表个位数

## 八、犯规的类型

拉人—向下抓住手腕

防守阻挡或进攻非法掩护—双手置髋部

推人或无球撞人—模仿推的动作

用手推挡—抓住手掌向前移动

非法用手—做击腕的动作

带球撞人—握拳击掌

裁判员的手势 附录1

对手的非法接触—掌击另一只前臂 　　　　勾人犯规—向后移动前臂

过分挥肘—向后摆肘 　　　击头—模仿拍击头部 　　　控制球队的犯规—握拳指向犯规队的球篮

对投篮动作的犯规—单臂握拳举起,随后指示罚球次数

201

对非投篮动作的犯规——单臂握拳举起,随后指向地面

## 九、特殊犯规

双方犯规——挥动握紧的双拳

技术犯规——手掌成"T"形　　违反体育运动精神的犯规——向上抓住手腕

## 附录1 裁判员的手势

取消比赛资格的犯规—举起握紧的双拳

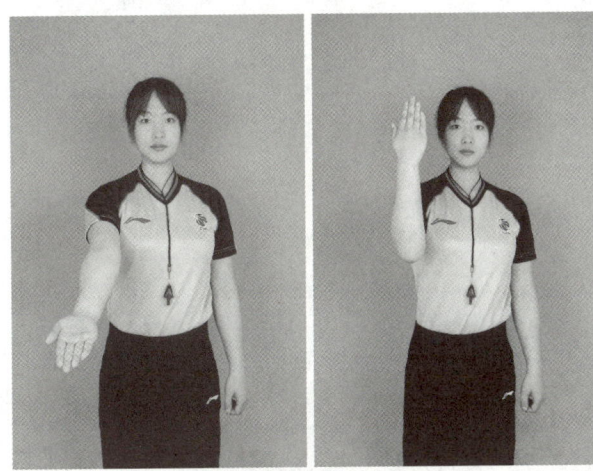

骗取犯规—前臂抬起两次（从高处做起）

掷球入界非法越线—平行于界线摆动手臂（仅用于第4节和每一决胜期最后2分钟）

## 十、向记录台报告罚则

没有罚球的犯规后—指向比赛的方向,手臂与边线平行　　控制球队犯规后—握拳指向比赛方向,手臂与边线平行

1次罚球—举起1指　　2次罚球—举起2指　　3次罚球—举起3指(拇指、食指、中指)

## 十一、罚球管理—执行裁判(前导裁判)

1次罚球—水平伸1指 　　2次罚球—水平伸2指 　　3次罚球—水平伸3指(拇指、食指、中指)

## 十二、罚球管理—非执行裁判(追踪裁判和中央裁判)

1次罚球—举起一手食指 　　2次罚球—双手手指并拢 　　3次罚球—双手伸3指(拇指、食指、中指)

# 附录2 记录表

1.建议:记录员第一、第三节使用红色签字笔,第二、第四节使用黑色签字笔,以更好地完成记录工作。

2.在比赛开始前至少20分钟,记录员应在记录表上按照下列样式进行准备:

3.记录员应在A队乙队处登记比赛队名称,其中A队为主队,在比赛秩序册中列前的球队;B队为客队,在比赛秩序册中列后的球队。随后,记录员应将竞赛名称、序号、比赛日期、时间和地点,以及裁判员的姓名填写在相应的位置上。

(1)A队应占据记录表的上部,B队应占据记录表的下部。在第一栏内,登记队员的证件号码后三位。

(2)第二栏内,应填写教练员提供的队员号码及对应姓名,并且要按照号码顺序填写。每队队长的姓名后标注"CAP"。

(3)如果参赛队员少于12人,记录员应在剩余的空格内用横线划掉。

(4)将主教练和第一助理教练的姓名登记在相应位置。

4.在比赛开始前10分钟,双方教练员要确认自己和第一助理教练姓名、队员姓名以及对应的号码。在"上场队员"一栏内,在首发5名队员上画"×",确认无误后,在教练员处签字。甲队教练员应先提供资料。

5.在比赛开始时,5名首发队员进入场地后,记录员在"×"上面画圈。在比赛进行中,当替补队员第一次上场时,在"上场队员"一栏相应处画"×"即可。

6.暂停

暂停应登记在被允许球队暂停表格内,填写本节此时的比赛时间。将未用过的暂停在表格处画两条平行的横线。如果球队在第四节最后2分钟之前未登记第一次暂停,记录员要在第一个空格内画两条平行的横线。

7.犯规

队员的犯规,登记在该名队员名下,球队席人员的犯规,应登记在教练员名下。所有犯规按照下述方式登记:

(1)普通侵人犯规登记"P";

(2)技术犯规登记"T",第二次技术犯规登记"T"后,在接下来的空格内登记"GD"来表示取消比赛资格;

(3)教练员因自身原因被判罚技术犯规应登记"C",第二次技术犯规登记"C"后,在接下来的空格内登记"GD"来表示取消比赛资格;

(4)教练员因其他原因被判罚技术犯规应登记"B",第三次技术犯规登记"B"或"C"后,在接下来的空格内登记"GD"来表示取消比赛资格;

(5)违反体育运动精神的犯规登记"U",第二次技术犯规登记"U"后,在接下来的空格内登记"GD"来表示取消比赛资格;

(6)取消比赛资格的犯规登记"D"来表示;

(7)包含罚球的犯规,应在"P""T""U""B""C"或"D"旁边加上相应的罚球次数;

(8)双方球队包含严重程度相同的罚则,并按照第42条特殊情况被抵消所有罚则时,应在"P""T""U""B""C"或"D"旁边登记一个小写"c"来表示;

(9)在每一节结束时,记录员应在已用过和未用过的表格之间画一条粗线;

（10）球队席人员由于离开球队席区域被判罚取消比赛资格,应在被取消比赛资格的个人所剩余的所有空格内登记"F"。

8.全队犯规

每当一名队员发生了一起侵人犯规、技术犯规、违反体育运动精神犯规或取消比赛资格的犯规,记录员应在全队犯规相应节数内画一个"×",随后在相应的队员后记录本次犯规。每一节全队累计犯规4次后,在第5次犯规时,进行罚球。

9.累计分

记录员应按照时间顺序记录两队得分情况。在得分队累计新得分总数上对任一有效得分画一斜线(／)或罚球得分画一实圆(•),并将得分队员号码写在对应位置上；有效的3分投篮,应画一圆圈将队员的号码套住。每节比赛结束时,在每队最后得的分数上面画一圆圈,并在最后得分的队员号码下方画一条粗线。在每一节比赛结束时,记录员应把单节得分填写在记录表下方每节得分处。比赛结束时,在每一球队的最终比分下方以及队员号码下方画两条粗横线,并且划掉剩余的数字。

比赛结束后,将最终比分、获胜球队、记录员、助理记录员、计时员、进攻计时员的姓名填写在相应位置。由两位副裁判先签字,主裁判核对无误后签字,表示结束对本场比赛的管理和联系。

注：如果某队队长在"球队申诉队长签字"空格内签字,记录员和裁判员应做出相应的处理后才能离开。

# 附录3　球队的名次排列

1.每支球队胜1场得2分,负1场得1分(包括比赛因缺少队员告负),比赛因弃权告负得0分。此程序适用于小组单循环以及主客场制联赛或多循环比赛。

2.如果组内2支或2支以上球队出现相同积分,按照以下原则顺序进行排列:

(1)他们之间比赛净胜分的多少;

(2)他们之间比赛得分的多少;

(3)所有比赛净胜分的多少;

(4)所有比赛得分的多少。

如果按照这些原则仍无法决定,将抽签进行名次排列。

3.弃权。某队如果无正当理由不出席比赛或在比赛结束前离开,应按照弃权处理,并在名次排列中计0分。如果某队出现第二次弃权,将取消该队所有比赛成绩。